대전
건축
여행

일상의 풍경 속에서
살아있는 근대의 시간을 걷다

대전
건축
여행

김예슬 지음

piper press

일러두기

- 건축물의 연도는 준공연도 기준으로 표기했습니다.
- 책에 실린 사진은 김예슬 작가가 촬영했습니다. 그 외 사진은 별도로 출처를 표기했습니다.

프롤로그. **알면 사랑하게 된다**

 여행을 멈추고 책상 앞에 앉았다. 2024년 4월 초, 『서울 건축 여행』이 출간되고 8개월 만이다. 감사하게도 책이 출간되고 근현대 건축에 대한 이야기를 나눌 자리가 많았다. 책에는 분량상 담지 못한 장소, 특히 우리나라 곳곳에 있는 근현대 건축물에 대해 소개했다. 서울 밖에도 건축 여행을 하러 갈 곳이 많다는 걸 전하고 싶었다. 그러던 어느 날, 책 관련 인터뷰를 끝내고 '작가님은 충청도를 좋아하시는 것 같아요'라는 말을 들었다. 대전과 청주에 대한 이야기를 많이 한 날이었다. 그 순간 '그런가?'라는 생각과 함께 2018년 회사 점심 시간에 동료가 했던 말이 스쳐갔다. 주말에 내가 대전에 다녀왔다고 했더니 돌아온 대답이었다.

 "혼자? 결혼식 다녀왔어?"

대전의 건축 여행자

 2015년부터 서울과 주변 도시의 옛 건물을 여행했다. 공간 자체에 관심이 많았던 시기여서 문화재뿐만 아니라 독립 서점, 오래된 영화관 등 좋아하는 키워드를 탐닉하고 기록해 나갔다. 근현대 건축물을 집중적으로 파고들기 시작했던 건 2017년부터였다. 토요일에 출발하는 기차표나 버스표를 끊어 놓고 평일을 버티는 게 일상이었다. 청주, 광주, 대구……. 신발 신는 것도 잊은 채 양말 바닥이 까매지도록 노는 아이처럼 전국에 있는 근현대 건축물을 찾아다녔다. 대전에 갔던 것도 그 시기였다. 어린 시절, 대전에서 군복무하던 삼촌을 면회하러 간 적이 있긴 했지만 기억나는 거라곤 시립박물관의 대동여지도뿐이었기 때문에 처음이나 마찬가지였다.

대전은 건축 여행을 떠나기에 최적의 도시다. 일제 강점기 조선총독부 소속이었던 일본인 건축가가 설계한 건물부터 21세기에 지어진 우리나라 건축가 작품까지 100년간의 흔적이 모여있다. 서울역에서 KTX 타고 한 시간이면 도착하니 교통도 편하다. 사람들이 대전을 '노잼 도시', '성심당 밖에 없는 곳'이라고 부를 때마다 혼자 웃지 못하는 농담을 들은 것처럼 마음이 쓰였다. 서울 경기권에서 나고 자라서 어떤 연결 고리도 없었지만 말이다. 이런 불편한 심정은 『대전 건축 여행』을 쓰며 사명감이 되었다. 충청도에 대한 애정도 생겼다. 충청도가 다른 지역을 가기 위해 스쳐가는 경유지가 아니라 그 자체로 목적지가 되기 충분하다는 걸 여행하며 느꼈기 때문이다.

충청도로 떠나는 건축 여행

이번 책은 대전을 중심으로 목차를 구성하되 공주, 청주, 옥천을 함께 다뤘다. 충청도에 여러 도시가 많지만 대전과 역사, 지리, 인물이 연관되는 도시로 추렸다. 일제 강점기에 충남도청이 공주에서 대전으로 이전했다. 청주는 충북도청 소재지다. 옥천은 대전 바로 옆에 있어서 차로 30분이면 도착할 수 있다. 이 도시들도 각각 한 권으로 소개해야 마땅하지만 대전을 중심으로 한 손에 잡히는 여행책이 되길 바랐다. 욕심 같아서는 현대 건축물도 모두 싣고 싶었으나 여행하기 적합한 근대 건축물에 집중했다. 내용과 연관된 다른 지역의 근현대 건축물도 언급했다. 서울 편과 여정이 이어지면서 충청도를 시작으로 멀리 걸어보고 싶은 마음이 생긴다면 좋겠다.

마음은 비장했지만 과정은 쉽지 않았다. 서울 이야기를 쓸 때는 여행지가 집과 가까이 있으니 이전에 가본 곳도 다시 한 번씩 둘러볼 수 있었다. 대전, 공주, 청주, 옥천은 일단 기차나 버스를 타고 가야 하는 곳이었다. 사진을 찍고, 동선을 파악하고, 감상을 채우기에 하루는 늘 부족했다. 지름길을 알면 좋았겠지만 시간이 날 때마다 건물을 찾아가고, 이야기 속으로 무작정 뛰어드는 수밖에 없었다. '잘하고 있는 걸까?' 어떤 날은 정답 없는 물음표로 무거운 마음과 함께였다. 지역에 대한 애정은 주민 못지않았지만 학연도, 지연도 없는 나는 그저 전학생이었다. 이런 마음이 건축물에게도 전해진 걸까. 헤아릴 수 없이 깊은 이야기를 품고 있는 건물들은 사람을 통해 자신이 살아온 삶을 들려줬다.

『서울 건축 여행』을 쓸 때는 출간의 의미를 실감하지 못했다. 막 출간된 책을 받아들고 그간 여행했던 기록을 정리했다는 사실에 만족했다. 서울을 잘 아는 분들께 새로운 시선으로 도시를 보는 가이드북이 되길 바라긴 했지만, 그저 별똥별에 빌어보는 소원 같은 바람이었다. 독자분들께서 책을 저자보다 애정 어린 눈빛으로 봐주시면서 의미를 불어넣고, 완성해 주셨다. 부끄럽지만 실제로 오타와 내용에 대한 사실 관계를 짚어주시기도 했다. 지면을 빌려 감사 인사를 올린다.

알면 사랑하게 된다

사회생물학자 최재천은 '공부, 연구, 학문을 한다는 건 궁극적으로 세상 모든 것을 사랑하고 사랑하기 위해서'라고 말했다. 이런 의미로 책에 저자 서명을 할 때 '알면 사랑한다'라고 쓴다고 한다. 깊이 공감했다. 건물에 얽힌 인물, 역사, 이야기를 찾아보며 매일 걷는 골목, 사는 동네, 나고 자란 도시를 다시 바라보는 것도 같은 이유다. 우리나라에서 건축 여행을 통해 근현대사를 들여다보고, 마주하는 건 내가 사는 세상을 '사랑하고 사랑하기 위한' 과정이다.

　이번 여행에도 준비물이나 자격은 없다. 사소한 부분도 들여다보는 태도, 가본 적 없는 길로 들어서 보려는 마음이면 충분하다. 우리는 같은 건물을 바라보겠지만 앎에서 사랑으로 번지는 지점은 각자 다를 것이다. 이 글을 읽는 분들이 어떤 여행을 하시게 될지 궁금하다. 『대전 건축 여행』이 그 길 위에서 믿음직한 지도가 되길 바란다.

대전

기차로 도착한 대전
- ① 소제동 철도 관사촌 — 16
- ② 대전근현대사전시관(구 충남도청 본관) — 30
- ③ 대흥동 뾰족집 — 46
- ④ 대흥동성당 — 62

일제 강점기와 수탈의 역사
- ⑤ 헤레디움(구 동양척식주식회사 대전점) — 74
- ⑥ 한국전력공사 대전보급소 — 85
- ⑦ 구 대전형무소 망루 — 96
- ⑧ 한밭교육박물관 — 104

도시를 만든 사람들
- ⑨ 오정동 선교사촌 — 119
- ⑩ 테미오래 — 130
- ⑪ 한밭복싱체육관(구 대전부청사 창고) — 144
- ⑫ 동화극장 — 157

근현대 건축가들의 작품
- ⑬ 대전창작센터 — 165
- ⑭ 국립중앙과학관 — 175

청주

청주에 도착해 만난 김수근 건축가

- 15 옛청주역사전시관(구 청주역) — 188
- 16 학천탕 — 200
- 17 국립청주박물관 — 215

학교 건축 여행

- 18 주성교육박물관(구 청주공립보통학교 강당) — 226
- 19 대성고등학교 본관 — 236
- 20 탑동 양관 — 246
- 21 충북대학교 — 264

충청북도청 소재지를 여행하는 법

- 22 충청북도청 본관 — 274
- 23 충북문화관(구 충북도지사 관사) — 287

이야기에서 발견한 아름다움

- 24 우리예능원 — 299
- 25 청주 성공회 성당 — 309
- 26 운보의 집 — 319
- 27 문화제조창(국립현대미술관 청주, 동부창고) — 333

목차

공주

도심을 내려다보는 두 개의 언덕

- 28 중동성당   344
- 29 충청남도역사박물관(구 국립공주박물관)   361

구도심에서 열린 문화유산 야행

- 30 구 공주읍사무소   371
- 31 중학동 구 선교사 가옥   380

골목길 건축 여행

- 32 건축 여행자를 위한 카페, 식당, 숙소   390
- 33 나태주풀꽃문학관   402
- 34 공주제일감리교회 기독교박물관   413

옥천

시인의 고향

35	정지용문학관	426
36	죽향초등학교와 향수길 산책	435
37	구 옥천여중 교무실	446
38	옥천성당	454

에필로그 462

대전

기차로 도착한 대전
1. 소제동 철도 관사촌
2. 대전근현대사전시관(구 충남도청 본관)
3. 대흥동 뾰족집
4. 대흥동성당

일제 강점기와 수탈의 역사
5. 헤레디움(구 동양척식주식회사 대전점)
6. 한국전력공사 대전보급소
7. 구 대전형무소 망루
8. 한밭교육박물관

도시를 만든 사람들
9. 오정동 선교사촌
10. 테미오래
11. 한밭복싱체육관(구 대전부청사 창고)
12. 동화극장

근현대 건축가들의 작품
13. 대전창작센터
14. 국립중앙과학관

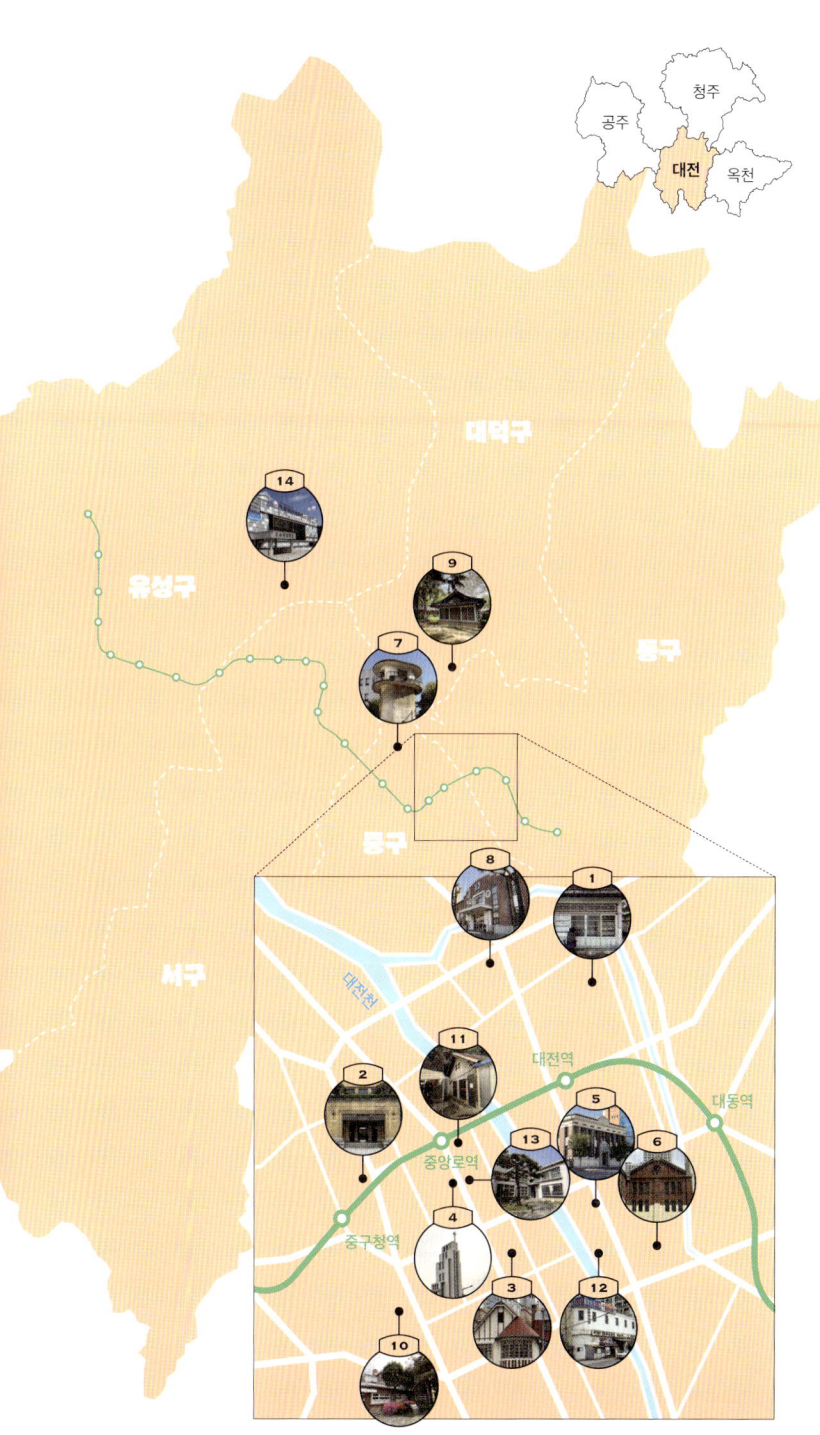

① 소제동 철도 관사촌 동구 솔랑5길 17

대전역에서 출발하는 건축 여행

"우리 열차는 잠시 후 대전역에 도착하겠습니다."

기차에서 내리자마자 길게 늘어선 줄을 따라 에스컬레이터로 향한다. 뒤에 선 사람들이 나누던 선명한 대화 소리가 위층 대합실로 향할수록 형체 없이 뭉개진다. 호수 속으로 다이빙한 것처럼 시간을 거슬러 깊은 곳에 다다른다. 그렇게 도착한 100년 전의 구 대전역. 비유가 아니라 실제 옛 기차역 모형 앞이다. 출구에서 대합실로 나오는 벽 한편, 아무도 눈길을 주지 않는 작은 유리 상자 앞에서 이리 저리 자세를 바꿔가며 안을 들여다본다. 그제야 주변에 사람들이 하나둘씩 모인다.

1905년 개통된 대전역이 한반도에서 중추적 역할을 하게 되자 새로운 건물이 필요해졌다. 1918년 현재 대전역 자리에 2층 규모로 목조 건물이 신축되었다. 건물 안 2층에는 식당이 있었다고 전해진다. 내부 사진이 많지 않지만 100년 전 엽서에 그 모습이 일부 남아있다.• 곡목曲木 의자에 앉은 남녀에게 흰 옷을 입은 직원이 음식을 설명하는 듯한 장면이다. 곡목 의자는 디자인 가구 토넷Thonet 체어를 연상시킨다. 논문에 따르면 일본은 1909년 곡목 가구 수입을 금지하고, 자신들이 만든 가구를 조선을 비롯한 해외로 수출한다.•• 기술을 독점했을 뿐만 아니라 식민 지배 상황을 이용해 시장도 장악해 갔던 것이다. 대전역 식당의 곡목 의자도 일본에서 생산된 제품을 수입해 온 것으로 추정된다. 대구역 봉래식당을 비롯해 다른 여러 사진 자료에서도 비슷한 의자를 찾아볼 수 있다.

최신식 교통 수단인 기차를 탈 수 있는 공간에서 차와 식사를 즐긴다는 건 당시 아무나 누릴 수 없는 호사였다. 대전역 식당의 분위기는 서울역에 있던 식당과 비슷하지 않았을까. 서울역 2층에 있던 '그릴'은 우리나라 최초의 경양식 식당으로 알려져 있다. 시인 이상과 소설가 박태준이 즐겨 찾았다는 이 곳은 200명을 한 번에 수용할 수 있을 정도로 넓었다. 주방에 요리사만 40명이 있는 고급 레스토랑이었던 만큼 가격은 비쌌다. 조선호텔 식당의 저녁 식사가 3원이었는데, 정찬은 3원 20전이었다. 1959년 개봉한 신상옥 감독의 영화 「동심초」에 양장을 입은 사람들이 이 식당에서 커피를 마시는 장면이 나온다. 한국전쟁 이후까지도 기차역 안

- 「일제 강점기의 '대전역'」, 『충청투데이』, 2012. 6. 9.
- •• 최지혜, 「근대 곡목의자(曲木椅子)의 수용 - 토네트 의자의 신화와 제국의 산업」, 『한국근대미술사학』, 2022.

1 대전역 안에 있는 구 대전역 모형(제작 유현욱)
2 타슈를 타고 도착한 소제동 철도 관사촌

식당은 꽤나 호화로운 장소였다.

    대전은 여전히 철도가 중요한 도시다. 대전역 동광장으로 나오면 오른쪽으로 국가철도공단과 한국철도공사의 공동 사옥인 쌍둥이 빌딩이 있다. 왼쪽에는 주차장이 있는데, 몇 해 전까지만 해도 이 위치에는 1956년에 지어진 '구 철도청 대전지역사무소 보급창고 3호'가 있었다. 이 건물은 2023년 동광장길 정비와 복합환승센터 조성 과정에서 대전 신안2역 사공원으로 옮겨졌다. 해체 후 조립하는 것이 아니라 목조 건축물을 통째로 들어올려 이동하는 방식이었다. 보고 싶은 건물이 제 위치에서 사라져버렸을 때는 네이버 지도나 구글 맵에 있는 기능을 활용한다. 동광장에 서서 2022년 거리뷰에 찍힌 건물과 비교해 본다. 얼마 전까지 존재했지만 사라진 건물을 화면을 통해 볼 때, 많은 사람들이 오가던 장소를 이제는 나 혼자 구경하고 있을 때면 시공간이 삐딱하게 뒤틀리는 느낌이다. '살아있다'와 '사라졌다'가 충돌하면서 생기는 해일이 어제와 내일의 경계에 부딪친다.

    과거와 현재가 물결치는 도시 속으로 뛰어들기 위해 장비를 이용해 보기로 한다. 대전 공영자전거 앱으로 자전거를 빌려 소제동 철도 관사촌 쪽으로 힘차게 페달을 밟는다. 대전시가 운영하는 자전거 대여 서비스의 이름 '타슈'는 언제 들어도 미소가 지어진다. 대전은 지형 자체가 평탄하고 대부분의 길에 자전거 도로가 설치되어 있다. 기차와 지하철뿐만 아니라 자전거까지 모든 교통 수단을 갖추고 있어서 뚜벅이 여행자에게 편리한 도시다.

호수를 메워 만든 마을

일제 강점기 조선총독부가 철도를 설치하면서 우리나라 곳곳에 철도 관사촌이 조성됐다. 대표적인 곳이 서울 용산 철도 관사촌이다. 카페와 식당이 들어서 주말마다 사람들이 붐비는 소위 '핫플레이스'가 된 덕분에 관사촌의 역사도 이전보다 널리 알려졌다.

용산 외에도 서울 청량리와 수색, 경북 영주, 경남 밀양 삼랑진과 부산 초량, 전남 순천, 북쪽으로는 평양, 강계, 해주 등 철도를 따라 다양한 지역에 관사촌이 있었다. 해방 직전까지 조선총독부 철도국 소속 직원이 10만 6000여 명이었으니• 마을 규모와 수가 짐작된다. 철도에 의해 교통 요충지로 급부상한 대전역 주변도 예외는 아니었다. 대전 곳곳에 관사촌이 있었지만 현재까지 남아있는 건 소제동 철도 관사촌뿐이다.

원래 소제동에는 커다란 저수지인 소제호가 있었다. 1910년부터 1937년까지 이병연이 쓴 인문지리서 『조선환여승람』에서는 소제호를 두고 "소제의 물은 깊고 거기서 나는

• 정용부, 「[다크 헤리티지를 찾아서] 일제강점기의 '타운하우스' 철도 관사」, 『파이낸셜뉴스』, 2018. 2. 17.

고채苦菜(씀바귀 또는 씀배나물)는 맛이 좋다"고 언급했다. 고목이 많고 경치가 좋아서 소제호 주변에 우암 송시열이 지은 건물 기국정杞菊亭과 송자고택을 비롯한 고택이 있었다고 전해진다. 일제는 1927년부터 2년간 소제호를 매립하는 공사를 진행했다. 솔랑산과 인근 구릉을 깎아 호수를 메우면서 주변 경관도 바뀌었다. 매립지에 철도 관사촌을 조성하고 인공 하천을 만들었는데, 지금도 소제동을 가로지르는 대동천이다. 소제동에 대전 신사가 세워지고, 철길 주변으로 일본인들이 모여들면서 인프라가 구축되어 갔다. 그러는 동안 조선인들은 점점 도시 외곽으로 밀려났다.

솔랑길 관사촌: 공예품 같은 집들의 마지막 시간

소제동 관사촌은 사차선 대로를 사이에 두고 철길 옆 솔랑길과 대동천 옆 수향길로 나뉜다. 소제동 관사촌 일대에는 2020년 '아트벨트'라는 이름의 문화예술 마을이 조성되었다. 관사에는 각 집의 특성을 담은 이름이 붙었다. 1940년대 팔남매를 둔 철도 공무원 가족이 살던 관사 59호 팔남매집, 껍질로 차를 달여 마시기도 하는 두충나무가 있는 관사 51호 두충나무집, 분홍색으로 칠해진 관사 24호 핑크집 등이다. 유서 깊은 동네를 재생하고자 전시 공간, 소품숍, 사진관 등으로 활용했는데 이 지역의 재개발이 확정되며 공실 상태

3 제53호 관사 나무 표찰(대전 동구 솔랑5길 19)
4 창문에 일식이 섞인 집
5 단풍잎 무늬 유리
6 한자가 써있는 망와
7 나무 전봇대

가 되었다. 아파트 건축을 추진하되 중요한 건물 몇 채만 길 건너편 수향길로 옮겨 관사촌의 의미를 잇겠다는 계획이다.

몇 년 사이에 생겨버린 계획으로 세 집의 용도는 흐릿해졌지만 지도 앱에는 아직 건물 이름이 살아있다. 타슈를 타고 먼저 팔남매집 뒤 골목으로 천천히 진입한다. 담장이 철거되어 마당과 골목 구분이 없어진 땅 위로 제때 따지 않은 살구가 푹푹 퍼져있다. 24호 핑크집을 지나 길게 늘어진 버드나무를 따라 쭉 뻗은 길을 걷다 보면 51호 두충나무집이 나온다. 그 건너편으로는 짙은 나무색 비늘판* 벽이 붙어있는 똑같은 형태의 집이 있다. 지붕 밑 환기창 아래에 '제 53호'라고 쓰인 나무 표찰이 보인다.

군인 관사 단지 안에 식당, 숙박 시설, PX(매점)가 있듯 관사촌에도 세탁소, 이발관, 슈퍼 등 생활에 필요한 가게들이 있었다. 지금은 거주민이 얼마 남지 않은 집과 골목들 사이로 주인 없이 익어가는 살구와 석류, 커가는 감 향기가 진동할 뿐이다. 석축 위에 놓인 집 2층에서 보면 마을이 어떻게 보일까. 일직선으로 열을 맞춰 선 집들은 비슷해 보이지만 자세히 보면 매력이 제각각 다르다.

유리창을 자세히 보니 눈꽃 무늬, 구름 무늬, 단풍잎 무늬가 있다. 팔각 무늬, 별 무늬, 아亞자형 무늬의 방범 창살은 철로 만든 공예품 같다. 기와지붕에 올라간 망와望瓦**, 나무

* 가로로 긴 널판을 비늘처럼 겹쳐 대어 빗물이 흘러내리도록 만든 벽.
** 지붕의 추녀마루 끝에 붙이는 기와. 무늬를 새겨넣은 경우가 많다.

8 소제동 골목

전봇대, 공동 우물이었던 수돗가 등 관사촌 골목 곳곳에 옛 흔적이 가득하다. 곤충 채집하듯 사진을 찍다 보니 문득 혼자 거대한 주거 전시실을 구경하고 있는 것 같다. 일제 강점기에 일식으로 지어진 집들이지만 그보다 더 오랜 시간 한국인들이 살며 시대에 맞춰 고치다 보니 한옥 같은 분위기가 더해져서 독특하다. 곧 지워질 풍경이라고 생각하니 내가 집 주인이 된 양 아쉬워진다.

한참 동네를 구경하다 대창이용원 앞 골목으로 빠져나왔다. 팔남매집과 한 블록 떨어진 곳으로 빈 건물에 '대창이발'이라는 시트지가 붙어있었다. 소제동을 기록한 책자에서 대창이용원 사장님 인터뷰를 읽은 적이 있다.• 이 동네에서 60년 넘게 살며 이발관을 운영한 80대 사장님이셨다. 책자에는 이 동네에 오래 살아온 주민들의 재개발에 대한 다양한 입장이 실려있었다. '동네에서 없어진 것은?'이라는 물음에 사장님은 '철도 공무원들이 퇴근하고 밥 한 그릇, 술 한잔 하던 장소들이 사라졌다'고 답했다. 그 답을 읽으며 재개발이 시작되는 시점은 건물이 철거될 때부터가 아니라 원주민들이 마을에서 일상을 유지하지 못하게 되는 순간부터라는 걸 알게 되었다. 소제동에 희로애락을 다 묻고 사신 분들 앞에서 여행객이 무슨 자격으로 말을 더 얹을 수 있을까. 소제호를 메운 솔랑산이 있던 동네라 길 이름이 '솔랑길'인 이 동네

• 『소제동 마을자원 조사 - 옛 시간을 간직하다 소제』, 대전도시재생지원센터, 2022. 4. 22.

에는 곧 아파트가 들어설 예정이다.

수향길 관사촌: 과거와 현재를 이으려면

대창이용원 앞 횡단보도를 건너 수향길 관사촌으로 가본다. 길을 건너자마자 2020년 아트벨트로 조성돼 전시공간으로 쓰이다 현재는 운영을 중단한 17호 마당집이 있다. 그 앞 16호 관사는 '소제예찬 1927'으로 운영 중이다. 유휴 공간을 활용하는 마케팅 플랫폼 프로젝트 렌트와 차 브랜드 티컬렉티브가 협업한 복합문화공간이다. 수향길 관사촌에는 솔랑길과 달리 상권이 형성되어 있다. 옛 건물을 활용한 식당과 카페가 들어왔기 때문이다. 그중 횡단보도를 건너자마자 있는 카페 '풍류소제'로 향한다. 이곳은 정문보다 후문이 멋있다. 뒷마당에 대나무가 빼곡하게 숲을 이루고 있다. 담장에 난 작은 문부터 현관까지 동선이 길지는 않지만, 대나무 숲이 바람에 흩날리며 내는 여름 소나기 같은 소리에 우산 없이 비를 흠뻑 맞는 것처럼 시원해진다. 집 주인이던 할아버지가 몸이 아픈 아내를 위해 대나무를 심었다는 이야기는 빗속에 뜬 무지갯빛 동화 같다.

카페 내부는 벽과 천장을 터서 지붕을 받치는 나무의 자연스러운 모양을 그대로 드러냈다. 외부에서는 한옥 느낌을 찾아볼 수 없는데 안에서 천장을 보고 있으면 마치 서까래

와 대들보 같다. 소제동 관사촌의 집은 대부분 16평 전후 규모인데 일식으로 지어져 다다미와 오시이레押し入れ(벽장) 등이 남아있다. 동시에 한국인 목수들이 함께 지었기 때문에 서까래 등에서 한옥 건축법을 엿볼 수 있다. 일부 집들은 해방 후 우리나라 사람들이 살면서 외부와 내부가 한식으로 개조되기도 했다. 건물에 겹겹이 쌓인 시간을 들춰보고 있자면 적산가옥이라는 단어가 이 시간을 담기에는 너무나 납작하고 비좁게 느껴진다. 시대는 선명하게 구분될지 몰라도 삶은 그리 단순하지 않다.

시원한 아이스 라떼 한 잔을 마시고 관사촌을 빠져나가는데 빨간 현수막 하나가 눈을 사로잡는다. '대전시가 일제강점기에 지어진 관사촌 복원을 위해 소제동 한옥을 철거하고 대한민국 국민을 내쫓으려 한다'는 내용이다. 대전시가 대로 건너편 솔랑길 관사 일부를 수향길에 옮겨 보존하겠다고 하자 또 다른 문제가 생겼다. 14가구 50여 명의 주민들이 살고 있는 이곳의 일부 구역까지 관광지로 개발하겠다는 계획이 나오면서 100년 된 한옥까지 헐리게 생긴 것이다. 개발을 외치자 누군가는 밀려나야 하는 상황이 소제호가 메워질 때와 비슷해 보이는 건 왜일까.

주민들이 일구는 일상이 동네를 단단히 받쳐주지 못한다면, 근대 건물을 활용한 관광 계획은 유행이 지나는 순간 쓸

9 카페 풍류소제 입구
10 내부

모없어질 가능성이 높다. 과거에 점을 찍는 것이 아니라 과거와 현재를 선으로 연결하는 방식의 개발로 소제동 철도 관사촌이 도시 안에서 오래 사랑받기를 바라본다. 비가 그친 후 이쪽과 저쪽을 이어주는 무지개처럼.

② 대전근현대사전시관 (구 충남도청 본관)

중구 중앙로 101

건물로 떠나는 시간 여행의 시작점

건축 여행을 떠날 때는 최대한 가방을 가볍게 꾸린다. 보조 배터리, 지갑, 이어폰만 있다면 어디든 갈 수 있다. 두 손을 편하게 하기 위해 작은 백팩을 멘다. 신발은 무조건 쿠션감이 있는 운동화를 신는다. 발이 조금이라도 피로해지면 자꾸 집에 가고 싶어져서다. 대단한 모험을 떠나는 건 아니지만 어디든 철푸덕 앉을 수 있어야 하고, 움직이기 편해야 피로가 덜하니 웬만하면 트레이닝복 바지를 입는다. 이 모든 조합을 합치면 중요한 시험을 앞두고 공부하러 도서관에 가는 수험생과 비슷해지는데 그래서인지 여행에서 건물 사진은 한가득 찍어도 내 사진은 잘 남기지 않게 된다.

대전근현대사전시관은 아치 형태의 천장이 있는 내부에 창틀, 계단, 바닥 곳곳에 시간이 멈춘 듯 과거의 흔적이 고스란히 남아있어서 고전적인 분위기를 자아낸다. 여러 영화와 드라마의 촬영지이기도 하고, SNS에서는 사진 찍기 좋은 장소로 알려져 있다. 그래서인지 갈 때마다 잘 차려입은 청년들을 보게 된다. 서로 찍어주고 있거나 혼자 셀카를 찍는 모습을 보고 있으면 '제가 찍어드릴까요'라고 묻고 싶어진다. 그때마다 입술에 힘을 주어 새어나오려는 말을 밀어 넣는다. 나도 모르는 사이에 '공간 투어도 해드릴게요!'라고 할까 봐. 실은 누군가에게 공간 투어를 해드릴 기회를 대비해서 어디에서 시작하면 좋을지도 생각해 두었다. 정문에서 건물 입면을 정면으로 바라보고 1932년 8월 29일을 읊으며 시작하는 것이다. 충남도청의 준공식이 열린 날이었다.

타일 전시장: 건물에 부제 붙이기

이 건물의 다른 이름은 구 충남도청 본관이다. 일제 강점기 충남도청을 공주에서 대전으로 옮기면서 신축했다. 공사 기간은 14개월로 짧았지만 대규모 예산을 쏟아부은 만큼 작은 부분에도 공을 들였다. 건물은 콘크리트조로 설계되었고, 3층은 1960년 무렵 증축되었다. 외벽 창문 아래로 설치된 발코니, 2층 도지사실 창문에 남아있는 스테인드글라스, 중앙 계단 난간 장식, 총독부 문양이라는 주장에 따라 1991년 일부 철거된 외벽의 오동나무꽃 모양 장식 등 건물에서 힘을 준 부분을 다 읊기에는 지면이 부족하다. 그중에서도 건물 문과 창문 옆은 관찰해 볼 만하다. 외벽을 이루는 조각의 높

1 구 충남도청 본관 내부
2 오동나무꽃 모양 바닥 타일. 총독부 상징이라는 의견에 따라 철거될 뻔했으나 단순 장식이라는 주장에 남겨졌다.
3 2층 스테인드 글라스. 창문 옆 타일 조각들 높이가 비정형적이다.

이를 다르게 쪼개서 입체감을 주었다. 더 자세히 보면 그것이 노란색으로 도색한 벽돌이 아니라 표면에 일직선 무늬가 새겨져 있는 스크래치 타일임을 알 수 있다.

타일의 종류는 석재 등의 재료로 만든 천연 타일, 테라조 같은 습식 타일, 도기 또는 유리로 만든 열가공 타일 등 재료와 생산 과정, 모양에 따라 다양하다. 그중에서도 스크래치 타일은 근대 건축에서 벽돌만큼 자주 사용된 재료이고, 시대성이 담겨있다. 이 재료가 일본에 들어온 것은 1923년 완공된 도쿄 제국호텔帝國ホテル 재건축 때였다. 미국 뉴욕 구겐하임 미술관, 펜실베이니아 낙수장 등을 설계한 현대 건축가 프랭크 로이드 라이트Frank Lloyd Wright가 설계를 맡았다. 그때 바다를 건너온 재료가 일본의 식민 지배를 받고 있던 조선, 대만 등지에 일본인 건축가들에 의해 퍼지게 되었다.

첫 번째 현관에 들어서면 로비 계단에 이르기까지 특이한 타일을 여럿 볼 수 있다. 천장, 문 모서리, 벽, 바닥 등 시선 닿는 모든 곳을 천천히 둘러보기를 추천한다. 그중에서도 로비에 있는 모든 아치에 둘러진 코너 타일은 지독하게 섬세하다. 코너 타일은 열가공을 통해 도자기처럼 구워 만든 매끈한 타일이다. 서울 경교장과 구 서울역, 수원 부국원에도 코너 타일이 사용되었지만 그 어디도 대전 구 충남도청 본관 아치에 설치된 타일만큼 장식적이지는 않다. 아름다운

4 구 충남도청 본관 계단
5 구 충남도청 1층. 코너 타일과 카페트 같은 바닥 타일을 확인할 수 있다.

만큼 마음은 불편해진다. 조선을 향한 자신들의 계획이 영원하고 완벽할 것이라는 자신감이 느껴져서일까. 조선총독부는 시간과 비용이 배로 드는 건축 재료인 타일을 다양하게 사용하며 야욕과 권위를 숨기지 않고 드러냈다.

그래서 나에게 이 건물의 부제는 '타일 전시장'이다. 건물에 나만의 부제를 붙이면 감상이 더 명확해진다. 가까운 사람에게 붙이는 애칭이나 별명처럼, 건물 정식 명칭이나 용도와 관계 없이 나의 시선으로 의미를 만들어보는 거다. 예를 들면 『서울 건축 여행』에서 소개한 청계천박물관에 내가 붙인 부제는 도서관이다. 서재 공간이 두 곳이나 있는데 조도와 넓이가 달라 취향과 기분에 따라 선택할 수 있어서다. 책도 뒤적이고 물길을 따라 산책도 하고 싶어질 때는 청계천박물관이 떠오른다. 서울시 연구 자료나 관련 서적이 잘 구비되어 있어서 상세하게는 '서울과 청계천 전문 도서관'이라고 생각하고 있다. 부제는 소소할수록 좋다. 봄에 가기 좋은 곳, 울적하면 생각나는 곳처럼 계절이나 날씨, 기분에 따라 특정해도 된다.

건축 전공이 아닌데 어떻게 취미로 건축 여행을 시작했는지 질문을 종종 받는다. 아직 갈 길이 멀긴 하지만 그때마다 내가 잘 알고 있는 분야, 개인적으로 관심 있거나 흥미 있는 지점과 연결해 나가며 조금씩 진입했다고 말씀드렸다. 건축 여행도 마찬가지다. 역사가 깊고 몸집이 거대한 건물일수록 개인적인 의미와 미시적인 시각이 필요하다. 나의 감상으로 시작하면 건물이 갖고 있는 개성을 금세 찾을 수 있다.

충남도청의 설계자들

충남도청 건물은 1931년 6월 기공식을 한 뒤 1년이 조금 지나 완공되었다. 도청 이전 계획이 발표된 것은 1930년 1월이었다. 원래 충남도청이 위치해 있던 공주와 조치원 지역 주민들은 강력하게 반대했다. 공주공영회, 공주시민회는 1930년 11월부터 1931년 3월 초순까지 도청 이전 반대 운동을 주도했다. 횃불 시위와 투석전도 했지만 경찰은 강경하게 집회를 진압했다. 공주에 예산을 투입해 금강철교가 건설된 것도 그 시기다. 공주 주민들의 반대에도 일은 일사천리로 진행되었다.

애초부터 일제는 공주 거주민 눈치를 볼 생각 따위는 없었다. 공주는 백제의 수도이기도 했고, 조선시대에는 충청도(충주와 청주)를 공청도(공주와 청주)라고 부를 정도로 감영• 도시로서 위상이 있었다. 이러한 역사가 식민 지배에는 걸림돌이었을 것이다. 1920년대 인구 구성비를 보면 대전은 공주보다 일본인이 2배나 많았다.•• 신도시 계획에서 우선순위는 철도였다. 조선총독부는 부산에서 경성으로 이어지는

• 각 지역 관찰사가 업무를 보던 관청. 충청도 감영은 충주에 위치해 있다가 1602년 공주로 이전했다.
•• 한국학중앙연구원 향토문화전자대전에 따르면, 1923년 공주 지역 인구는 8304명(한국인 6548명, 일본인 1605명), 대전 지역 인구는 6728명(한국인 2114명, 일본인 4798명)이었다.

철로 안으로 도청을 이전해 도시 권력을 재배치할 생각이었다. 1923년 평안북도청을 의주에서 신의주로, 1925년 경남도청을 진주에서 부산으로 옮긴 것처럼.

대전에 지어질 새로운 충남도청 설계는 이와츠키 요시유키岩槻善之*와 사사 게이이치笹慶一가 맡았다. 이와츠키는 조선총독부에서 신망 받는 건축가였다. 도쿄대학교 출신인 그는 조선총독부 내에서도 관청, 공기관 건물을 짓는 부서에서 일하며 구 서울시청(현 서울도서관)과 구 경성재판소(현 서울시립미술관)를 설계했다. 경성제국대학교 학부 건물의 총괄 설계 및 감독을 맡았던 것도 그였다. 경성공업고등학교에서 시공 공법에 관한 강의를 하기도 했는데 1931년 6월 급사했다.** 이와츠키 사망 후 후배 건축가가 이어 받아 설계를 완성했다. 시공은 대전의 건축청부업자인 스즈키 겐지로須須木權次郎가 맡았다. 조선총독부와 일본인 건축업자들의 손길로 건축이 이루어진 듯 보이지만 공주에서 대전으로 도청이 이전할 때 가장 중요한 역할을 한 건 친일파 조선인이었다.

공주 출신 김갑순, 개명 후 불린 이름은 가나이 고슌. 관노 출신으로 1902년 부여군수를 시작으로 충남 지역에서 6차례 군수를 맡았다. 관직을 지내며 세금을 빼돌려 재산을 모았다. 재산을 불리기 위해 수단과 방법을 가리지 않았다. 책 『나는 황국 신민이로소이다』에 따르면 그의 회갑연 때 축

- * 『2010 근대문화유산 조사보고서』에는 '이와스키 센지'로 표기되어 있다.
- ** 윤인석, 「문화의 교류, 한국의 외국건축 - 압제자들의 건축」, 『건축사』, 2006.

6 대전근현대사전시관

시를 보낸 사람 명단에 당시 거물급 친일파 박영효, 이해승, 민영휘, 윤치호 등이 있었다. 김갑순은 자신의 아들을 이완용의 증손녀(이병길의 딸)와 결혼시키기도 했다. 인맥을 통해 얻은 정보로 땅 투기를 하며 재산은 나날이 불어갔다.

권력에 기대고 있던 자들은 1924년 말 경남도청이 이전된다는 소문이 돌 때부터 대전 주변 땅을 사들였다.• 이런 걸 보면 예나 지금이나 개발은 갑작스럽게 일어나지 않는다. 공식적인 발표가 나기 전에 이미 정보를 쥐고 있던 사람들은 새 풍경을 맞이할 만반의 준비를 마친다. 김갑순은 공주와 대전 사이에서 지역 유지들을 설득해 가며 충남도청 이전을 성공시켰다. 충남도청이 이전하자 대전의 땅값이 치솟기 시작했다. 조선총독부도 웃었고, 김갑순과 친일파들도 웃었다. 헐값에 사들인 땅이 하루아침에 100배가 올랐다. 대전 지역 40%의 땅을 소유하고 있던 그는 충남도청 부지 6000평을 기부했다. 대전시가 발행한 『2010 근대문화유산 조사보고서』에 따르면 공사비는 35만 9000원이었다.

함께 가보면 좋을 곳 : 구 충남도청 강당

구 충남도청사 본관 주변으로 청사 건물들이 있다. 구 본관에서 타일을 구경하고 내부 전시를 보다가 체력을 다 써 버릴 확률이 높지만 건물 밖을 한 바퀴 둘러보기를 추천한

• 박천홍, 『매혹의 질주, 근대의 횡단』, 산처럼, 2003.

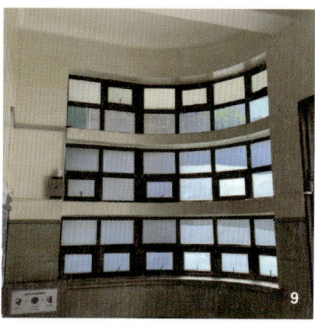

7 구 충남도청 강당(1958)
8 9 10 구 충남도청 강당 내부
11 2층의 꽃무늬 바닥

다. 구 본관을 정면으로 바라보고 서서 오른쪽에는 1963년에 지어진 구 충청남도 경찰청 상무관이 있다. 1933년에 일본 경찰관을 위한 검도관으로 지어진 전통 일식 건물 무덕관의 기초를 활용해서 새로 지은 건물이다. 이 부지에는 대전총합청사를 신축하는 공사를 하고 있는데, 기존 건물은 보존하기로 했다.

왼쪽으로 가면 전시실과 서재로 사용 중인 구 충남도청 우체국 건물이 나온다. 길을 따라 구 도청 건물 뒤로 돌아가면서 후문 쪽으로 향하면 구 강당이 나온다. 대전시 내에 아직 문화재로 지정되지 않은 근현대 건축물 중 유력한 문화재 후보로 추천하고 싶은 건물이다. 극장이나 강당 용도를 겸하여 지어졌는데 현재는 대전평생교육진흥원으로서 시민들을 위한 교육 공간으로 쓰이고 있다. 사람들이 사용하며 보존되고 있는 건물이라 의미 있다. 곡선 창, 극장 위 영사실에 붙어 있는 나무 창, 인조 테라조 타일(일명 도기다시たたぎ出し) 등 구경할 게 많다. 1930년대 건물인 구 충남도청 본관에는 스크래치 타일을 포함한 각종 타일들이 있다면 1950년대 후반에 완공된 이곳은 인조 테라조 타일을 썼다. 카페트처럼 깔린 검정 바닥이 청록색 벽과 대비를 이루는데 모두 테라조 타일이다. 특히 2층 바닥의 꽃무늬가 인상적이다.

근대 건축이 존재하는 이유

대전근현대사전시관 1층 전시실 옆 복도에서는 건물 도면과 설명을 볼 수 있다. 전시실에서는 2024년 폐업한 유성온천 사진을 포함한 대전 시내의 근대 건축물 관련 자료를 전시 중이다. 건물은 완공 100년을 앞두고 새롭게 쓰일 예정이다. 2026년 국립현대미술관 대전관으로 사용되는 것이 확정되었기 때문이다. 이와츠키 요시유키 설계작인 경성 대법원이 서울시립미술관으로 쓰이고 있는데, 그의 또 다른 설계작이 미술관으로 개관할 예정이라니. 이럴 때는 운명이 얄궂은 미소를 짓고 있는 듯하다.

완성도 높은 근현대 건축물들이 예술을 품고 미술관이나 박물관, 전시장, 카페, 숙박 시설로 사용되며 '문화 시설'로서 삶에 스미는 일은 환영할 만하다. 그러나 예술은 지우개가 아니다. 이런 경각심이 드는 건 예술이 가진 힘을 믿기 때문이다. 근대 건축이 아름다울수록 불편해지는 마음, 영원한 권력을 이루겠다며 타일과 손잡이, 창틀 구석구석 새겨넣은 염원을 들여다보면서 차갑게 식어버리는 마음. 이 온도 차이를 건물을 통해 그대로 느낄 수 있었으면 한다. 건물의 분위기, 완성도를 일부러 부풀리거나 축소시키면 그 선명함이 흐려진다.

2024년 8월 서울 덕수궁 권역 안에 세워진 구 조선은행 중역 사택이 공개되었다. 1938년에 완공된 건물로 외관은 서양식이고 내부는 일식이 섞여있는 문화주택이었다. 담장 밖에서 구경하면서 늘 궁금했는데, 철거 전 잠시 미술 전시 공간으로 개방하며 모습을 드러냈다. 직접 가본 집은 전망도 좋고, 다양한 재료로 구석구석 공들여 지은 흔적으로 가득했다. 특히 집 안에서 본 창밖 풍경은 감탄이 절로 나왔다. 궁궐 기와지붕이 산맥처럼 깔려있고, 남산 풍경이 시원하게 보였다. 일제 강점기 시절 경성역과 조선총독부와 가깝고, 신사가 있던 남산이 보였을 테니 조선의 심장부에서 권력의 향기에 취하기 딱 좋은 집이었다.

당장은 아니지만, 건물은 철거 예정이다. 덕수궁 신원전 복원 사업이 진행 중이기 때문이다. 개방 마지막 날, 마지막 손님으로 건물을 구경하고 언덕을 내려왔다. 기약 없이 닫혀버린 문 앞에서 질문만 뭉게뭉게 떠올랐다. 꼭 철거되어야 하나? 이것 역시 역사 아닌가? 철거되어야 한다면 마지막으로 건물을 공개하는 방식이 '전시'인 것이 옳을까? 집이 갖고 있는 시대성을 정면으로 바라보고, 어떻게 사용하면 좋을지 논의하는 과정이 있었다면 미련이 없었을 텐데 말이다.

일제 강점기 건물을 활용할 때에는 날카로운 방향성이 필요하다. 무엇이든 담을 수 있는 전시 공간도 좋지만 여기서만 할 수 있는 이야기를 마주해야 한다. 건물이 지어진 이

12 오동나무 꽃무늬 장식이 붙어있는 발코니
13 외벽 스크래치 타일

유, 부지를 선택한 이유에도 메시지가 있다. 국립현대미술관 대전관으로 활용되면서도 이곳에 와야만 생생해지는 장면들이 오래도록 회자되면 좋겠다. 건물이 세워지기까지의 역사와 그 이야기 속 이름들이 입과 입을 통해 영원히 메아리 치기를 바란다.

1 대흥동 뾰족집
2 골목에서 본 대흥동 뾰족집, 2024년 촬영.

③ 대흥동 뾰족집

중구 문창로 119-15

그 집 이야기

동화책 『그 집 이야기』(사계절)의 주인공은 집이다. 이야기는 버려져 있던 집이 아이들에게 우연히 발견되며 시작된다. 사람들에 의해 수리된 집은 젊은 부부의 결혼식, 전쟁, 주인의 죽음 같은 사건을 맞으며 사람처럼 희로애락을 느낀다. 그렇게 한 세기가 지나가고 집이 새로운 주소를 받게 되며 이야기가 끝난다. 이전 모습이 온데간데 없이 리모델링된 집은 자신의 모습과 주소가 탐탁지 않다. 그럼에도 삶은 계속 흘러갈 거라고 작가는 집이 겪은 시간을 통해 말한다. 아이들을 위한 책이라 글보다 그림이 많고 분량도 길지 않다. 얇은 동화책이지만 100년이라는 시간을 한 손에 쥐고 있다는 무게감에 엄숙해졌다. 아쉬운 마음에 읽고 또 읽었다. 읽을 때마다 인상 깊은 장면이 달라졌지만 『그 집 이야기』를 펼칠 때마다 떠오른 집은 하나였다. 대전 대흥동에 있는 '뾰족집'이다.

뾰족집은 1929년 와타나베 이와지渡邊岩治(1875~1946)가

3 대흥동 뾰족집 2층 창문
4 1층 창, 2024년 촬영

지었다.• 조선총독부 직원 명단에서 그의 이름을 찾을 수 있었다. 1910년 용산역 직원으로 시작해서 1913년 철도국 영업과, 1915년 김천역, 1917년 신의주 하급소를 거쳐 1925년부터 1928년 대전 철도국 운수사무소에서 근무한 철도 공무원이었다. 직장에서 은퇴하던 1928년, 와타나베는 만 54세였다. 조선 입장에서 일본의 핍박은 극심해져 갔지만, 조선에 정착한 일본인들은 본국이 생각나지 않을 만큼 안락했을 것이다. 그는 지난 몇십 년 동안 그래왔듯 앞으로도 평온하리라 여기며 대전에 집을 짓고 정착했다. 와타나베는 1남 4녀를 두었다고 한다. 뾰족집의 원래 위치••에서 차녀가 다니던 일본인 학교인 대전공립고등여학교•••까지는 도보로 약 10분이었다.

뾰족집은 300평 규모의 정원 안에 지어진 목조 주택이었다. 지붕 아래로 있는 직선 목조 골조 사이에 진흙을 발라 메웠다. 우연히 만들어진 장식적인 무늬가 둥근 지붕과 곡선 창, 빨간 포치porch와 어울려 독특한 분위기를 자아낸다. 집안에는 1층 네 칸, 2층 두 칸까지 총 여섯 칸의 방이 있었다. 나중에 대흥동에 길이 나면서 마당이 반토막 나고 일부 방은 한국인 주인을 맞으며 온돌이 깔렸다. 긴 시간을 살아오며 겪은 변화는 어쩔 수 없었지만 2000년대까지도 문틀, 창문, 도코노마床の間••••, 전등 스위치, 벽난로 등 집안 곳곳에 옛 흔적이 그대로 남아있었다고 한다. 집은 일본인을 위해 지어져서

- • 임병안, 「[한일교류와 공존] 외면해서 안 될 일…강점기 대전 창작과 기록화」, 『중도일보』, 2022. 12. 7.
- •• 대전 중구 대흥동 429-4, 현재 대전센트럴자이 1단지
- ••• 대전 중구 대흥동 418-1. 현재 대전평생학습관 어울림홀
- •••• 일본식 주택에서 다다미 높이보다 한 층 높게 만들어진 장식용 공간

군인 중역 관사로 쓰이다가 1959년 한국인 가족을 맞았다. 이들은 뽀족집에서 가장 오래 산 사람들이자 마지막으로 살았던 사람들이다.* 2010년대에 주변이 재개발되면서 홀로 남겨져 있다가 뿌리째 뽑혀 길 건너편 낯선 골목의 현재 위치로 옮겨졌다. 어쩌면 생존한 것만으로 다행스러운 일이었다.

뽀족집을 여행하는 법

뽀족집에 처음 가본 건 2018년이었다. 슬레이트 지붕을 이고 있는 낮은 집들과 빌라가 섞인 골목 중간에 어정쩡하게 빨간색 뽀족 지붕이 있었다. 아치 형태의 창이 있는 1층 공간은 식당일까, 응접실일까. 모든 과정이 천천히, 신중하게 진행되었으면 좋았겠지만 무단으로 집이 헐리던 중에 철거를 중단시키고 급하게 이곳으로 옮겨 응급 처치를 했던 터였다. 서러웠을 만도 하지만 90세를 앞둔 집은 말이 없었다.

일양 절충식 가옥인 뽀족집은 외관만 보면 독일, 프랑스, 네덜란드의 요소가 섞여있는 '일본인이 생각하는 옛날 유럽' 속 어딘가에 있을 법한 집이었다. 마치 지브리 스튜디오 영화 「마녀배달부 키키」의 배경처럼 말이다. 누가 봐도 특이한 집인데 어울리지 않는 골목에 있는 게 「하울의 움직이는 성」 OST처럼 슬프고 환상적인 느낌도 들었다.

뽀족집에 대한 이런 감상을 솔직하게 털어놓은 것은 처

* 임연희, 「대전 最古 주택 '뽀족집' 들어가 보니…」, 『중도일보』, 2008. 2. 21.

음이다. 근현대 건축물을 감상할 때 꼭 지키려고 하는 원칙이 '일본 영화나 애니메이션에 비유하지 않기'이기 때문이다. 누가 뭐라고 하는 것도 아닌데 일제 강점기를 바라보면서 잃어버린 시대 속 낭만을 일본 콘텐츠에서 찾는 것이 불협화음처럼 느껴진다. 다소 쉽고 직설적인 감상 대신 다른 언어로, 다양한 예시로 표현하고자 하는 의지이기도 하다. 그렇다고 다른 나라 영화나 소설, 음악을 가져다가 떠오르는 이미지를 스케치해 봐도 적절한 예시가 되지는 않는다.

    건축 여행을 하다 보면 이미지가 선명하게 그려질 때가 있다. 예를 들면 서울 웨스틴 조선 호텔 내 환구단 황궁우를 걸으면 왕족이나 궁녀 시점의 풍경이 그려진다. 그 분위기에 흐르는 음악으로는 류이치 사카모토가 작업한 영화 「마지막 황제」 OST가 제격이다. 그런데 중국 역사를 다룬 영화에 쓰인 일본 작곡가 곡으로 한국 건축물의 풍경을 묘사하는 것이 어쩐지 겸연쩍다. 이런 순간마다 다른 나라 것을 가져다 우리 것을 설명하지 않기 위해 더 많이 알고 싶어진다. 이런 채워지지 않는 갈증이 나를 건축 여행지로 이끈다. 역사 앞에 붙을 수 없는 '만약'을 붙여보면서 말이다. 식민 지배를 받으며 강제로 근대화를 겪지 않았다면? 군사 독재 정권 아래에서 산업화와 민주화를 이루지 않았다면? 그랬더라면 이 시대는 어떻게 적혔을까. 우리는 어떤 문화를 갖게 되었을까. 안

5 뾰족집 이전 전 2층 내부
  ⓒ 국가유산청, 2022년 문화유산 원형기록 통합DB 구축, digital.khs.go.kr
6 이전 전 좌측면
  ⓒ 국가유산청, 2022년 문화유산 원형기록 통합DB 구축, digital.khs.go.kr

경 알을 닦고, 설거지를 하고, 걸레를 들고 바닥을 훔치면서도 이따금씩 상상해 본다.

뾰족집의 마지막 주인은 혹여나 집이 상할까 봐 2층에는 무거운 짐 하나 두지 않고, 벽에 못도 박지 않았다고 한다. 가구가 다 빠져 빈 상태이긴 하지만 내부가 궁금했다. 하지만 뾰족집 앞뒤에 있는 다른 집들이 너무 가까워 구경하기가 쉽지 않았다. 주변 단층 집들 위에 얹힌 슬레이트 지붕 높이는 만만해 보였다. 폴짝 올라가 지붕 위에 앉으면 뾰족집 내부가 잘 보일 것 같지만 그럴 수는 없는 노릇이었다. 까치발을 들고 이리저리 휴대폰 카메라를 치켜들어 사진이라도 예쁘게 담아보려 했으나 허사였다. 눈으로, 렌즈로 담아보다가 아쉬운 마음에 골목에 서서 노트에 건물을 그려보기도 했다.

다행히 국가유산 디지털 서비스에 아카이빙된 자료를 통해 내부를 볼 수 있었다.• 다다미나 천장 등 변형된 부분이 많았지만 구조를 확인할 수 있어 의미 있는 자료였다. 현관으로 들어가자마자 계단과 주방, 방으로 연결하는 로비가 있다. 1층과 2층 둥근 창을 내부에서 바라보는 느낌도 색달랐다. 사진으로 구경했지만 또 다른 감각이 일었다.

현 위치로 옮겨지기 전, 정원이 있는 뾰족집의 모습도 볼 수 있었다. 온돌방으로 개량된 모습이 인상적이었다. 지금은

• 2019 국가등록문화재정기조사, 국가유산 디지털 서비스.

없는 현관 옆 창문의 무늬창, 정사각형 나무 판으로 짜맞춰진 천장, 나중에 벽지를 발랐을 천장도 볼 수 있었다. 자료를 보며 복원하거나 근현대 건축물을 살리는 거창한 프로젝트를 진행하지 않아도 이런 자료가 최대한 공개되어 많은 시민들이 보면서 각자 감상하고 이야기를 나눈다면 근현대 건물이 철거되는 과정에도 우리만의 방식이 생기지 않을까.

뾰족집은 여전히 낮은 집들과 빌라가 섞여있는 골목에 어색하게 서있다. 몇 년 전과 달라진 점이라면 집을 정면으로 볼 수 있게 되었다는 것이다. 앞집이 주차장으로 변했기 때문이다. 또 하나의 삶이 담긴 흔적이 허망하게 사라지고 나서야 그토록 보고 싶었던 뾰족집을 제대로 볼 수 있게 되었다. 생사의 경계만큼이나 선명한 역설이다. 뾰족집을 아끼던 마지막 주인이 집을 떠나던 날, 이 낯선 골목으로 옮겨지던 날, 집은 어떤 마음이었을까. 몇 해 전 옆집이 헐리고 주차장이 되는 걸 바라보며 '나도 머지 않았다'고 느끼지 않았을까. 사람 흔적 하나 없이 텅 빈 집안에 더 한기가 돌았을 것이다. 『그 집 이야기』의 집은 주인이 세상을 떠났을 때 이렇게 말한다.

"나는 집이지만 누구에게도 집이 되지 못하니 내 운명의 여행길이 끝나가는구나."

뾰족집도 이렇게 중얼거리고 있을 것만 같다.

첫 번째 주인이 집을 떠나던 날

50대 중반인 철도 공무원은 왜 대전에 정착한 걸까? 공들여 지은 집을 매각할 때는 어떤 상황에서 일본으로 돌아갔을까? 『그 집 이야기』처럼 짧은 이야기로 읽을 수 있다면 좋겠지만 100년 된 집은 말이 없다. 자료를 찾으며 유추해 볼 뿐이다.

대전은 철도와 함께 생긴 신도시라 서울·부산·인천·대구 등 전통적인 대도시에 거주하는 일본인들과 대전에 거주하는 일본인은 성격이 달랐다.• 1917년 출간된 『조선대전발전지』에서 저자 다나카 레이스이田中麗水는 "조선에서 일본인들만 모여 살고 지명을 처음 만들어 일본 사람들만으로 건설한 도시는 유일하게 대전뿐"이라고 했다.•• 뾰족집 주인인 와타나베가 은퇴 후 거주지로 대전을 택한 것은 경성과 또 다른 대전만의 문화 때문이었을 것이다. 1945년 8월 15일, 패전국민으로 전락한 일본인들은 이 모든 걸 두고 돌아가야 했지만 말이다.

조선이 광복을 맞으며 일본인들은 송환선을 타고 돌아갔다. 하지만 배편이 많지 않았고, 재산 반출 제한이 있어서 도둑배를 타는 사람들도 적잖았다. 집을 처분하기까지 시간이 오래 걸려서 돈이 있는 사람들도 독립을 맞은 조선에 남아 있는 시간이 길어졌다. 책 『조선을 떠나며』에 따르면 이 시

- • 이성우, 「1910년대 대전의 일본인 사회 동향과 『조선대전발전지(朝鮮大田發展誌)』 편찬」, 『탈경계인문학』, 2020.
- •• 고윤수, 「일제하 大田의 한국인 有志들의 등장과 변화 - 1920~1935년 대전의 주요 한국인 '公職者'들과 지역사회 -」, 『역사와 담론』, 2019.

7   대흥동 골목에 옮겨진 뾰족집 뒷면
8   2024년 뾰족집 대문

기에는 일본인들이 조선인이 경영하는 이발소, 여관, 목욕탕에서 잡일을 했다. 교사였던 일본인이 과거 자신이 가르치던 학생 집에 식모로 들어가기도 했다. 광복 후 모든 방송에서 일본어가 사라지기 시작했고 1945년 11월부터는 지명이 조선식으로 바뀌어 조선에 남은 일본인들은 길 찾기도 어려워졌다고 한다. 일본으로 돌아간 귀환자들은 고국에서 전염병을 옮기는 존재 취급을 받거나 해외에서 호사를 누리던 사람들이라는 인식으로 인해 차별을 당했다. 네 편 내 편이랄 것도 없이 대상을 바꿔가며 과녁을 만들어내고야 마는 전쟁, 폭력, 차별, 혐오는 얼마나 무서운가. 사랑의 반대편에 놓여 있는 말들은 아주 좁고 작아서 아무것도 품어내지 못한다. 일본이 조선인뿐만 아니라 조선에서 돌아온 자국민에게도 가혹했던 것처럼 말이다.

  뾰족집에 살던 가족을 포함해 대전에 살았던 일본인들은 광복 후 송환선을 타고 동해를 건너며 어떤 생각을 했을까. 조선을 탓한 이들도 있었겠지만, 그리움을 안고 '고향'을 떠나게 된 이들도 있었다. 대전에는 2023년 등록문화재로 지정된 일본인의 집이 있다. 일제 강점기 대전에 있었던 간장 공장의 사장 츠지 만타로가 가족 별장으로 지었던 보문산 근대식 별장이다. 광복 이후 가족들과 함께 일본으로 돌아갔지만, 츠지 만타로의 유해 절반은 그의 유언에 따라 대전 보

9   카페 안도르
10   현관문에 붙어있던 옛 수전 번호판

문산에 안장되었다. 대전에서 태어난 아들 아츠시는 여든이 넘은 나이에도 『중도일보』와의 인터뷰에서 대전을 고향으로 부르고, 간장 공장에서 일하던 조선인들과의 추억을 회상했다. 역사책에는 적히지 않은 이야기에 대전이 낯설도록 새롭게 느껴진다.

함께 가보면 좋을 곳 : 카페 안도르

뾰족집은 문화재로 등록될 수 있었지만 소유주의 요청으로 무산되었다. 재개발을 앞두고 오랜 시간 인연을 맺어온 이웃들과 마찰이 생기는 걸 원치 않았기 때문이다. 결과적으로 시문화재 자료로 가지정되고 현재 집은 방치된 상태다. 집이 원래 터를 떠나면서 갖고 있던 분위기는 물론 존재의 맥락도 잃었다. 마음 아픈 일이지만 건물 하나를 두고 여러 입장이 복잡하게 얽혀있으니 어쩔 수 없는 노릇이다. 아파트가 지어진다는 소식으로 축제 분위기인 동네에 재를 뿌리고 싶지 않은 마음, 집의 가치를 알아보고 보존해주기를 바라면서도 번거로운 낡은 집을 애써 외면하고 싶기도 한 마음. 이렇게 복잡한 이해관계 안에서 카페나 식당으로라도 활용되고 있는 건물들은 용케 살아남은 건물들이다.

은행동에도 살아남은 문화주택이 한 채 있다. 현재 카페 안도르로 운영되고 있는데 과거에는 대전부윤(현재의 시장과

11　둥근 돌출창
12　창문에 남아있던 무늬 유리
13　카페 안도르 내부

같은 직책)이 살았다고 알려져 있었다. 실소유자는 강경읍 면장을 역임한 사카가미 도미조^{阪上富藏}로 확인되었다.

카페는 내부의 목조 구조가 잘 보이는 모습이다. 나무 바닥도 그대로 잘 보존되어 있다. 뾰족집의 마지막 날을 상상해서일까. 커피 한 잔을 시켜놓고 앉아서 둥근 창을 바라보면서 이 집의 첫 주인이 들어오던 날과 마지막 날을 그려본다. 첫날 밤 이부자리에 누워서 어떤 기대감에 들떴을까. 마지막 날 밤 어떤 기분이었을까. 이후 이 집에 이사 들어온 사람들은 어땠을까. 집 안에서 마루를 보며, 창문 너머 마당을 쳐다보며 가본 적 없는 시대 속 사람들과 시선을 맞춰본다. 직접 와보니 비로소 보이는 것들이다.

근현대 건축물을 찾아가서 관찰하면서 만나보지 못한 인물을 떠올리고, 장면을 상상하는 이 시간. 편안한 의자, 알맞은 조명, 적절한 음악과 함께 책장을 넘기는 독서 시간처럼 완전히 다른 시공간 속으로 빨려들어가는 느낌이 든다. 이런 의미에서 건축 여행은 적극적인 독서다.

1   대흥동성당(1962)

④ 대흥동성당

중구 대종로 471

동네에 울려퍼지는 성당 종소리와 성심당

 2024년 12월, 노트르담 성당이 5년 8개월 만에 재개관했다. 다양한 기념 공연이 열렸는데 그중 가수 퍼렐 윌리엄스가 가스펠 코러스와 함께 부른 「Happy」가 인상 깊었다. 노트르담 성당이 불길에 휩싸였을 때, 전 세계 사람들이 성당을 지켜보며 안타까워했다. 남의 나라 소식처럼 느껴지지 않았던 건 국적과 인종을 불문하고 수많은 사람들이 추억으로 나눠 갖고 있던 랜드마크였기 때문이다. 그렇기에 재건된 성당 앞에서 부르는 「Happy」는 모든 사람들의 감정을 대변한다. '기쁨이 진리라고 느낀다면, 기쁨이 무엇인지 알고 있다면 박수쳐(Clap along if you feel like happiness is the truth / Because I'm happy / Clap along if you know what happiness is to you)'라는 가사가 이렇게 은혜로웠던가. 지붕이 재건된 성당 앞에서 부르는 노래에서 가사 속 '지붕 없는 방 같은 기분'이 무엇인지 선명하게 느껴졌다.

2 대흥동성당 입구. 구조적인 포치 위에 이남규 작가의 조각 작품이 보인다.

NC백화점 사거리에서 지하철 중앙로역 3번 출구를 따라 쭉 걷는다. 길 건너편 2번 출구부터 다음 사거리가 나오는 대전창작센터까지 달콤한 향기가 진동한다. 골목에는 인파가 몰려있다. 그곳에 있는 사람들은 두 종류다. 성심당 종이 가방을 든 사람과 아직 들지 않은 사람. 그 구역에 성심당 본점과 분점들이 모여있기 때문이다. 성심당 케익부띠끄 앞에 길게 늘어선 줄을 구경하다 보니 대전창작센터 건너편 대흥동성당에 도착했다.

대흥동성당 앞에서 공연을 한다면 어떤 곡이 어울릴까? 이 질문을 던지자마자 아이유의「Love wins all」과 함께 대흥동성당 종소리를 들으며 떠올렸던 장면들이 파노라마처럼 스쳐갔다. 왕생백화점 옆에 있던 성심당이 1970년 은행동으로 이전한 이유가 대흥동성당 종소리를 듣기 위해서라는 건 유명한 일화다. 성심당 창업주 임길순은 1950년 12월 23일 흥남 부두에서 메러디스 빅토리호를 타고 거제로 내려온 피난민이다. 진해에 정착해 살다가 1956년 6월, 통일호를 타고 서울로 올라오던 중 기차가 고장으로 멈춰서는 바람에 정착하게 된 곳이 대전이었다. 독실한 천주교 신자인 임길순 창업주는 대전에 오자마자 대흥동성당부터 찾았다고 한다. 그때 만난 신부님이 안타까운 사연을 듣고 밀가루 두 포대를 전해 준다. 임길순은 그 밀가루를 가지고 대전역 앞에서 찐

빵 장사를 시작한다. 그때부터 지금까지 성심당은 장사하고 남은 빵을 지역 사회에 나누고 있다. 이 이야기에 등장하는 신부님은 현재 대흥동성당을 신축할 때 총괄을 맡았던 오기선 신부다.

성당 벽화와 조각 작품을 보러 떠나는 여행

대흥동성당은 1919년 대전 목동에 건립되었다. 당시 대전에 성당이 이곳 하나뿐이라 대전성당으로 불렸고, 건물은 고딕 양식이었다. 대흥동으로 이전한 건 1945년이다. 오기선 신부가 9대 주임으로 부임한 지 1년 되는 해였다. 이때는 건물을 신축하지 않고 외국인 신부들이 운영하던 유치원 건물을 사용했다. 이 건물은 1950년 한국전쟁 때 폭격당했다. 대흥동성당만 피해를 입은 게 아니라 대전 지역의 천주교 신부 8명도 북한군에 의해 살해되었다. 성당은 전쟁 중에 임시로 건물을 지어 사용하다가 1962년 현재 건물을 완공한다. 설계는 천주교 신자인 건축가 이창근이 맡았다.

대흥동성당의 특징을 한마디로 정리하자면 '이전과는 다른 현대적인 성당'이다. 철근콘크리트 구조로 설계된 성당 건물은 82m 높이로 기도하는 모습을 형상화했다. 1970년대까지 대전에서 가장 높은 건물로 어디서든 눈에 띄었다. 적벽돌이 아닌 시멘트 벽돌 건물도, 절판 구조 캐노피가 달려있는 현관도 낯선 디자인이었다. 지금이야 대수롭지 않지만 기둥 없이 트여있는 내부도 마찬가지였다. 오죽했으면 오기선 신부도 성당이 지어지는 과정을 보면서 이게 정말 가능한 건지 내내 마음을 졸였다고 했을까. 건축가 이희태가 설계해 1960년대에 지어진 혜화동성당도 현대적인 성당 건축으로 꼽히는데, 대흥동성당과 마찬가지로 건물을 설명할 때 내부에 기둥이 없다는 특징이 꼭 언급된다.

『대흥동성당 100년사』에 따르면 성당은 대전신사에 있던 화강암을 가져와 창 아래에 둘렀다. 영세대와 성수대는 신사 제당에서 쓰던 것을 변형해 만들었다. 대전신사는 1929년 소제동에서 대흥동으로 이전했는데, 오기선 신부가 해방 이후 미군정에 허가를 받아 그 터에 성모여자고등학교, 성모초등학교, 성모병원을 세웠다.

성당에는 40m 높이의 종탑이 있는데, 2019년까지 종지기가 직접 종을 쳤다. 1969년부터 종탑을 지키던 종지기 조정형이 은퇴하면서 전자 종으로 교체됐다.

건축 여행을 하며 평범한 천주교 신자 이상으로 꽤 많은 국내 성당을 방문했다. 그럼에도 대흥동성당 벽화를 처음 봤을 때의 충격을 잊지 못한다. 한국적인 이미지를 현대적으로 풀어낸 성화였다. 예수의 생애를 그린 것인데 오즈의 마법사가 연상되기도 하고, 백설공주가 떠오르기도 한다. 더 놀라

3 대흥동성당 내부
4 이남규 작가의 부조 작품
5 앙드레 부통 신부가 그린 성화
6 대흥동성당 내부

운 것은 1964년 프랑스인 앙드레 부통André Bouton 신부가 이 벽화를 그렸다는 것이다. 『가톨릭신문』에 따르면 1970년대 후반에는 습기와 곰팡이로 벽화가 훼손되어 10개의 작품 중 8개가 흰색 페인트로 덧칠되어 있었다. 다행스럽게도 2019년 성당 설립 100주년을 맞아 복원해 원래 모습을 되찾았다. 성스러운 느낌보다 친숙한 느낌이 들도록 한 것은 앙드레 부통 신부의 의도이기도 했다. "신비로움을 환기시켜 신자들이 종교적 구원의 이야기에 더욱더 친숙함을 느끼도록" 하기 위함이었다.

그의 현대적인 성화를 보고 난 후부터 다른 작품들을 틈날 때마다 찾아봤다. 충남 예산 대전교구 삽교성당에서도 2023년 도색 과정 중 성화가 발견되어 복원된 사례가 있었다.• 앙드레 부통 신부의 성화는 충청도 외에도 문경, 김천, 상주 등의 지역 성당과 공소•• 등에 남아있었다. 대구 가톨릭병원, 성주 분원 진료실에도 있었지만 병원이 폐업하며 소실되기도 했고, 오랫동안 사용하지 않아 방치된 공소에 남아있기도 했다. 여유를 부리는 동안 사라지지는 않을지 마음이 조급해져서 앙드레 부통 신부의 성화를 찾아 경북 여행을 가기도 했다. 그중 성주군 용암공소(경상북도 성주군 용암면 용정리 318-1)가 가장 기억에 남는다. 이제는 더 이상 사용하지 않는 폐건물이라 문은 잠기고 유리창은 깨져있었다. 기

• 민경화, 「대전 삽교본당, 앙드레 부통 신부 제단화 복원」, 『가톨릭신문』, 2024. 6. 11.
•• 본당보다 작은 교회의 단위. 사제가 상주하지 않고 순회하며 사목한다.

7 성주군 용암공소
8 용암공소 내 성화, 앙드레 부통 신부 작품

단이 높아서 안이 들여다보이지 않았다. 휴대폰 카메라를 든 손을 뻗어 감으로 찍은 동영상과 사진 안에는 성화가 선명하게 남아있었다. 아무도 오지 않는 곳에서 아름다운 작품을 보고 있으니 망망대해에서 나홀로 별똥별이 쏟아지는 걸 보고 있는 듯 신비로웠다.

대흥동성당 안에는 성화뿐만 아니라 이남규 작가가 작업한 부조 작품, 마리아상, 건물 외부 조각들이 있다. 『서울 건축 여행』 '권진규 아틀리에' 편에 소개된 혜화동 성당 내 스테인드글라스 작업을 한 화가이자 조각가다. 이 책에서는 공주 파트에서 이남규 작가의 스테인드 글라스를 소개하도록 하겠다.

사랑은 승산 있다

가수 아이유가 「Love wins all」을 발매하며 쓴 글에 있던 문장이다. '대혐오의 시대라고 하지만, 사랑은 여전히 승산 있다.' 답답하리만치 반복되는 역사를 지켜보며, 이유도 없이 일어나는 끔찍한 사고를 지켜보며 가끔은 신에게 따지고 싶어진다. 진정 당신이 거기에 있냐고. 이걸 지켜보면서 대체 나는 어떤 믿음을 가져야 하냐고. 이럴 때는 사랑을 말하는 게 대체 무슨 소용이 있는지 모르겠다. 어리석게 이상향을 꿈꾸는 건 아닌가 싶어 움츠러들기도 한다.

1950년 12월 24일 대전, 한국전쟁 중 처음 맞은 크리스마스를 상상한다. 전쟁으로 성당 건물을 잃어버린 신부님과 성도들은 어디서 어떤 기도를 했을까. 그 시간 동해에는 피난민들이 흥남부두를 떠날 수 있도록 결단을 내린 10군단 에드워드 알몬드 사령관, 그가 이런 결정을 할 수 있도록 설득한 함경도 출신 통역사 현봉학과 참모부장 에드워드 포니 대령, 60명 정원 배에 약 1만 5000명을 태우고 키를 잡은 채 누구보다 긴장하고 있었을 선장 레너드 라루가 있었다. 그날 밤 몸도 뉘일 수 없을 정도로 인산인해였던 배 안에서 아기 다섯 명이 태어났다. 성심당 창업주가 그 배를 타고 남쪽으로 내려왔을 때 거제 주민들은 수많은 피난민들을 받아주었다. 진해에서 출발한 서울행 기차가 대전에 멈춰서지 않았더라면? 우연히 대전에 정착하게 된 피난민이 성당을 찾지 않았다면? 대흥동성당의 신부가 그의 안타까운 사연을 듣고 밀가루 두 포대를 나눠주지 않았다면? 많은 사람들의 시간이 돌고 돌아 지금의 대전 풍경이 만들어졌다. 선장 레너드 라루는 이후 신부가 되어 생을 마쳤다. 메러디스 빅토리호를 무사히 정박시키고 난 후 종교에 귀의할 수밖에 없었다고 한다.

하루아침에 이루어진 것은 아니었지만, 전쟁으로 폐허가 된 성당에 모인 사람들이 올린 기도를 신은 들었고 결국 응답

했다. 사람들로 북적이는 성심당 앞 대흥동성당에서는 12시와 18시에 어김없이 종소리가 울려퍼진다. 종에게 목소리가 있다면 아마 이렇게 외쳤을 것 같다. 사랑으로 직조된 삶은 언제나 아름다웠다고. 대전 안에서 어제와 똑같이 울려퍼지는 이 소리의 의미는 모든 걸 해내는, 힘이 센 사랑이라고.

1 2 헤레디움(구 동양척식주식회사 대전점, 1922)

5 헤레디움
(구 동양척식주식회사 대전점)

동구 대전로 735

정성스러운 복원으로 되찾은 오래된 시간

　대전역 서광장에서 출발한 택시가 대종로 네거리를 지나 오룡역이 있는 길을 따라 달린다. 지나치며 슬쩍 보아도 중구에는 가려진 천 너머로 건물이 비어있는 블록이 많다. 동구, 서구, 유성구도 마찬가지다. 이런 풍경을 보고 있자면 도시 안에서 건물이 새롭게 지어지고 낡은 건물이 헐리는 과정은 세포의 표피가 떨어져나가는 자연의 순리처럼 느껴지기도 한다. 이런 과정에서 중앙극장(옛 대전극장, 1935), 회덕역(1940), 최병한 가옥(19세기 말) 등 수많은 근현대 건축물이 사라졌다.*

　비슷한 시대에 지어진 건물들이 철거될 때, 사진 몇 장을 가지고 정성껏 복원되어 새 삶을 살고 있는 건물이 있다. 대전역 건너편 인동, 1922년 일제가 조선의 토지와 자원을 착취할 목적으로 지은 동양척식회사 대전지점이다. 2층 건물로 석재 위에 타일을 붙여 마감했고, 건물 뒤로 벽돌로 지어

* 윤석이, 「대전 근대건축물 7년새 27채 사라져」, 『연합뉴스』, 2011. 10. 10.

3 건물 뒷면
4 내부 1층
5 둥근 몰딩은 전등의 흔적일 것이다.
6 2층 천장
7 살짝 나와있는 천장 나무 틀

진 부속 건물이 있다.

    기차역과 가까운 인동과 원동은 대전의 원도심이다. 그 안에 세워진 동양척식회사 대전지점은 충남도청과 더불어 일제 강점기의 수탈사를 상징했다. 해방 이후 건물은 미군정에 의해 일본인과 일본 법인 등 일제의 귀속 재산을 소유하고 관리하는 신한공사로 사용되었다. 패전국이 된 일본 소유의 건물과 땅은 모두 미국에 귀속되었기 때문이다. 1948년 신한공사가 해체된 이후 우편과 전기통신사업을 관할하는 체신청, 전신전화국을 거쳐 1984년 민간에 매각된다. 이때부터 1층 출입구와 2층으로 가는 계단이 철거되는 등 건물이 크게 변형된다. 동양 타일 백화점이라는 이름의 타일 가게가 들어와 있던 시기에는 건물 입구에 커다란 간판, 1층 전체에 통유리 문과 셔터가 설치되어 있었다. 복원된 현재 건물과 비교하면 얼마나 많이 훼손되어 있었는지 가늠할 수 있다.

    2019년 충남도시가스 씨엔씨티CNCITY 마음에너지재단이 건물을 매입하면서 건물은 새로운 삶을 시작했다. 새로운 소유주가 건물을 원형에 가깝게 복원하여 전시와 공연을 위한 복합 문화 공간을 열기로 한 것이다. 건물의 새 이름은 헤레디움HEREDIUM으로 정해졌다. 라틴어로 '유산으로 물려받은 토지'를 뜻하는데 100년 전 세워진 건물 안에서 역사를 되새기며 문화와 예술을 말하려는 비전을 담았다고 한다. 복원

8   입구 옆에 있는 금고
9   유리로 보존되어 있는 옛 계단
10 계단 옆 타일

작업은 도면이나 건물에 대한 사진 자료가 충분히 남아있지 않은 상황에서 이미지 자료 몇 장을 가지고 시작했다. 구 서울역과 도쿄역 외벽에 사용된 타일과 비슷한 장방형 외벽 타일을 사용하고, 1950년대에 전화국으로 사용될 당시 사진을 토대로 건물 출입구 파사드를 복구했다. 현재 출입구는 도로쪽이 아니라 건물 뒤쪽에 난 문을 사용하는데, 그 문 옆에 복원 과정에서 발견된 금고를 보여주기 위해 유리창을 달았다.

내부에서도 흘러간 시간을 붙잡기 위해 고심한 손길이 느껴진다. 1층에는 몰딩으로 장식된 높은 천장이 있다. 상업시설로 사용하던 당시 석고보드 천장에 감춰져 있었던 덕에 살아남을 수 있었다. 헤레디움은 의미 있는 전시와 행사를 진행하기로 유명하지만, 어쩐지 나는 이곳에만 가면 천장을 쳐다보느라 내내 고개를 꺾고 있게 된다. 1층 천장 모서리 사이마다 틀로 하나하나 찍어서 복원한 몰딩부터 그대로 터서 모르타르mortar로 덮인 목재 틀이 보이는 2층 천장까지 건축 여행자의 눈을 사로잡는다. 그중 1층 천장에 있는 동그란 몰딩을 바라보면서는 100년 전 화려한 샹들리에나 값비싼 전등이 달려있는 모습을 상상하게 된다.

건물에서 흥미로운 부분은 내부로 들어올 때 원래 있던 계단이 보이도록 유리로 덮어 두었다는 점이었다. 별것 아닌

듯 보이지만 작은 부분에서 세심함이 보일 때 건물 안에 있는 이야기에 저절로 더 가까이 다가가게 된다. 돌계단 옆에 붙어있는 타일들을 보며 이 작은 조각들이 보았을 무수한 신발들을 상상해 본다.

오쿠라 기하치로: 일본 재벌의 조선 수탈

헤레디움은 이 건물의 가치를 알아보고 복원에 공을 들인 만큼 구석구석 건물에 대한 설명도 잘 해두었다. 팜플렛이 근현대 건축 박물관 설명지처럼 자세하다. 홈페이지에서도 설명을 볼 수 있는데 이 건물의 건축가를 오쿠라구미大倉組로 설명하고 있는 점이 눈에 띈다. 오쿠라구미는 사람이 아니라 오쿠라 기하치로大倉喜八郎가 세운 건축 회사다. 근현대사 자료에서 한자식 이름인 '대창희팔랑'이라는 단어로 많이 언급되는 인물인데, 1837년생으로 1928년 92세의 나이로 사망하기까지 세운 수탈의 '공적'만 해도 어마어마하다.

1909년 12월, 이완용을 암살하려는 시도가 있었다. 미수에 그쳤지만 왼쪽 어깨로 들어간 칼이 폐와 허리까지 상처를 입혀서 이완용은 대한의원에 입원해 치료받게 된다. 우리나라 최초의 흉부외과 치료로 기록될 만큼 심각한 상황이었다.• VIP 치료를 받은 이완용은 1910년 2월에 퇴원한다. 이때 자신을 위문한 일본 관리들에게 감사의 뜻을 담아 서신을 보내

• 김원곤, 「한국사 최초의 흉부외과 관련 의학기록」, 『대흉외지』, 2009.

는데 그중 '대창희팔랑' 오쿠라 기하치로의 이름도 있었다.

그가 조선에 처음 온 건 1876년 강화도 조약이 체결되던 해였다. 이 불평등한 조약으로 인해 부산에 왜관이 설치되고 일본인이 거주하게 된다. 오쿠라 기하치로는 그때 부산에 잡화점을 연 것을 시작으로 일본에서 운영하는 회사의 지점을 조선에 개점한다. 1900년대 초에는 부산에 바다나 강가를 메워 땅을 만드는 일을 하는 매축埋築 회사를 설립했다. 바다를 메워서 조성된 땅은 4만 평이었는데 철도를 끌어들여 부산역도 공사했다. 일제 강점기에는 현재의 부산 중앙동을 '오쿠라마치大倉町'라고 불렀다. 한자식으로 읽으면 대창정으로 오쿠라 기하치로의 이름에서 따왔다. 오쿠라 기하치로는 이후에도 토목, 건설 등의 사업을 벌여 부를 축적하며 재벌 반열에 오른다. 그가 세운 건축 회사 오쿠라구미는 덕수궁 석조전과 조선총독부 시공에도 참여했다. 압록강제재무한공사를 세워 압록강에서 대규모 벌목 사업을 벌이기도 했다. 대전근현대사전시관(구 충남도청 본관) 편에서 스크래치 타일을 소개하며 언급했던 일본 제국호텔의 1891년 준공에 중요한 역할을 맡기도 했다. 오쿠라 가문은 제국 호텔에서 쌓은 경험을 바탕으로 글로벌 호텔 브랜드인 오쿠라, 닛코를 운영하는 오쿠라닛코호텔매니지먼트를 운영하고 있다.

도쿄 여행을 하며 한번쯤은 지나쳐본 건물들이 우리나라

11 12 구 동양척식주식회사 부산점(1929)

도시 속 어느 건물과 연결되어 있다는 사실을 깨달을 때마다 경탄과 경악 사이에 빠진다. 일제 강점기 역사에 대한 분노라기보다, 시대가 변하며 사람들은 바뀌었는데 건물들이 과거와 현재를 연결하며 소곤거리고 있었다는 사실이 놀랍기도, 미안하기도 해서다.

함께 가보면 좋을 곳:
부산근현대역사관 별관 (구 동양척식주식회사 부산점)

동양척식주식회사에서 '척식拓殖'이란 한 국가에서 국외의 미개지를 개척하여 자국민의 이주와 정착을 정책적으로 촉진하는 일을 말한다. 줄여서 동척東拓이라고도 한다. 현재 우리나라에 남아있는 동양척식주식회사 건물은 대전을 포함해 목포, 부산까지 단 세 곳이다.

부산점은 지하철 중앙역 근처 대청동에 위치해 있다. 1929년에 세워진 건물인데 해방 후 미군이 미 영사관과 문화원으로 쓰다가 2003년 부산근대역사관을 거쳐 현재는 부산근현대역사관 별관으로 사용 중이다. 2층에 마련된 건물을 설명하는 전시 외에도 기둥, 계단, 2층 벽면 곳곳에 구조가 어떻게 변해왔는지 역사를 꼼꼼하게 설명하고 있다. 강의 또는 예술 문화 행사를 진행하는데 평소에는 시민들에게 쉼터나 도서관의 역할을 하고 있다. 2024년 초에 방문했을 때

서가에서 『파친코』를 꺼내 읽고 계시던 중년, 공부를 하던 학생과 어르신, 화장실을 이용하러 온 어린이들이 눈에 띄었다. 국제시장 근처에서 항상 문이 열려 있는 곳이라 유용하고 의미 있어 보인다. 근현대역사관과 별관을 만들어서 근현대사 관련 아카이빙 자료와 정보, 이야기를 쌓으려는 명확한 목적이 느껴져서 몇 년 후가 더욱 기대되는 공간이다.

6. 한국전력공사 대전보급소
(구 대전전기주식회사 제3발전소)

동구 동대전로22번길 87

불빛이 깜박이던 해방 후의 도시

소설가 박완서의 수필집 『사라져가는 것에 대한 애수』에 실린 글 「어떤 몸서리」는 숙명여고가 수성동에 있던 시절을 담고 있다. 작가는 학창 시절 점심 시간 다음 시간이 자습이던 어느 날, 친구와 함께 교문을 빠져나와 영화관에 갔던 일화를 풀어낸다. 영화관은 현재 종로타워 자리에 있던 화신백화점 꼭대기에 있었고, 학교는 수송동 80번지로 도보 10분이 채 안되는 거리였다. 그래도 그렇지 일과 시간에 몰래 빠져나와 영화를 볼 생각을 하다니. 10대만 부릴 수 있는 객기는 1940년대와 지금이 다르지 않은 듯하다. 광복을 맞은 지 2, 3년이 지날 때까지도 정전이 일상이었다는 점만 빼면 말이다. 위험을 감수하고 좌석에 앉았는데 영화가 상영되는 내내 중요한 장면마다 스크린 불빛이 깜박거렸다고 한다. 그럼에도 누구 하나 항의하는 사람 없이 앉아서 영화를 관람했다는 이야기는 영화보다 더 영화 같다.

1 2 3 대전전기보급소 제 3발전소(1930)

서울 한복판에서도 정전이 자주 일어났던 이유는 일제 강점기에 지어진 전력 발전소 위치와 관련 있다. 식민 지배 시절, 전력 발전소는 서울과 평양처럼 큰 도시와 철도와 항구가 있는 도시를 중심으로 지어졌다. 북쪽에서는 청진과 원산, 남쪽은 인천, 부산, 대전 등이다. 경제적, 군사적 수탈을 목표로 구축한 시스템이었기에 광복 후 장기적인 정책 안에서 손볼 필요가 있었다. 그러나 미국과 소련 사이의 정치적인 분단이 이미 시작된 상황에서 쉽지 않았다. 1973년 매일경제 기사*에 따르면 해방 당시 기준으로 남한에 설치된 발전 설비는 전체의 12.4%에 지나지 않았다. 이런 상황에서 1948년 북한이 단전斷電을 선언한다. 그 이후에는 6.25 전쟁으로 인해 모든 게 폐허가 되었고 1950년대 후반 시설 구축이 시작되었다.

1961년이 되어서야 일제 강점기에 만들어진 지역별 전기 회사들을 통합해 한국전력 주식회사가 창립되었고**, 관련 법안도 마련되었다. 이런 역사를 보여주는 건물이 서울에도 남아있다. 지하 1층, 지상 5층 규모의 한국전력공사 사옥(서울 중구 남대문로 92)은 1928년에 경성전기 주식회사 사옥으로 지어졌다. 내진, 내화 설계를 적용한 데다가 엘리베이터가 있는 당대 최고 시설이었다. 경성 일대에 전기를 공급했을 뿐만 아니라 전차 운행을 하던 회사답게 건물 바로 옆

- 「산업인맥 (6)전력사업 <5> 8.15 조전」, 『매일경제』, 1973. 1. 18.
- 김진우, 『전력 정책』, 행정안전부 국가기록원, 2007. 12. 1.

으로 전차가 지나다녔다.

용도대로 사용되며 지켜온 시간

경성에는 경성전기주식회사가 있었다면 대전에는 대전전기주식회사가 있었다. 대전전기주식회사 사옥은 사라졌지만 보유하고 있던 발전소 3개 중 마지막에 지어진 제3발전소가 남아있다. 현재는 한국전력공사 대전보급소(이하 대전보급소)로 불린다. 이 건물에 가기 위해 대전버스터미널에서 타슈를 타고 출발했다. 가는 길에 철도 관사촌을 지나며 지금은 사라진 소제호와 철도 관사촌이 지어졌을 당시에 있었다는 야구장을 떠올렸다. 양 옆으로 빠르게 지나가는 풍경 속에 만화 '검정고무신'의 한 장면처럼 소독차를 따라 꺄르륵 소리를 내며 뛰어다니는 아이들이 지나가는 것 같다. 대전역을 지나갔을 수많은 사람들도 스쳐간다. 자전거 페달에 맞춰 100년 전 시간이 빨리감기를 한다. 이따금 일상 속에서 이런 순간들을 만날 때면 손끝에 전류가 흐른 듯 짜릿하다.

자전거 도로를 따라 페달을 밟으니 대전터미널에서 한국전력공사 대전보급소까지 3.7km, 15분 정도 만에 도착했다. 일제 강점기에 발행된 대전 명소를 소개한 엽서에도 실렸던 건물이라 자주 들여다봤기에 단번에 알아볼 수 있었다. 엽서 속에는 너른 들판에 건물 양 옆으로 높은 굴뚝이 솟아있었다.

달라진 점이라면 주위로 아파트 단지가 빼곡해졌고, 건물에 붙어 있던 굴뚝이 사라졌다. 해방 전 북쪽은 수력, 남쪽은 화력 발전소 중심으로 개발된 상황을 고려하면 이곳 역시 화력 발전소였던 것으로 추정된다.• 대전보급소는 지상 3층 건물로 1930년 건립되어 1934년 증축을 거쳐 현재 모습을 갖추었다. 긴 직사각형 창과 원형 창, 적벽돌과 흑벽돌, 박공지붕과 솟을지붕 등 건축 요소를 섞어둔 점이 눈에 들어왔다. 폭격에도 견딜 수 있을 만큼 강한 철제 함석지붕을 사용했다고 한다.

대전보급소는 전기를 만드는 발전소의 구조가 그대로 남아있어 흥미롭다. 서울에 있는 경성전기 주식회사 용산출장소 터(서울 용산구 한강대로 160), 한국전력공사 사옥, 경남 창원시에 있는 경성전기 주식회사 마산지점 직원 사택 등 전기와 관련된 근대 건축물을 여러 곳 가보았지만, 가장 원형과 가까운 형태로 사용되고 있었다.

대전보급소는 2005년까지 한국전력의 창고로 사용되었고, 최근까지도 한국전력 연구원들이 사용하는 연구 시설이었다. 2006년 리모델링을 거치며 내부에 변화를 겪기는 했다. 그래도 국가유산청에서 작성한 보고서••에 따르면 내부 곳곳에 지붕 아래 철골 트러스나 천장을 받치고 있는 기둥과 보가 맞닿는 부분에 두께감을 덧댄 헌치hunch 등이 잘 남아있다. 문화재를 보호한다는 거창한 의도는 없었겠지만, 전

- 목원대학교 산학협력단, 『2010 근대문화유산 조사보고서』, 대전광역시, 2010.
- •• 국가유산청, 『한국전력공사 대전보급소 기록화조사보고서』, 2014.

4   경성전기주식회사 용산출장소 터(현재 한국전기공사 창고 부지)
5   경성전기주식회사 마산지점장 사택(1920년대 후반 추정)
6   경성전기주식회사 마산지점장 사택 출입구

기 회사 사람들이 계속 사용했기 때문에 이렇게 잘 남아있을 수 있었을 것이다. 이런 건물을 보면 지나친 관심보다는 적당한 무심함과 함께 소유주와 건물이 지어진 목적을 일관성 있게 유지하는 게 보존에 얼마나 중요한지 실감한다. 대전보급소 건물은 2025년 현재 비어있다. 대전시는 이 건물을 2026년 대전역사관으로 개관해 대전 관련 근현대 자료를 수집, 전시할 예정이다.•

대전전기주식회사와 대전의 일본인들

앞서 철도 관사촌을 시작으로 충남도청 본관, 대흥동 뾰족집 등을 살펴보며 대전이 어떻게 도시로 발전했는지 알 수 있었다. 그 중심에는 대전전기주식회사가 있다. 대전전기주식회사는 1911년 대전에 거주하는 일본인 유지들을 중심으로 설립되었다. 전기 회사를 만든 후 대전에 거주하던 일본인들은 1920년대에 자신들에게 유리한 쪽으로 지방 제도를 개정하고, 일본 거류민 중심으로 대전 번영회를 만들어 대전 도시계획위원회를 설치했다. 이 과정에서 1930년대에 충남도청 이전까지 성공시키며 대전은 일본인들이 사랑하는 도시 '다이덴(대전의 일본식 발음)'이 되었다.•• 각종 공장과 학교, 시장이 생겨났다. 법원과 헌병 분대를 포함한 관공서들이 밀집하면서 도시 인구는 더욱 증가했고 전기 수요가 급

- • 김지윤, 「대전 근대건축물에 '숨결'을… 문화 공간으로 탈바꿈 준비」, 『중도일보』, 2024. 7. 23.
- •• 김민수, 「한국 도시디자인 탐사 – (12)식민지 신도시 대전의 건설」, 『경향신문』, 2007. 11. 22.

증했다. 그런 배경에서 대전전기주식회사는 발전소를 계속 지어야 했다.

일제 강점기 조선에 있던 전기 회사들을 들여다보면 구조가 상당히 복잡하다. 1933년 기준으로 전기 회사만 63개에 달했다. 조선총독부의 영향 아래 민간 기업들이 어떤 식으로 사업을 확장하며 이익을 취했는지 알 수 있는 대목이다. 1930년대부터 조선총독부에 의해 배선 통합 조치가 시행되고 1940년대에는 태평양 전쟁으로 물자가 궁핍해지면서 일제 강점기 말에는 중부 지역을 담당하는 경성전기, 남부 지방의 남선합동전기, 북부 지방의 북선합동전기, 서부 지역의 서선합동전기만 남게 되었다.• 대전전기주식회사는 1937년 남선전기주식회사에 흡수되었다.

대전전기주식회사는 존속 기간 내내 경영진 전원이 일본인이었다. 1920년대와 1930년대에도 한국인의 지분율은 1~3%에 불과할 정도였다. 일본인들이 득세했던 대전의 도시 상황은 개성과 비교해 보면 더 또렷하게 알 수 있다. 개성에는 지역 유지였던 김정호가 개성에 거주하는 거상들과 함께 1917년 설립한 개성전기주식회사가 있었다. 이 회사는 조선인 94명이 903주, 일본인 6명이 97주를 보유하고 있었다.•• 지분 구조와 경영진의 면면에서 예측할 수 있듯 대전전기주식회사는 대부분 전기와 가스 설비를 일본인 거주지 위

• 오진석, 「1911~1937년 대전전기주식회사의 설립과 경영변동」, 『동방학지』, 2024.
•• 이봉희, 「연재2-전기의 역사(6)일제 강점기의 배전사업」, 『전기신문』, 2013.7.1.

주로 설치했던 반면 개성전기주식회사는 황해도부터 강원도 산간 벽지까지 배선을 설치해 비교적 저렴한 가격으로 전기를 공급했다.

지나간 시대를 보는 눈

오후 6시, 대흥동성당의 종소리가 울리고 하늘이 어둑해지기 시작하면 가로등 불빛이 하나둘 켜진다. 노을로 물든 하늘과 가로등 불이 공존하는 시간이 되어서야 건축 여행을 멈추고 대전역 앞에 있는 LP바 '전기줄 위의 참새'로 발걸음을 옮겼다. 건물 2층에 위치해 있어서 통유리창 너머로 대전역이 바로 보인다. 그러나 기차역 야경을 볼 틈도 없이 벽 한 면을 빼곡하게 채운 LP장 앞에 군데군데 놓인 전봇대에 시선을 빼앗겨버렸다. 천장 아래, 전봇대에 매달린 전깃줄을 따라 눈동자로 물결을 그려보면서 가게 이름 속에 참새가 혹시 나인가 싶다.

주문한 음료를 홀짝이다가 신청곡으로 나미의 「슬픈 인연」을 적어냈다. 문득 떠올라서 신청한 건데 일본에서 엔카 가수가 불렀던 노래를 리메이크한 곡이라는 것을 떠올리니 기분이 묘해졌다. 노래를 들으며 대전에 처음 전깃불이 켜지던 날을 상상한다. 밝게 빛나는 일본인 밀집 지역을 바라보며 도시 외곽으로 밀려난 조선인들은 어떤 생각을 했을까.

7 대전 LP바 '전기줄 위의 참새'

환한 밤을 당연하다는 듯 누리며 이런 상상을 하니 과거에서 지금까지 흘러온 시간이 전광석화처럼 스쳐가며 그 속도에 잠시 어지러워진다.

건축 여행을 하면서 떠나지 않고도 멀리 도착하는 법을 터득했다. 일상 속에서 근현대 건축물 구경을 핑계 삼아 짧은 여행을 계속할 수 있는 건 시대와 시간을 이리저리 마음대로 옮겨 다니면서 느꼈던 자유로움 때문이다. 일상에서 스스로 발견하고 알아챈 의미는 얼마나 중요한가. 건축 여행을 통해 얻은 시력으로 오늘이 되기까지 수차례 반복된 저 멀리의 하루를 선명히 볼 수 있게 되었다. 대전에 처음 전깃불이 켜지던 1911년, 제3발전소 공사 현장에 참여한 인부가 마지막으로 출근했을 1930년대, 소설가 박완서가 10대 소녀 시절 영화관에 앉아있던 1947년 어딘가를 지나 1950년대 대전역 앞에서 성심당 창업주가 찐빵을 팔던 시간을 너머 「슬픈 인연」이 발표되던 1985년까지. 나는 어디쯤에 와 있을까. 창 밖으로 번쩍이는 불빛에 일렁이는 도시를 바라보면서 시간의 회로를 따라 잠시 이리저리 흘러본다.

７ 구 대전형무소 망루 중구 목중로 34

경계를 지키던 파수꾼

국군교도소에 가본 적이 있다. 정확히 말하면 국군교도소 안에 있는 종교 시설을 방문했다. 위병소를 몇 번 통과하고 신분증을 교환한 후 들어간 건물 옆 뜰에는 십자가, 성모 마리아상, 범종*이 한데 모여있었다. 국군교도소 종교 시설이 한 지붕 아래 기독교 예배당, 천주교 성당, 불교 법당을 함께 두고 있기 때문이다. 이 건물에는 두 개의 현관이 있다. 하나는 비非수감자들이 출입하는 현관, 다른 하나는 수감자들이 교도소에서 나오는 현관이다. 두 현관은 중앙 홀에서 마주 보고 있고, 세 곳의 종교 시설로 들어가는 문이 양옆에 배치되어 있다.

같은 날, 같은 시간에 수감자들은 각자의 종교 시설로 향하고, 정해진 시간이 지나면 다시 제자리로 돌아간다. 그 순간을 보면서 이승과 저승만큼 가깝고도 먼 거리라는 느낌을 받았다. 건축에서 공간을 구분하는 것이 얼마나 중요한지 새

* 불가에서 사용하는 종.

삼 실감했다. 일반적으로 공간의 분리는 삶을 보다 편리하게 만들고 공간을 효율적으로 활용하기 위한 것이다. 그러나 교도소에서는 모든 것이 정반대다. 이곳에서 분리는 미결수와 기결수, 그리고 사형수를 나누는 도구다. 정해진 시간과 일정에 맞춰 정확하게 통제되는 시스템을 통해 '당신은 사회에서 격리되었다'는 사실을 끊임없이 각인시킨다.

구 대전형무소 망루를 볼 때마다 그때 보았던 장면들이 떠오른다. 지금은 대전자유회관(1986) 옆에 조형물처럼 덩그러니 놓여있지만, 건축 여행자의 눈으로 바라보면 경계를 지켜온 연륜 있는 파수꾼이 짐을 내려놓고 앉아있는 모습 같다. 대전형무소 망루와 터는 대전시에서 다크투어 장소로 소개하는 곳이다. 대전근현대사역사관에서 대전형무소에 관한 내용을 보았기에 더 궁금했다.

도시가 재개발되어 전혀 다른 모습을 하게 되어도 이것 역시 사람이 하는 일이라 지난 흔적이 남기 마련이다. 바닥에 놓여있는 일제 강점기 맨홀 뚜껑, 철거되지 않고 그대로 꽂혀있는 나무 전봇대, 집 대문에 붙어있는 수전 번호판 같은 것들이다. 이것들을 볼 때마다 도시라는 박물관에 놓인 전시품 같다는 생각이 든다. 대전 형무소 망루를 처음 봤을 때도 비슷한 느낌을 받았다. 아파트와 다세대 주택, 병원과 상가가 밀집되어 있는 평범한 동네에 아무렇지 않게 서있는

1 2 3 구 대전형무소 망루(1971)

타원형 시멘트 건물. 가까이 가서 보니 적벽돌로 쌓아 올린 단면이 보인다. 출입구 문이 떨어져 나간 덕분에 2층 전망대로 올라가는 내부 계단이 훤히 들여다보였다. 망루 상부는 돌출된 발코니 형식으로 만들어 360도 사방을 둘러볼 수 있도록 했다. 건물을 올려다보다가 저 위에서는 동네가 어떻게 보일지 궁금해졌다. 도시 전망대와 교도소 망루는 한 끗 차이가 아닐까.

대전형무소에 갇힌 이름들

구 대전형무소는 1919년 조선총독부가 만들었다.• 3·1 운동이 전국적으로 퍼져나가던 시기, 조선총독부 입장에서 각 지역에 '정치범'들을 수용할 곳이 필요했다. 실제로 일제 강점기에 대전형무소에 수감되었던 사람 대부분은 독립운동가였다. 서대문형무소에 수감 중이던 몽양 여운형이 열차를 타고 대전형무소로 이감되었다는 기사도 남아있다.•• 도산 안창호, 심산 김창숙도 이곳에서 옥고를 치렀다.

1923년 건물이 완공될 때 이름이었던 대전감옥소는 차례대로 대전형무소, 대전교도소로 개칭되었다. 1984년에 교도소를 이전하면서 옛 형무소 위치에는 망루와 우물 일부만 남았다. 교도소 안에는 우물도, 망루도 각각 네 곳이 설치돼 있었다. 남아있는 망루는 교도소로 불리던 1971년에 건립되

- 설립 당시의 명칭은 '대전감옥소'
- •• 「여운형 이감 대전형무소로」, 『동아일보』, 1930. 9. 25.

4 대전형무소 자리에 만들어진 '기억의 터'
5 대전형무소 건물터 벽돌 일부
6 1984년 대전교도소가 유성구 대정동으로 이전하며 연못가에 있던 나무를 이곳에 옮겨심었다고 한다.
7 가로수 보호판에 새겨진 망루

었다. 망루의 형태 역시 시대에 따라 계속 변해왔다. 초기에는 나무 초소로 지어졌다가 1940년 이후부터는 콘크리트 사각 기둥 형태가 되었고, 1970년대에 이르러 지금 모습을 갖추게 되었다.•

  6.25 전쟁 시기에는 대전형무소를 중심으로 비극적인 사건이 벌어졌다. 전쟁이 발발하자 남한과 북한 모두 내부에서 적을 찾아 숙청했다. 남한군은 대전형무소에 정치·사상범으로 수감된 재소자, 보도연맹원 등을 골령골로 이송해 집단 학살했다. 북한군도 대전형무소를 점령한 뒤 우익 인사 등의 민간인을 학살했다. 망루 옆에 남아있는 우물은 전쟁 당시 희생자들의 시신이 발견되었던 곳으로 알려져 있다. 그렇게 희생당한 사람들은 최대 7000여 명에 달할 것으로 추정된다.••

  전쟁 후에도 대전교도소에는 민주화 운동가들이 수감되었고, 반공법 위반이라는 명목하에 좌익 사범으로 잡혀온 이들도 늘어갔다. 대전형무소 터를 걷다 보면, 이 흔적이 단순히 건물이 있던 곳을 알리는 게 아니라 역사를 증언하고 있음을 깨닫는다.

  역사를 알고 망루를 바라보면 위치에 따라 기분이 달라진다. 길가에서 망루를 볼 때는 가족을 들여보낸 이들의 애끓는 마음이, 교도소 터 안에서 올려다볼 때는 잃어버린 일상을 그

• 심규상, "대전 감옥터 망루, 일제강점기 아닌 1971년에 설치", 『오마이뉴스』, 2019. 5. 8.
•• 진실·화해를위한과거사정리위원회, 『대전충청지역 형무소재소자 희생 사건』, 2010. 6. 14.

리워했을 수감자의 시선이 상상된다. 망루 뒤쪽에 있는 대전형무소 기념 공원을 둘러본다. 아파트 담장과 대전자유회관 주차장 사이에 몇 개의 안내판과 기념물이 놓여있다. 이것마저 없었다면 아무도 기억하지 못했을 장소다. '기억의 터'에 전시된 안창호와 신영복이 옥중에 쓴 글을 천천히 읽어본다. 교도소 안에서 겪는 추운 겨울과 무더운 여름에 대한 이야기, 아내와 아이가 보고 싶다는 내용에 코끝이 찡해진다.

공원에서는 대전형무소의 역사와 함께 수감자들의 기록과 이곳을 거쳐간 인물들도 소개하고 있다. 그중에는 1968년 통일혁명당 사건으로 구속되어 무기징역을 선고받고 20년간 수감된 『감옥으로부터의 사색』의 저자 신영복 교수, 1967년 동베를린 간첩단 조작 사건에 연루되어 2년간 투옥된 음악가 윤이상과 1년 넘게 감옥살이를 해야 했던 미술가 이응노가 있다.

특히 이응노는 충청남도 홍성 출신으로, 현재 대전에는 그의 작품을 보존·전시하는 이응노미술관이 있다. 이응노미술관은 그가 옥중에서 밥풀로 만든 조각 작품, 추상 문자 시리즈 등을 소장하고 있다. 한국화 및 근현대 미술과 관련한 전시도 활발히 이어가는 중이다. 이곳을 방문할 때마다 이응노를 향한 이 도시만의 사과와 위로 같다는 생각이 든다. 화백이 대전교도소에 갇혀있던 동안에도 멈추지 않았던 창작을 정성껏 소개하는 방식으로 추모하고 있는 것이다.

망루가 바라보는 오늘의 대전

망루와 대전형무소 터를 둘러보고 나와서 택시를 기다리며 주변을 둘러본다. 그러다 가로수를 둘러싸고 있는 철제 보호판에 새겨진 망루 모양이 눈에 들어온다. 옛 형무소 터를 둘러보고 도로에 서있으니 마치 그리스 신화에 나오는 저승의 강을 건너온 듯 아득하다.

기억의 터에서 읽은 도산 안창호의 1933년 편지에서 이런 문구를 발견했다.

"'사랑' 이것이 인생이 밟아나갈 최고의 진리입니다. 인생의 모든 행복은 인류간의 화평에서 나오고 화평은 사랑에서 나오기 때문입니다."

일제 강점기 교도소 안에서 '사랑'을 되뇌는 글을 보면서 그 흔한 단어가 낯설게 느껴졌다. 그 사랑이 지금 여기에 도달해 있을까. 이 자리 어딘가에서 쓰여졌을 글이 대전형무소 터 주변 일상 풍경과 포개진다. 현실이 지루하고 어디론가 훌쩍 떠나고 싶을 때마다 했던 건축 여행이다. 그런데 결국 마지막엔 내가 발 딛고 있는 지점을 떠올리게 된다. 오늘 이곳을 말이다.

1 한밭교육박물관(1938)
2 전시실

8 한밭교육박물관
   (구 대전 삼성초등학교 교사)

동구 우암로 96

문구와 연필의 도시

대전에 오면 문구점 '프렐류드'에 반드시 들른다. 대전에서만 만날 수 있는 문구점이 반가워서다. 정성스럽게 꾸민 박스 필통에 펜과 연필을 두둑하게 채워다니던 어린이는 어른이 되어서도 문구점을 그냥 지나치지 못한다. 둘러만 보자고 다짐하며 들어가도 연필 한 자루라도 쥐고 나온다. 사실 대전은 연필로 역사가 깊은 도시다. 우리나라 최초의 필기구 회사인 동아연필 공장이 대전 대덕구에 위치해 있기 때문이다. 일제강점기 대전에는 미쓰비시 연필 공장이 있었다. 해방 후 1946년, 동아연필은 이 공장을 인수하며 설립되었다. 현재까지 4대에 걸쳐 운영 중이다. 한국전쟁 후 1954년, 동아연필은 우송학원을 설립했다. 우송대학교, 우송중고등학교, 서대전고등학교 등 현재 대전 시내에 있는 총 다섯 개 학교가 이 학원 소속이다. 연필을 팔아 번 돈을 교육에 투자하고 있는 것이 의미심장하다.

책 『한국의 발견 충청남도』(뿌리깊은 나무)에 따르면 1980년대만 해도 대전 안에 동아연필, 삼천리 연필 공업사 등 연필 공장만 여섯 개였다. 종이 제조 업체도 서른 곳쯤 있어서 자연스럽게 인쇄 업체도 많았다고 한다. 도시 안 공장들에서 생산된 학용품은 학교 앞마다 있던 문구점으로 흘러들어가서 학생들의 손에 쥐여졌을 것이다. 그렇다면 100년 전 대전 학생들이 다니던 학교는 어땠을까.

일제 강점기에 지어진 학교

동구 삼성동에 오래된 초등학교가 남아있다. 현재 한밭교육박물관으로 사용 중인 건물로, 1938년에 지어진 회덕공립보통학교(현 대전 삼성초등학교) 구 교사다. 1991년 신관을 신축하면서 1992년에 이 건물을 교육박물관으로 개관하였다.

회덕공립보통학교는 1911년 대전에서 조선인을 위한 첫 번째 보통학교로 창립되었다. 한밭교육박물관 건물은 1938년에 신축했다. 1930년 충남도청 이전 계획 발표 후 꾸준히 인구가 증가하며 도시 안에는 새로운 교사가 필요했다. 1923년 3월 7일자 『동아일보』에 '대전 입학난'에 관한 기사가 실렸다. 회덕공립보통학교의 모집 정원이 150명인데 지원자 수가 500명이 넘었다는 내용이다.[•] 이 기사 이후 1930년대 내내 초등학교 입학난 기사가 끊이지 않았다.[••]

- [•] 「대전에도 입학난」, 『동아일보』, 1923. 3. 7.
- [••] 한밭교육박물관 기획 전시, 「숫자와 학교 – 숫자로 보는 초등교육사」, 2024. 12. 17. ~ 2025. 4. 10.

건물이 지어진 1938년은 일제강점기 교육사에서 중요한 시기다. 황국신민화 교육을 본격적으로 시작하며 제3차 조선교육령을 공포한 해였기 때문이다. 1911년부터 조선교육령을 발표해 온 조선총독부는 이 시기부터 조선어를 선택과목으로 변경하고 황국신민화 과목 비중을 높인다. 배우는 과목을 세분화하여 전문학교도 세웠다. 인재를 양성하기 위해서라기보다 전시 상황에서 인적, 물적 수탈을 위한 수단으로 활용하기 위함이었다.

한밭교육박물관은 조선시대부터 현대까지의 우리나라 교육사를 소개한다. 전시관 안에는 대전 삼성초등학교(1911)부터 서대전초등학교(1945)까지 일제강점기에 개교하여 현존하는 초중고등학교를 지도에 표시해 두었다. 지금은 사라진 학교 건물 사진, 교과서, 통지표, 상장 등도 볼 수 있다. 동시에 일제 강점기에는 수학여행, 운동회 등 학교 행사에도 제국주의적 면모가 감춰져 있었음을 짚는다. 일본 도쿄 왕궁 입구(이중교)를 배경으로 찍은 진명여학교의 수학여행 단체 사진에서 눈을 뗄 수가 없었다. 당시 일본은 제국의 위용을 과시하고자 조선 학생들의 수학여행지로 만주나 일본을 선정하기도 했다. 왕궁과 야스쿠니 신사 참배는 필수 코스였다고 한다.

3   옛 교실로 연출된 1층 공간 일부
4   과거와 현재의 박물관 전경

학교 건물에서 발견하는 건축 요소들

무료로 운영되는 박물관 전시 내용도 좋지만 건물 자체로도 의미는 충분하다. 오랜 시간 학교로 사용된 만큼 내부 창틀이나 복도, 천장은 변형되었다. 그래도 석재로 만들어진 중앙 계단은 여전하다. 계단만 보면 초등학교 건물이 아니라 도청이나 시청 같은 관공서가 떠오른다. 층계를 따라 올라간 2층에 '건물 계단 석재'가 전시되어 있다. 2010년 박물관 복도 공사 중 계단 마감재 제거 과정에서 떨어져나온 계단 모서리 일부라는 설명이 붙어있다. 그 옆에 1958년과 2019년에 찍은 건물 사진이 나란히 놓여있다. 주변 풍경이 달라졌을 뿐 박물관 외부는 변형 없이 그대로 남아있다. 1958년에 찍은 흑백 사진 속에서 학교 뒤에 있던 강당과 부속 건물들을 볼 수 있다. 1991년에 신축된 교사가 들어선 위치다.

건물 안팎을 구경하다 보면 동그란 원형 창이 눈에 띈다. 입구 설명문에 '시대 배경에 따라 원형 창은 일장기의 의미를 담은 것으로 해석된다'고 쓰여있다. 원형 창은 당시 신식 건물에서 흔히 사용하는 요소였다. 현관문 앞에 설치되어 있는 승용차용 경사로, 직사각 형태로 길쭉하게 난 유리창 등을 보면 전체적으로 상당히 규모 있는 학교였을 것으로 짐작된다.

비슷한 시대에 지어진 건물로 인천 창영초등학교 구 교사가 있다. 한밭교육박물관보다 훨씬 이전인 1924년에 완공

5   건물 후면
6   중앙 계단

한 적벽돌 건물이다. 그 시대 학교 건물들이 그러하듯 좌우 대칭을 맞추어놓은 '一'자 구조의 근세풍 건물이다. 아치를 이루는 창문 윗부분 중간마다 끼워넣은 화강석은 서울 정동길에 있는 이화박물관을 떠오르게 한다. 인천 3·1운동 발상지라는 의미와 함께 학교 내부 계단, 난간, 현관 등 보존 상태도 양호하여 인천광역시 유형문화유산으로 지정되었다.

서울에도 1923년에 지어진 경성사범학교 부속소학교가 남아있다. 종로5가역 근처 방산동(서울 중구 을지로39길 29)에 위치한 일본인 남학생들이 다니던 초등학교 건물이다. 1922년 개교한 경성사범학교 아래에 부속여자보통학교, 부속보통학교, 부속소학교까지 총 3개의 학교가 있었다. 각각 조선인 여학생, 조선인 남학생, 일본인 학생이 입학했다. 이 건물은 경성사범대학교가 1922년 을지로 5가에 지어지면서 서쪽에 신축되었다가 해방 후 6.25 전쟁을 거치며 미군 소유가 되었다. 미 육군 극동공병단이 행정 건물로 사용하기도 했는데 2020년 주한미군이 반환하면서 부지에 국립중앙의료원 신축이 확정되었다. 100년 된 건물이 향후 어떻게 사용될지는 미지수다. 다행히 서울미래유산으로 지정되어 있어서 철거는 피했다. 건너편 건물 옥상에서 공사판에 덩그러니 놓인 벽돌 건물을 한참 바라보았다. 이 감정은 안타까움이 아닌 설렘이다. 복원이 되기 전 세월을 온몸으로 맞은 모

7 경성사범대학교 부속소학교(1923)
8 9 구 대전여자중학교 강당 (현 대전갤러리, 1937)

습을 목격했으니 말이다. 건물 안으로 들어가볼 수 있는 날이 오면 오늘이 더욱 특별하게 느껴질 것이다. 건축 여행자만 누릴 수 있는 경험이다.

함께 가보면 좋을 곳: 구 대전여자중학교 강당

대전에는 근대에 다양한 학교들이 세워졌다. 대전공립고등여학교, 대전공립중학교, 대전측량강습소, 대전공립공업전수학교 등이 그 예다. 앞서 은퇴한 철도국 직원인 와타나베가 지은 뾰족집을 소개했다. 그 집 차녀는 일본인 여학생들을 위한 대흥동 대전공립고등여학교에 다녔다. 1921년에 설립된 학교로 해방 이후 대전공립여자고급중학교로 다시 문을 열고 1951년 8월 31일 제1회 졸업생을 배출했다. 전쟁 중에 치러진 졸업식이었다.

그해 9월 대전공립여자고급중학교는 다시 한번 교명을 변경한다. 대전여자중학교가 되어 현재까지 이어지고 있다. 대전공립고등여학교 시절 강당으로 지어진 건물(현 대전갤러리)은 1937년에 완공되었다. 대흥동성당 바로 뒤에 있어서 가기 편하고, 대전시에서 소개하는 원도심 '스토리텔링 코스'에도 포함되어 있다. 그러나 구 강당 건물만 보면 옛 모습을 파악하기 어렵다. 본관 건물은 1985년까지 학교 건물로 사용되다 화재로 전소되었고,• 부속 건물들은 철거되었기 때문이다. 원래는 이 건물 주위로 1921년에 지어진 2층 본관 건물과 별관, 서측에는 단층의 생활관(양호실), 음악실, 체육관 등이 있었다.

이 건물에서는 지붕이 가장 눈에 띈다. 가파른 곡선 형태가 일본식 초가 지붕처럼 묘하게 낯선 분위기를 낸다. 근대에 지어진 학교 건물들 강당 위에 올라간 반원 형태 지붕과도 다르다. 일제 강점기 이 학교에 다니던 일본인들 중에는 일본에서 건너온 학생들도 있었겠지만, 대전에서 태어나 식민지 조선을 '우리나라'로 부르던 사람도 있었을 것이다. 조선땅으로 이주해온 일본인들에게 전통이 무엇인지 학교 건물로 설명해 주려 했던 건 아닐까. 한국인 시점으로 바라보던 도시를 건물을 통해 잠시 다른 각도로 바라보니 가본 적 없는 시대가 공감각적으로 느껴진다. 한바퀴 둘러보며 지붕뿐만 아니라 모서리마다 돌출되게 쌓아 모양을 낸 벽돌까지 꼼꼼하게 살펴본다. 이 자리에 층층이 쌓인 이야기를 더 듣고 싶다는 마음을 꾹꾹 눌러 담아서 말이다.

라켓을 든 소녀들

6.25 전쟁 중에도 학생들은 계속 학업을 이어갔다. 한밭교육박물관에서 '대전동부서울피난국민학교 제 3회 졸업기념 사진'을 볼 수 있었다. 1951년 전시교육특별조치로 대전

- 「일제 강점기의 '대전공립고등여학교'」, 『충청투데이』, 2012. 5. 26.

에 피난 학교가 세워졌는데 교실이 부족해서 철도국 소운동장, 철도유치원, 식품 창고를 교실로 사용했다고 한다. 경상북도 김천고등학교 본관(1931) 옆에 세워진 기념비에서도 비슷한 기록을 확인할 수 있다. 이 학교는 1931년 김천보통학교로 개교하여 1951년 김천고등학교로 인가를 받았다. 기념비는 전쟁 중에 바뀐 교명인 김천고등학교 1회 졸업생들이 세운 것으로 '전쟁 때에도 기왓장을 깔고 앉아 공부했다'고 적혀있다. 부산에서도 연세대학교 영도 분교를 비롯한 대학들이 수업을 이어갔다고 한다. 학생들이 전시에도 공부를 놓지 않은 건 어떻게든 일상을 부여잡으며 각자의 자리에서 고군분투한 방식이 아니었을까.

대전 중구 선화동에 있는 호수돈여자고등학교는 한국전쟁 중 개성에서 피난 온 학교다. 호수돈여고는 1899년에 미국 남감리회 홀스톤Holston 연회 소속 여자 선교사에 의해 설립되었다. 처음 인가받을 때의 이름은 개성여학당이었는데, 1908년에 홀스톤을 한자음으로 표기한 '호수돈好壽敦'으로 교명을 바꿨다. 호수돈여고는 서울과 부산으로 피난했다가 대전제일감리교회의 도움으로 1954년 대전에 정착했다. 2022년 기준으로 개성에 학교 건물들이 남아있다는 내용의 기사를 본 적이 있다. 구글 어스로 찍은 사진이 첨부되어 있었지만, 지금 어떤 상태일지는 알 수 없다. 직접 가보지 않는 이상 계속 신기루처럼 느껴질 건물이다.

호수돈여고에서 발행한 백년사 자료[•]에서 옛 학교 풍경과 일과를 찾아볼 수 있었다. 사진 속 건물들은 벽돌이 아닌 화강암으로 지어졌다. 집이 가까워도 학생들은 무조건 기숙을 해야 했는데, 학교 생활상을 담은 사진들 중 김장하는 장면이 눈에 들어왔다. 서울에 있던 향상여자기예학교(현 동명학원) 생활상에서도 본 광경이다.[••] 당시 여학생들은 학교에서 바느질, 김치 담그는 법 같은 가사 노동을 배워야 했다.[•••] 여성 교육의 목적은 '안으로는 현모양처가 되고 밖으로는 문명을 보완하는 기술자 및 교육자를 양성'하는 것이었기 때문이다.

그럼에도 100년 전의 학교가 마냥 고리타분한 곳은 아니었다. 1926~1935년까지 조선에서 진행된 정구庭球[••••] 대회 사진을 찾아보는 것을 좋아한다. 동아일보사가 개최한 조선여자정구대회 관련 기사에서 호수돈여고도 꽤 자주 등장한다. 외국인 선교사가 세운 학교 분위기상 체육에도 적극적으로 참여했던 듯하다. 각 학교마다 유니폼이 달라서 마치 근대에 찍은 스포츠 브랜드 화보집을 보는 듯한 재미가 있다. 특히 체육복으로 한복을 입고, 기다란 댕기를 휘날리며 라켓을 휘두르는 역동적인 학생들의 모습은 놀랍기까지 했다. 상

[•] 호수돈여자고등학교, 『호수돈백년사』, 2024. 3. 14.
[••] 학교법인 동명학원, 「동명의 변천사」
[•••] 국립현대미술관 덕수궁관 전시, 「한국 근현대 자수: 태양을 잡으려는 새들」, 2024. 5. 1.~2024. 8. 4.
[••••] 소프트 테니스라고도 부른다. 테니스보다 부드러운 공, 작은 라켓을 쓰며 라켓을 사용해 공을 상대방의 코트로 넘겨 점수를 획득한다.

상해본 적도, 들어본 적도 없던 장면이 생생하게 사진으로 찍혀있었다.

시대적 배경을 생각하면 어딘가 뭉클하기도 하다. 모든 시대가 그러했듯 근대도 어머니 세대와는 완전히 다른 딸들의 삶이 시작되던 시기였다. 일제 강점기에 학교에 다닌다는 것, 특히 고등 교육을 받는다는 건 누구나 누릴 수 없는 특권이었다. 부유한 집안이어야 했고, 그중에는 친일에 가담한 집도 있었을 것이다. 딸을 학교에 보낸다는 건 부모 중 한 명이라도 신문물에 깨어있어야 가능했다. 학교에 모인 여러 학생들의 사정은 다 달랐겠지만, 체육에서만큼은 모두 동등했다. 무얼 해도 한계에 부딪힐 수밖에 없던 시대에 공정한 규칙에 따라 일본을 꺾어볼 수도 있었을 테니 말이다. 일제 강점기에 사춘기를 겪던 조선인 학생들이 체육 경기에서 느꼈을 해방감과 자유로움은 이루 말할 수 없었을 것이다.

한밭교육박물관이 일제 강점기에 지어진 학교여서일까. 박물관에서 설명하는 내용과 건축 여행을 하며 보았던 경험들이 포개지며 근대 교육사가 더욱 생생하게 느껴졌다. 무료로 본 전시에서 반짝거리는 무언가를 얻어가는 것 같았다. 교육이야말로 우리가 가장 잘하는 분야고, 어떤 상황에서도 놓아본 적 없는 가치다. 대흥동 대전신사 터에 성모여자고등학교가, 서울 남산의 경성신사 터에 숭의여자대학교가, 마산

신사 터에 마산여자고등학교가 있는 게 우연이 아님을 깨닫는다.

한밭교육박물관은 2028년에 중구 문화동 옛 충남과학교육원 부지로 신축 이전할 예정이다. 일제 강점기에 지어진 초등학교 건물에서 과학교육원 부지로 옮겨가는 만큼 전시의 메시지도 변화할 것으로 보인다. 같은 전시 내용도 옛 초등학교 건물에서 볼 때와는 다른 감흥을 주지 않을까. 한밭교육박물관이 어떻게 달라질지, 박물관 이전 후 구 삼성초등학교 교사는 어떻게 활용될지 애정을 갖고 지켜볼 일이다.

⑨ 오정동 선교사촌

대덕구 한남로 70

봄이 오면 가야 하는 마을

발음할 때 동그란 입술 사이로 살짝 바람이 나갔다가 들어오는 소리마저도 통통 튀며 싱그러운 '봄'. 추위가 마지막 기승을 부려도 입춘이 된 순간부터 이미 마음 속에는 꽃봉오리가 익고 있다. 겨울이 한창이라고 생각한 12월 통영에는 빨간 동백꽃이 피어있었고, 올해 꽃 구경은 글렀다 싶은 4월 말, 5월 초쯤 평양에는 벚꽃이 만개한다고 한다. 15세기부터 한결같이 '봄'이라고 불려온 이 계절은 철새처럼 자리만 옮겼을 뿐 우리 곁 어디쯤에서 계속 맴돌고 있었는지도 모르겠다. 국립국어원은 봄의 어원을 모르겠다고 하지만 '봄'은 '보다'에서, '여름'은 '열다'에서, '가을'은 '거두다', '겨울'은 '견디다'에서 왔다는 어딘가에서 본 설명이 꽤 그럴싸하다. 이름대로라면 봄은 무엇이든 많이 보기 위해 부지런을 떨어야 하는 계절이다.

봄이 되면 제철 나물을 찾아 먹듯, 제철 풍경을 찾아 가

1 2 오정동 선교사촌

고 싶은 곳이 대전에 있다. 1950년대에 세워진 오정동 선교사촌이다. 어느 계절에 와도 좋을 곳이지만 봄, 특히 4월에 가면 좋은 이유는 집 뒤의 야트막한 동산에서 바람에 실려 오는 아카시아와 등나무꽃의 향기 때문이다. 동그랗고 커다래서 마치 호수 자국 같은 채마밭 주변에 커다란 나무들이 심어져 있고 그 주변으로 단층 주택들이 놓여있다. 1955년 선교사 사택으로 처음 세워진 현 인돈학술원 건물을 시작으로 1958년까지 북측 3동, 남측 4동, 창고 2동, 간이 시설 등이 지어지며 소담한 마을을 이루게 되었다. 오정골에는 화장터가 있었다. 장로교 선교사들이 이곳에 한남대학교를 설립했고, 감리교 선교사들은 공동묘지와 교도소가 있던 대전 목동에 목원대학교를 세웠다. 아무리 돈이 없고 살 곳이 없어도 이곳만큼은 가고 싶지 않다고 여겼을 곳을 밭을 갈고 씨를 뿌리는 마음으로 손수 가꿔나갔다.

한남대학교는 설립자인 윌리엄 린튼 William Linton(인돈)을 기리기 위해 선교사촌 건물 하나를 인돈학술원으로 사용하며 유물을 보관하고 전시하고 있다. 오정동 선교사촌에 있는 건물 몇 채는 외국인 교수들의 사택으로 사용되었다고 하는데, 여전히 '거주 중' 표지판이 붙어있다. 건물들은 ㄷ자 형태로 한옥에서 익히 볼 수 있는 구조다. 내부에는 썬룸*, 응접실, 식당, 화장실 등을 갖추고 있다. 목원대학교 건축도시

• 천장, 벽 등을 유리로 만들어 햇빛이 들어오도록 한 공간

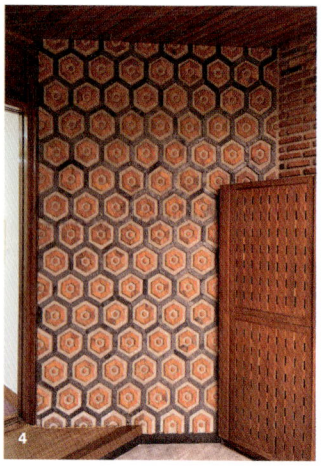

3 오정동 선교사촌 주택 내부의 팔각 무늬
4 창원 구 경남도지사 공관(1984) 내부의 육각 무늬
5 6 돌출된 창과 서까래가 조화롭다.

공학부 김정동 교수의 보고서에 따르면 보일러 배관 흔적도 있다고 한다.* 1960년대가 되어서야 보일러가 보편화되었음을 생각해 보면 1950년대 중후반 주택에서 보기 드문 흔적이다.

한 집 창문에 코를 박고 들여다보니 거북이 등껍질 같은 팔각 무늬 나무 틀로 짜인 창이 보인다. 팔각 무늬는 전통적으로 하늘과 땅 사이 공간을 의미하고, 창살로 자주 활용되는 모양이다. 이와 비슷한 육각형 전통 문양 귀갑문龜甲文은 장수를 상징한다. 경복궁 내의 담장에도 새겨져 있다. 1950년대 외국인 선교사 집에서 전통 무늬를 보니 아는 사람을 우연히 만난 듯 반갑다. 무늬를 보면서 경상남도 창원 구 경남도지사 공관(1984~2008, 현 경남도민의 집) 내부에서 보았던 벽 장식도 떠올랐다. 건축 여행을 하며 시대를 초월해서 전통적인 요소를 마주치면 전통이 박제된 것이 아니라 여전히 살아 숨쉬는 생명처럼 느껴진다.

외부에서도 한식과 양식이 조화를 이루는 아름다움을 감상할 수 있다. 나지막한 주택 위에 얹힌 기와 지붕 아래로 동그란 서까래가 다리를 나란히 펴고 있는 것처럼 길게 나와 있다. 나무와 숲이 있으면 제 자리인 줄 알고 어김없이 찾아오는 새들이 내는 소리가 어우러져 한적한 교외 분위기를 만들어낸다.

* 김정동, 「땅과 건물을 귀하게 알아야 내셔널 트러스트 운동, 영국과 일본을 중심으로」, 한국내셔널트러스트, 1999.

7 8 오정동 선교사촌
9   오정동 선교사촌 합각
10   하동 평사리 토지마을 합각

선교사 주택이 재미있는 건 자신들에게 익숙한 재료와 형태로 집을 지으면서도, 기와 지붕처럼 한옥적인 요소를 가미한다는 점이다. 식민 지배 없이 자연스럽게 근대를 겪었다면 한옥의 형태는 어떻게 변했을까. 대구 청라언덕에 있는 선교사 블레어 주택(1910)에 누마루처럼 돌출된 썬룸을 보면서는 통일 신라 시대에 지어진 안동 봉정사 만세루를 떠올리고, 광주 양림동 우일선 선교사 사택(1920) 아래에 쌓인 네모 반듯한 기단에서는 양주 회암사지(고려 말 조선 초) 터에 남아있는 돌들을 떠올리며 해보는 상상이다.

오정동 선교사 주택을 잘 구경하다가도 지붕 아래 세모난 합각* 부분을 벽돌로 단순하게 쌓은 걸 보며 '우리 조상들이었다면 안 그랬을 텐데'라는 뾰로통한 마음이 돋아나기도 한다. 우리식 취향은 일상에서 아름다움을 곁에 두고 싶어 하는 것이었다. 합각에 기왓장을 장식하거나 양각을 새기고, 시멘트를 발라 마감한 부분에도 무늬를 그려넣는 식이다.

옛 건물을 따라 걷는 일의 기쁨과 슬픔

오정동 선교사촌을 한 바퀴 걷다가 자리를 잡고 앉아 생각해 본다. 나는 이 풍경 안에서 왜 마음이 편해질까. 초가지붕이 기와로, 진흙이 벽돌로 바뀌었을 뿐 옛 민가의 형태나 구조와 비슷하기 때문이 아닐까. 초가집이나 기와집에 살

• 팔작지붕의 옆면에 만들어지는 삼각형 공간

11 일제 강점기 석남 송석하가 촬영한 함흥 지방 민가 ⓒ국립민속박물관, nfm.go.kr
12 서울 동대문 민가 ⓒ국립민속박물관, nfm.go.kr

아보지 않았지만 언제나 익숙한 기분이다. 이럴 때면 모든 사람들이 국적과 모국어를 천성처럼 갖고 산다는 생각이 든다. 그렇게 생각해 보니 순천 낙안읍성에서 보았던 초가집 지붕들이 연상되었다. 산자락 같기도, 고래등 같기도 했던 초가지붕의 아름다움에 잠시 숨을 멈췄었다.

국립중앙박물관 홈페이지에서 일제 강점기 시절 민속학자 석남 송석하가 찍고 수집한 옛 사진을 종종 찾아본다. 민가나 민가 풍습, 예술 등을 촬영된 사진 중에 초가 지붕 사진들을 특히 좋아하다. 그중 커다란 풀을 엮어 만든 담장이 담긴 사진은 마치 2015년 국립현대미술관MMCA 서울관 마당에 설치되었던 젊은 건축가 프로그램 선정작인 건축사무소 SoA의 작품 '지붕감각'을 연상케 한다.

새로운 것을 알아가는 일은 즐겁지만, 때로는 근현대 건축 분야에서 우리 땅에 우리가 남긴 흔적은 사라진 채 타국인이 남겨놓은 것이 더 많다는 생각에 서글퍼질 때가 있다. 개화기를 맞은 식민지 조선에서 가장 편리한 곳은 일본인들 차지가 되었다. 외국인 선교사들의 입장은 조금 달랐지만 외교관, 회사원, 사업가 등으로 들어온 외국인들은 도심에서 편리함을 누리고 이국적인 풍경에 취했다. 민가는 점점 도심 밖으로 밀려났고 도시가 팽창하면서 나중에는 사라졌다. 이런 풍토가 현재 도시를 일구는 일에도 반복되고 있는 것 같다. 우리가 알아보지 못하고 스스로 놓아버린 수수한 아름다움을 모아보면 얼마나 드넓을까. 토끼풀꽃이 펼쳐진 새하얀 들판처럼 말이다.

한 명이 품고 있는 마음이 여러 개 모이면 시간을 돌릴 수 있고, 원하는 방향으로 도시를 만들어나갈 수 있다. 우리에게는 그런 힘이 있다. 『서울 건축 여행』에서 소개했던, 없어질 뻔했지만 사람들이 지켜낸 고희동 미술관과 권진규 아틀리에처럼 말이다. 오정동 선교사촌도 개발로 인해 헐릴 위기였으나 문화 유산과 자연을 시민의 힘으로 보존하고자 하는 내셔널트러스트 '오정동 선교사촌을 사랑하는 사람들의 모임'을 통해 지켜졌다. 시간과 계절은 절대적인 것 같지만 사실 상대적이다. 마음이 모이면 우리는 시간을 멈추고 계절을 바꿀 수 있다. 사라질 것을 지킬 수 있고, 바라는 대로 도시를 만들어갈 수도 있다. 이 아름다운 풍경이 헐리고 원룸촌이 들어왔을 것을 상상하면 아찔하다.

시간은 우리가 만들어갈 수 있다

언젠가 『서울 건축 여행』 행사에 오신 한 어른께서 이런 말씀을 하셨다.

"옛 건물들을 보존하자고 좀 더 적극적으로 말해도 될 것 같아요."

근현대 건축에 대한 말을 하고 다니면서 '내가 무슨 자격으로'라는 생각이 커져가던 시기였다. 그럴수록 선을 지키려고 했다. 피해 입고 싶지 않아서, 피해 입히고 싶지 않아서 한 발짝 물러섰다. 옛 시간과 건축물을 애틋하게 사랑하면서도 사람들 앞에서 표현하는 데에는 또 다른 용기가 필요했다. 나의 어린 마음을 어른께서 연륜으로 간파하셨던 것 같다. 처음에는 주머니에 쏙 들어갈 만큼 작은 부끄러움이었는데 시간이 갈수록 외면할 수 없을 만큼 크게 부풀어올랐다. 우연한 계기로 각성하는 소설이나 영화 속 인물처럼, 그 후부터는 귀한 기회를 적극적으로 활용하기로 했다. 그동안은 단순히 재미있어서 아직 발굴되지 않은 문화 유산을 찾아다녔다면 이제는 책임감을 갖고 기록하고 공유하고 싶어졌다. 모든 걸 기억할 순 없겠지만, 모든 걸 잃어서도 안 되니 말이다.

추위를 뚫고 푸른 새싹을 틔워내는 봄기운을 빌려서 말해본다.

당신이 지켜내고 싶은 곳은 어디입니까.

10   테미오래

중구 보문로205번길 13

80년의 시간을 간직한 마을

건축 여행에 관심 없는 일행과 대전에 간다면 어디가 좋을까? 누구나 좋아할 여행지가 있다. 대전 중구 대흥동에 위치한 행정 관사촌 테미오래다. '테미'는 삼국시대부터 이 동네를 부르던 이름이다. 1932년 충남도청이 대전으로 이전하면서 이 동네에 도지사와 공무원들의 관사촌이 조성되었다. 도청과 가깝고, 언덕 위에서 시가지를 조망하기 좋았을 위치다.

곧게 뻗은 길 양옆으로 비슷한 형태의 집들이 마주 보고 있고, 언덕 끝에는 그 모습을 지켜보는 듯한 큰 집, 도지사 관사가 있다. 1970년대에 추가로 네 채의 집이 지어지면서 마을 규모가 커졌다. 이후 테미라는 이름 대신 '행정 관사촌'으로 불리며 2012년까지 관사촌으로 활용되었다. 관사 사용이 점차 줄어들며 비워지다가, 2018년 시민 공모를 통해 옛 지명과 '마을'을 뜻하는 순우리말 '오래'를 합쳐 '테미오래'라는 새로운 이름을 얻었다. 테미로 오라, 테미의 오랜 역사라는 중의적 의미가 담겼다. 관사 주택들은 2019년부터 전시, 체험 프로그램과 휴식처로 활용되며 시민들에게 개방되었다.

현재 테미오래는 북카페, 공공예술 프로젝트 거점, 예술가 레지던시 등으로 활용되고 있다. 각 건물마다 운영 중인 프로그램을 체험해 보는 것도 좋지만, 나는 조용히 마을을 산책하듯 걸으며 관사촌의 분위기를 느끼는 것을 좋아한다. 집이었던 건물들의 대문 앞마다 멈춰서 도지사 관사로 향하는 길, 건너편 이웃집을 바라본다. 시대가 변하고 사는 사람이 변해도 80년 동안 시간이 멈춘 듯 그대로였던 마을을 느껴보는 것이다. 검정색 세단을 타고 오가는 도지사, 출근하는 공무원과 가족들, 학교 가는 아이들, 이 길을 가로질렀을 역사적인 인물과 사건이 길에 녹아있다.

집을 거쳐간 사람들의 목록

근현대 건축물에 특별한 관심이 없는 여행객들도 대전에 오면 충남도청과 충남도지사 관사촌을 방문한다. 단순히 오래되었거나 상징적인 장소이기 때문만은 아닐 것이다. 건물과 마을이 거대한 규모로 잘 남아있어서 지나간 시간을 상상하게 하기 때문이다. 여러 채의 집이 마을 풍경을 유지하며 온전히 남을 수 있었던 이유는 무엇일까? 1930년대에 지어진 어느 관사 앞에 서서 건너편 집을 바라보며 문득 의문이

1 충남도지사 관사(1932) 앞면
2 관사 뒷면
3 관사 옆면

든다. 무엇이 이곳을 지켜줬을까? 고위 공무원들이 살았다는 권위, 큰 규모의 주택이 갖고 있는 아름다움, 역사성 때문일까. 철도 관사촌이 겪은 변화와 대비되며 질문이 떠오른다.

생각이 더 길어지기 전에 길 끝에 있는 가장 큰 집에 도착했다. 충남도지사 관사다. 1932년에 지어져 충남 홍성군으로 도청이 이전한 2012년까지 줄곧 충남도지사 관사로 사용되었다. 1950년 6.25 전쟁 당시 이승만 전 대통령의 임시 거처로 사용되기도 한 역사적인 장소다. 당시 대통령 임시 거처로 사용된 곳은 충남도지사 관사와 부산시장 관사(현 부산임시수도기념관, 1926) 두 곳뿐이다. 8.15 광복을 맞았을 때, 6.25 전쟁이 발발된 후 대통령이 피난 왔을 때의 이 집 풍경을 상상한다. 고막을 울리는 전화벨 소리, 분주하게 움직이는 발걸음 소리로 가득 찼을 그날. 이 집에서 얼마나 분주한 상황이 이어졌을까. 1층 현관 오른쪽에 있는 집무실에서, 2층 다다미방에서 집을 들여다보면서 팔에 난 솜털까지 삐쭉 서는 것만 같다.

도지사 관사에는 '결재 서류'라고 적혀 있는 검정색 작은 수첩이 있다. 관사촌 곳곳에 놓인 스탬프를 찍어 가며 스탬프 투어를 할 수 있게 만든 것이다. 수첩을 들고 집 안으로 들어선다. 현관 입구에서도 동그란 창에 마음이 빼앗겼는데 집안 곳곳에 둥근 창이 나있다. 둥근 창, 마름모 창을 발견하

4 도지사 집무실
5 1층 집무실 뒤에 복도. 왼쪽은 2012년 철제 창이 있었으나 '테미오래'로 개관하며 원래 형태로 복원되었다.
6 2층 다다미방

면 근대 건축의 상징 같아 사진으로 담아두고 싶어진다. 2층짜리 집은 주택 뒤로 넓은 마당을 갖추고 있다. 오랜 시간 용도가 변경되지 않은 덕분에 집 내부에는 일본 다다미방과 서양식 벽난로, 한국의 온돌 등 다양한 요소가 뒤섞여서 시대에 따라 변화해 온 흔적이 고스란히 남아있다.

집 곳곳에는 주택 설계 도면과 옛 사진과 설명이 전시되어 있다. 현재 붙박이 옷장이 설치되어 있는 내실은 과거에는 거실로 사용되었고, 바닥은 다다미가 깔려있었다는 설명에 과거로 빨려들어가는 듯하다. 도코노마, 츠기노마^{次の間}• 에 있던 일본식 벽장(오시이레) 등 건축 요소에 대한 설명도 꽤 자세하게 적혀있다. 1층 부엌에서는 목조 건물의 단점인 난방 문제를 해결하기 위해 설치된 라디에이터 자리도 볼 수 있다. 욕실에는 지금은 사라진 일본식 욕조가 있던 사진이 있어서 상상력을 자극한다. 욕조 내부 창틀과 선반, 곳곳에 나있는 원형 창과 복도, 문과 문 사이에 끼워져 있는 간유리까지 모두 깨끗하게 수리하고 복원해 두었다. 설명을 따라 구석구석 들여다보면 특별히 설명을 듣지 않아도 조용히 집 안을 즐길 수 있다.

1층 오른쪽 방에 있는 도지사 집무실에는 대전시와 도지사 관련 자료들이 전시되어 있다. 벽에는 해방 후 역대 충남 도지사들의 얼굴이 있다. 이 집에 살았던 사람들의 목록이기

• 큰 방 옆에 붙어있는 작은 방

7   2층으로 가는 계단 왼쪽, 스테인드글라스
8   1층 현관 옆, 2층으로 올라가는 계단.
9   2층으로 올라가는 계단 천장
10 2층에서 본 계단 부분. 비정형적이면서도 장식적이다.

도 하다. 집에 살았던 사람들의 얼굴과 이름, 집에 머물렀던 기간까지 알 수 있다니. 퍼즐을 맞추듯 자료를 찾고 조합해서 알아내던 정보를 한 번에 얻었다. 이 편리함에 어쩐지 기분이 묘해진다. 도지사 관사라는 집 형태에서만 느낄 수 있는 감상이다.

스테인드글라스에서 발견하는 권위의 흔적

이 집에서 가장 좋아하는 건 스테인드글라스다. 창문에 직선으로 구획을 나누고 색깔이 다른 유리를 끼운 창문은 화가 몬드리안의 작품을 연상케 한다. 현관 입구 중문부터 벽, 스테인드글라스가 있는 계단 공간까지 검은색 선들이 휘감고 있어 작품 속에 들어온 것 같다. 계단 옆에도 '아르데코풍• 건축 요소'라는 설명이 친절하게 적혀있다. 몬드리안이 기하학적인 추상화의 화풍을 구축한 건 1920년대 후반에서 1930년대 초반이다. 도지사 관사가 지어진 시기와 비슷하다. 충남도청의 스크래치 타일이 도쿄 제국호텔이 지어질 당시 미국 건축가 프랭크 로이드 라이트를 통해 태평양을 건너온 요소인 것처럼, 이 스테인드글라스도 바다 건너에서 흘러온 게 아닐까. 이런 생각을 하며 대전 중구 대흥동에서 뉴욕현대미술관 MoMA으로 잠시 멀리 떠났다가 돌아온다.

스테인드글라스라고 하면 보통 종교 건축, 그중에서도

• 1920, 1930년대 프랑스를 중심으로 유행한 장식미술의 한 양식. 기하학적 무늬와 강렬한 색채가 특징이다.

11 도지사 가족들이 사용하던 별도의 현관
12 2층 다다미방에 있는 창문 손잡이
13 1층 문에 있는 볼록한 간유리

성당을 많이 떠올린다. 몬드리안이 사실적인 그림을 그리다가 단순한 점, 선, 면을 이용한 추상화를 그리기 시작하며 현대 미술의 시작을 알렸듯 스테인드글라스도 1930년대 전후부터 종교적 의미를 넘어 건축 요소로서 영역을 넓히기 시작했다. 중세 시대의 스테인드글라스는 빛으로 신의 형상을 그리기 위한 방법이었다면, 20세기 이후의 스테인드글라스는 건축물에 무게감을 주기 위해 사용하는 요소다. '여기에 중요한 사람 산다', '중요한 건물이다' 화룡정점을 찍듯 표시하는 것이다.

장식도 권력이던 시절에 지어진 충남도지사 관사는 무용하고 아름다운 스테인드글라스를 통해 무언의 메시지를 드러낸다. 비슷한 건물로 구 서울역사(현 문화역서울284)가 있다. 구 서울역사 건물 입구로 들어가면 오른쪽에는 남녀노소 함께 이용하던 삼등석 대합실이, 왼쪽에는 차례대로 일등석과 이등석 남자, 여자를 위한 공간이 배치되어 있다. 왕실과 일본인 간부 등 중요 인물이 사용하던 귀빈실은 동선에서 가장 먼 복도 끝에 있는데, 그 문 위에 작은 스테인드글라스가 있다.

스테인드글라스가 있는 근현대 건축물은 구 서울역사, 구 용산철도병원(현 용산철도박물관), 대구 청라언덕, 군산 이영춘가옥 등이 있다. 근현대 건축물에서 스테인드글라스를

14 테미오래 내 충남경찰국장 관사
15 작게 새겨져 있는 스테인드글라스. 높은 직급이 사는 집이라는 표식 같다.
16 1970년대에 지어진 관사. 형태가 다른 것이 재미있다.
17 6호 관사 옆에 있는 목조 창고
18 도지사 관사로 올라가는 길

발견하고 '중요한 사람'이 누구였을지 떠올리면 퍼즐을 맞추듯 또 다른 즐거움을 느낄 수 있을 것이다.

오래된 집을 여행하는 법

도지사 관사, 시장 관사 등 공관 건물의 특징 중 하나는 출입구가 두 개라는 점이다. 공적인 영역과 사적인 영역을 한 지붕 아래 두되 출입구를 나누어 공간을 분리해 사용했다. 충남도지사 관사 역시 출입구가 두 개이고, 두 공간은 긴 복도로 연결되어 있다. 오정동 선교사촌 편에서 예시로 들었던 구 경남도지사 관사(현 창원 시민의 집)을 포함해 구 인천시장 관사(현 인천 시민의 집), 경기도지사 구 관사 등도 마찬가지다.

도지사 관사들이 시민에게 개방된 건 2010년대 전후부터다. 공관을 사용하고 유지하는 데 드는 비용을 줄이고 건물이 지닌 권위를 탈피하기 위해 시민들에게 개방하자는 움직임이 일기 시작한 것이다. 이런 걸 보면 공간의 가치란 절대적이지 않고, 시대와 사람들이 임시로 정해둔 약속 같다.

이런 배경 속에서 최근 전주 한옥마을에 있는 전북도지사 관사도 복합 문화 공간으로 개방되었다. 건축가 김중업이 설계한 부산 시장 관사(1985)도 2024년 복합 문화 공간 도모헌으로 문을 열었다. 그중 춘천에 있는 강원도지사 구 관사

19 20 춘천 구 강원도지사 관사(1959)

(1959)는 근대적인 분위기가 잘 남아있어 좋아하는 곳이다. 춘천시청 뒤에 있는 이 건물은 현재 내부 보수 후 주민자치지원센터로 사용 중이다. 곡선형 건물로 브이(V)형 포치 등 1950년대의 분위기가 여전히 남아있다.

전국 곳곳의 도지사와 시장 관사를 찾아 떠나는 건축 여행은 어떨까? 신경 써서 지은 이유, 각 시대마다 기준이 된 아름다움을 들여다보며 그 지역만의 역사를 만날 수 있을 것이다. 건축 여행이라고 해서 거창하게 생각할 필요는 없다. 테미오래와 비슷한 장소를 찾아다니며, 건물들의 비슷한 점과 다른 점을 관찰하는 것으로도 충분하다. 꼭 역사적인 사건을 따라가지 않아도 좋다. 눈에 들어오는 건축 요소를 찍고 기록하다가 궁금한 게 생기면 그때 자료를 찾아보면 된다. 조금씩 천천히, 마음이 내킬 때마다 일상 속에서 짧은 여행을 하다 보면 건축 여행자라는 말이 낯설지 않게 느껴질 것이다.

⑪ 한밭복싱체육관
(구 대전부청사 창고)

중구 중앙로156번길 10

근현대 건축물이 늘어선 거리

 100년 전 대전역 앞에는 분수대가 있었다. 대전역부터 목척교를 지나 곧게 뻗어있는 중앙로는 구 충남도청사(현 대전 근현대사 전시관)로 향한다. 대전역부터 충남도청사까지 이어진 길 위에 수많은 근현대 건물들이 놓여있다. 기차역 건너편에 있는 동양척식회사 대전지점(현 헤레디움), 산업은행 대전지점(현 다비치 안경점), 대전부청사…. 대전시는 이 거리에서 2023년과 2024년 8월 두 해 연속으로 '대전 0시 축제'를 개최했다. 도심 중앙 도로를 막고 차 없는 도로를 만들어 시민들이 걸어다니며 대전 역사를 느껴보게 한다는 취지였다. 거리를 과거, 현재, 미래로 구획해서 '시간 여행 축제'라는 부제를 달고 있으니 가보지 않을 수 없었다.

 대전 0시 축제 마지막 날, 기차표를 끊고 대전으로 향했다. 근현대 건축물들이 놓여있는 거리에서 자정까지 펼쳐지는 도시 축제가 어떤 모습일지 궁금했다. 열차 안에 들어서

자마자 좌석 등받이에 꽂힌 코레일 월간지 표지가 눈에 들어왔다. 충남도청사 입구에서 찍은 사진에 '대전 0시축제'라는 글씨가 쓰여있었다. 가만히 있어도 땀이 줄줄 나던 날이었는데, 더위도 잊고 갑자기 마음이 들뜨기 시작했다.

대전역에 내리니 길 건너편에 커다란 무대가 보였다. 기차역부터 충남도청사까지의 거리는 큰 무대 몇 개와 체험형 부스 여러 개로 채워져 있었다. 축제 구역으로 진입하기 위해 지하도로 향했다. 대전역 광장에서 지하도로 들어가니 대전 근현대 사진전이 열리고 있었다. 평소에도 지하 상가 입구 벽에 사진들이 걸려있어서 구경할 수 있다. 1930년대 대전역과 광장, 연기를 내뿜으며 달려오던 증기 기관차, 1950년 목척교 풍경……. 사진들을 보고 있으니 갑자기 저 멀리서 색소폰 소리가 울려 퍼지면서 노래가 들려오는 듯했다. '잘 있거라 나는 간다 이별의 말도 없이 떠나가는 새벽 열차 대전발 영시 오십분…'(안정애, 「대전부루스」, 1956. 대전 0시 축제 모티브 곡)

중앙 도로를 따라 사람들이 가득해서 방향 감각을 상실했다. 축제 구역 밖으로 택시를 타고 빠져나가도 어느 방향이든 차가 막혔다. 건축 여행을 하기에 적합한 때가 아님을 직감했지만 차도 한가운데로 대전 시내를 걸어보는 건 처음인지라 익히 알던 건물들도 새로워 보였다. 무대 공연을 보

1   한밭복싱체육관 외부
2   한밭복싱체육관 내부. 출입구 바로 옆에 링이 있다.

려 앉았다가 바로 옆에 있는 산업은행 건물을 한참 쳐다봤다. 대형 꿈돌이, 꿈순이 공기 인형과 인파 너머로 보이는 충남도청사의 밤 풍경도 낯설었다.

링 위의 시간들

캄캄한 밤, 조명을 받으며 빛나던 근대 건축물들 옆으로 사람들이 오가며 0시 축제를 즐기던 때 골목 구석에서 조용히 그 모습을 지켜보고 있었을 건물이 하나 있다. 대전부청사 창고로 지어져 지금은 한밭복싱체육관으로 사용 중인 곳이다. 중앙로역 1번 출구로 올라오자마자 오른쪽으로 고개를 돌리면 치안센터와 대전부청사 건물(대전 중구 중앙로 148) 사이 좁은 골목 안에 위치해 있다. 체육관 팻말이 다닥다닥 붙어있긴 하지만 골목 밖에서는 저 끝에 어떤 공간이 있는지 도무지 상상이 되지 않는다.

좁은 길을 따라 들어가면 지붕이 뾰족한 건물 하나가 있다. 나무로 된 지붕 아래 환기창이 두 개 있고, 창문 역시 나무로 짜맞춰져 있다. 한눈에 보아도 연식이 꽤 되어 보인다. '한밭복싱훈련도장' 현판을 보고도 제대로 찾아온 게 맞는지 의심스러웠는데 빨랫줄 위에 널린 체육복들을 보고 긴장이 풀린다. 문이 활짝 열린 체육관 안을 들여다본다. 입구 가까이 고개를 살짝 넣었을 뿐인데 잊고 있던 기억이 떠오른다.

어린 시절 태권도 학원을 다닐 때 맡았던 짭쪼름하고 쿰쿰한 냄새. 그때는 태권도장 매트에서 나는 냄새인 줄 알았는데 땀에서 나는 체취였나 보다.

코로 과거를 추억하며 안을 들여다보는데 탄성이 절로 나온다. 관원들이 두고 간 신발, 링 위에 걸려있는 글러브와 헤드가드, 손글씨로 쓴 체급별 경기 운영표, 벽에 붙어있는 수많은 액자와 흑백 사진……. 시간이 축적된 공간은 박물관과 닮았다. 링 위에 휘갈겨 쓰인 글자가 눈에 들어왔다. '勝者存(승자존).' '이긴 사람이 살아남는다.' 이긴 사람이 살아남는 걸까, 살아남는 사람이 이긴 걸까. 도심 사거리 빌딩들 사이에서 낮은 몸집으로 주먹 꼭 쥐고 숨쉬고 있는 체육관에게는 어쩐지 후자가 어울린다. 링 위에 선 것처럼, 건물에 들어온 지 1분도 안 되었는데 꽤 많은 시간이 흐른 듯하다. 현관 정면으로 보이는 모퉁이 끝 유리문이 달린 작은 방에서 누군가 들어오라고 손짓한다. 이수남 관장님이다.

책상 하나, 의자 하나 놓여있는 간소한 방이다. 벽에는 관장님의 선수 시절 사진부터 국제 심판 자격증, 표창장, 양복 상의 한 벌이 걸려있다. 공간은 작지만 만만치 않은 무림 고수 분위기에 의자에 앉아 허리를 곧추세운다. 관장님 의자 뒤로 체육관 역사가 든든하게 받쳐주고 있어서일까. 대전에 오래된 권투 체육관이 있다고 해서 와봤다고 말씀드렸더니 잘 왔다며 호탕하게 반겨주신다.

"염동균, 오영세, 김사왕 알아? 그 선수들 다 여기 출신이야!"

한밭복싱체육관은 군사 정권 시절인 1961년에 개관했다. 한밭복싱체육관 박찬규 초대 관장은 당시 대령 계급 군인이던 충남도지사와 친분이 있었는데, 가난하던 시절 거리를 떠도는 아이들을 모아 운동을 시켜보자고 의견을 모아 시청 부속 건물에서 체육관을 시작했다. 마산 출신인 현 관장님은 어릴 적 다른 운동을 하다 권투로 전향하셨다고 했다. 마산과 운동이라는 말을 듣자마자 옛날 구마산역이 있던 거리 앞에서 본 '마산 야구 100년사' 비석이 떠올랐다. 몇 달 사이에 소설가 지하련 산호리 주택, 장군동 전기 회사 관사 등을 보기 위해 마산을 두 번이나 다녀왔던 차였다. 한국 사회에서 각종 신분증보다 더 강하고 확실한 건 학연, 지연이다. 처음 만난 분께 단숨에 신뢰를 얻는 필승법을 알고 있음에도 아무것도 해당되지 않을 때는 건축 여행을 하며 습득한 지역 역사를 짜낼 수밖에……

"혹시 야구 선수셨나요?"

추임새처럼 한 마디 거들었을 뿐인데 관장님께서 어떻게 알았냐며 눈이 동그래지셨다. '마산을 좋아해서 안다'고 했더니 '마산 출신은 아니고? 그럼 안 쳐주는데'라고 하신다.

3 4 한밭복싱체육관 링 옆의 벽. 사진이 빼곡하다.

앗, 이런……. 관장님께서 이어서 들려주신 이야기에 따르면 마산에서 야구 선수를 하다 중학생 때 대전으로 이사를 오면서 권투로 전향했다. 여기서 권투 선수 생활을 하다가 1965년부터 체육관을 맡아 운영했으니 한밭복싱체육관의 역사가 곧 이수남 관장님인 셈이다. 그동안 등록한 관원만 1만 6000명이라고 하셨다. 사람으로 치면 환갑이 훌쩍 넘은 체육관이니 과장은 아닐 것이다. 1960년대 배고프던 시절에는 오갈 데가 없어서 체육관에 와서 숙식하는 젊은이들도 많았다고 한다.

솔직히 복싱에 대해 아는 것이 없어서 한밭복싱체육관이 배출한 선수들이 얼마나 대단한 분들인지는 나중에 찾아보며 알게 되었다. 그렇지만 관장님으로부터 체육관의 역사를 듣고 있는 순간만큼은 관장실과 체육관을 가득 채운 사진 속 선수들이 다 주인공처럼 보였다. 건물을 보러 온 여행객 취향에 맞춰서 체육관 건물이 100년 가까이 되어간다고도 설명해 주셨다. 체육관이 대전 시청 부속 창고를 빌려 시작했으니 1950년대 건물이라고 가늠해도 70년 이상 된 건물이다. '이제 관장도 낡고, 건물도 낡았어!'라며 농담을 섞어 말씀하셨지만 웃을 수 없었다. 한밭복싱체육관에 고스란히 축적되고 있는 역사는 절대 우스운 게 아니었다.

한밭복싱체육관은 현재 우리나라에서 가장 오래된 복싱

5 구 대전부청사 건물
6 이수남 관장님 선수 시절
7 지하상가 옆 한밭복싱체육관 간판

체육관이다. 김지운 감독 영화「반칙왕」촬영지였던 세종 조치원 연기복싱체육관도 1975년 개업했으니 대전 한밭복싱체육관에 비하면 한참 후배다. 연기복싱체육관은 6.25 전쟁 당시 미군 보급 창고였던 건물인데 2023년 철거되었다.

함께 가보면 좋을 곳 : 구 대전부청사

한밭복싱체육관 옆에 있는 대전부청사 건물은 1937년 지어졌다. 광복 후 대전부는 대전시가 되었고, 1959년에는 대전시청이 대흥동으로 이전했다. 1972년 민간에 매각되며 여러 차례 소유주와 용도가 바뀌었다. 근현대 건축물을 활용한다는 건 쉽지 않은 일이다. '근현대 건축물'이라고 지칭할 수 있는 시기, 내외부 수리 기준, 업종 제한 항목 등 구체적인 가이드라인이 없다. 그러다 보니 건물주 재량에 따라 건물 내외부 훼손 범위도 제각각이다. 건물주가 건축물이 갖고 있는 가치를 알아보고 신축을 하지 않으면 그저 감사해야 하는 상황이다.

가치라는 건 무엇일까. 1911년 준공되었던 부산세관 옛 청사는 1979년 부산대교 진입로를 개설하며 철거되었다. 그리고 50년도 채 되지 않아서 국비 159억 원을 투입하여 건물 복원을 추진하기로 결정했다. 부산세관 구 청사는 2027년 부산항의 역사와 관세청 역할을 알리는 전시관이자 문화예

8   대전 0시 축제에서
9   구 산업은행 대전지점(1937년 조선식산은행 대전지점으로 건립)

술을 담는 다목적 공간으로 '신축'될 예정이다. 눈에 보이지 않는 무형의 가치가 법률적 기준 안에서 보호받지 못하는 한 이런 낭비는 계속될 것이다. 치워버릴 때는 낡음을 말하고, 되살릴 때는 역사를 끄집어내며 말이다. 이런 일을 목격할 때마다 그저 이번만큼은 건물이 잘 활용되어 오래 남아주기를 바랄 뿐이다. 대전부청사 건물도 1937년 건립 당시의 모습으로 복원을 추진하고 있다. 대전 근현대 역사를 알리는 전시 공간이자 전시와 문화 교육을 할 수 있는 복합 공간으로 활용될 것이라고 한다.

체육관을 다 둘러보고 나서려 할 쯤, 관장님이 언제 돌아가냐고 물으셨다. 몇 시간 뒤 서울로 출발하는 기차를 탄다고 하니 대전에 오면 꼭 연락하라고 말씀하신다. "체육관이 다 쓰러져가도 밥 한 끼는 사줄 수 있다"는 잽에 카운터 펀치를 제대로 맞은 듯 아팠다. 체육관 앞까지 마중 나와주신 관장님이 링 위에 선 선수처럼 느껴졌다. 60년 넘도록 자신의 영역을 지키고 계시니 여전한 현역임이 틀림없다. 꾸벅 작별 인사를 드리고 골목을 빠져나왔다.

다시 복잡한 사거리에 서니 불과 몇 분 전 체육관 안에서의 시간이 아득하게 느껴졌다. 아쉬운 마음에 골목을 다시 한번 돌아봤는데 관장님께서 저 멀리서 손을 흔들어주고 계셨다. 그때서야 권투 경기 중 울리는 종소리가 귓가를 때리는 듯했다. 그리고 관장님 농담에 아팠던 이유를 깨달았다. 어떤 연결 고리도 없는 사이지만 한밭복싱체육관이 오래 남아주길 바라는 진심이 서로 통했다는 걸 머리가 알아채기 전 마음이 먼저 느꼈던 것이다. 고개를 깊이 숙여 인사를 올렸다. 이번에는 관장님 마음을 알고 드린 인사였다. 링 밖에서 감독님 응원을 받고 다시 시합에 나서는 선수처럼 힘차게 다음 여행지로 이동했다.

| 12 | 동화극장   동구 대전천동로 462

대전을 배경으로 한 시나리오

여행지에서 유명한 기념품보다는 생활용품이나 책 한 권을 사는 걸 좋아한다. 오래 곁에 두고 여행을 떠올릴 수 있기 때문이다. 대전 서점 '다다르다'의 서가를 둘러보다가 어김없이 책 한 권을 샀다. 정서경 작가가 대학교 때 쓴 시나리오를 모은 책 『나의 첫 시나리오』였다. 정서경 작가를 향한 팬심도 있었고, 목차에 실린 작품 「대전일기」라는 제목에 끌렸다. 도시 이름이 들어간 시나리오라니. 성심당 튀김소보로와 꿈돌이숍에 진열된 굿즈만큼이나 완벽한 기념품이다.

「대전일기」는 대학생인 주인공이 여름방학을 맞아 대전에 오게 되면서 시작된다. 이모 집에서 사촌들과 함께 지내는 이야기인데 미스터리한 분위기를 자아낸다. 이 작품은 정서경 작가가 대전 이모집에 놀러왔을 때의 기억을 바탕으로 쓴 시나리오로 책에도 '그해 여름이 스냅 사진처럼 담겨있다'고 했다. 서대전역, 동양백화점(현 NC 중앙로역점) 식품

1 2 3 동화극장

코너와 사거리 같은 구체적인 명칭이 나오는데 대전 지리를 알고 읽으니 장면이 더욱 생생하게 그려졌다. 유명 시나리오 작가가 '이 도시를 배경으로는 어떤 이야기를 쓸 수 있을까?' 상상하며 대학 시절 쓴 시나리오인 것도 흥미로웠다.

동양백화점 도로 앞, 밤
빗속에서 화려하게 점멸하는 동양백화점 네온사인. 백화점 앞에는 야구 경기라도 끝난 것처럼 많은 사람들이 우산을 들고 빽빽하게 서있다. (중략) 혜신은 뒤로 서있는 커다란 동양백화점과 높게 솟은 새 건물들, 비 때문에 뿌연 대기로 흩어지는 도시의 불빛을 본다. 물 속의 조용한 도시. 모두 얼굴을 가린 사람들. '나는 지금 어디에 있는 걸까?' 그런 느낌.
- 정서경, 「대전일기」, 『나의 첫 시나리오』 중

철길과 영화
그러고 보면 기찻길이 놓이며 생긴 도시인 대전과 영화사는 어딘가 닮았다. 영화사에서 최초의 영화는 뤼미에르 형제가 기차가 도착하는 모습을 찍은 짧은 영상이다. 기차와 철길은 다양한 영화적 이미지를 갖고 있다. 「비포 선라이즈」에서는 낯선 사람들이 우연하게 만나는 장소이고, 해리 포터 시리즈와 「폴라 익스프레스」에서는 현실과 다른 세계로 향하는 수단이다. 「박하사탕」에서는 시간을 비유하고, 「설국열차」에서는 계급을 상징한다. 영화는 기술과 함께 성장하는 장르라는 점도 '과학 도시' 대전과 연결되는 것 같다. 대전은 도시가 가진 특징과 철도 역사를 대전철도영화제를 통해 영리하게 잇고 있다. 이 영화제는 2024년에 6회를 맞았다.

"달리는 열차 안 창밖의 풍경처럼 영화는 사각 프레임 안에 여러 해의 시간과 무한의 공간을 압축하며 이야기를 만듭니다.

여기와 저기, 과거와 현재, 익숙한 것과 낯선 것들을 잇는 철도를 따라 도시가 만들어지고 영화라는 이야기를 만듭니다."
- 대전 동구청, 「대전 철도와 영화의 만남」, 제6회 대전철도영화제

대전에는 대전아트시네마, 소소아트시네마, 씨네인디U 같은 영화관이 있다. 아무리 광역시라도 독립 예술 영화를 상영하는 극장이 3곳이나 있는 도시가 흔치 않다. 1970년대에 대전극장, 신도극장, 중도극장, 평화극장, 동화극장 등 17개의 극장이 있던 문화적인 바탕 덕분이 아닐까. 그중 2022년 폐관한 동화극장은 가장 마지막까지 운영된 극장이다.

동화극장 내부

동화극장은 한국전력공사 대전보급소와 인창교 사이에 위치해 있다. 간판 모양이 특이해서 극장인 줄 모르고 지나가도 눈길을 사로잡을 법하다. 매표소였을 유리창에는 폐관 안내문이 A4용지에 인쇄되어 붙어있었다. 건물에 내걸린 현수막에 따르면 유치권 행사 및 점유 중이라 내부에 들어갈 수는 없었다. 다행스럽게도 2022년 CMB 대전방송의 뉴스와 『금강일보』 기사를 통해 내부를 볼 수 있었다. 나선형의 특이한 구조에 학생들이 다니던 개구멍 같은 쪽문과 계단, 자그마한 상영관, 옛 물건들이 그대로 남아있었다.

동화극장은 대전 최초의 백화점인 동양백화점을 설립한 오영근 회장이 만든 영화관이다. 1985년 영사 기사였던 심종순 사장에게 경영권이 이전되었는데 1993년 화재가 났다. 현재 건물은 1993년에 신축한 건물이다. 멀티플렉스가 생기기 전까지만 해도 동구 중동에 위치한 신도극장, 신안동 고려극장과 함께 동구에서 잘나가는 극장이었다. 시대가 변하면서 성인극장으로 전환하여 운영하다가 코로나19 팬데믹을 견디지 못하고 문을 닫았다.

상인들이 만든 대전의 영화관

1911년 대전전기주식회사가 설립되면서 대전에 영화관

이 생겼다. 해방 이후 대전의 영화관 역사는 상인들에 의해 번성하기 시작한다. 동화극장의 역사도 그렇다. 1921년생 대전 1세대 재벌인 오영근은 대전 중앙시장의 포목상으로 장사를 시작했다. 대전 중앙시장은 1960년대 말까지만 해도 전국적인 영향력을 미칠 정도로 규모가 컸다. 충청도는 물론 전라도, 경상북도, 경기도 일대의 주단·포목·한복 업계를 장악하다시피 했다.• 중앙시장에서 장사를 시작한 오영근은 대전국제시장, 대전신흥직물 등의 대표를 역임하고 동양백화점을 세우면서 대전 상권에서 입지전적인 인물이 되었다.••

그는 1950년대 초 중앙시장 근처에 동화극장을 설립한다. 이후 1963년에는 중앙로 사거리로 옮겨 영화관을 운영했다. 이후 그 건물을 사들이고, 동화극장은 매각한 뒤 그 자리에 동양백화점을 세웠다. 대전 시민들에게 랜드마크 같은 존재였던 동양백화점은 현재 NC 중앙로역점이 되었다. 그 외에도 대전에서 번성했던 영화관을 세운 것은 상인들이었다. 최대 객석을 갖췄던 신도극장을 세운 김기량은 대전역 앞 인동에서 건자재를 비롯한 철강재를 판매하던 상인이었고, 대전아카데미극장의 전신인 동양극장을 설립한 김종준은 대전에서 철공소를 운영했다.••• 전쟁이 끝난 후 여러 지역이 한데 만나는 대전역 철길 위에서 돈이 모이고, 그 바탕으로 영화 문화가 흥행하기 시작한 것이다. 이 배경에서 '대

- • 대전광역시, 「대전 원도심 기록화사업」, 2010.
- •• 류호진, 「'대전 경제계 거목' 동양백화점 오영근 前 회장 별세」, 『디트뉴스24』, 2007. 7. 13.
- ••• 임병안, 「'아~ 시민관·중앙극장·성보극장이여' 대전 역사 속 극장문화」, 『중도일보』, 2024. 9. 13.

전극장, '스카라극장,' '명화극장' 등이 중앙로와 대흥동 거리로 몰리면서 1970년 이 일대는 '대전 극장통'이라고 불렸다.•

우리가 영화를 일상에 들이기까지

우리는 '영화 같다'는 말을 극적이거나 낭만적인 장면, 믿기 힘든 일을 마주할 때 감탄사처럼 쓴다. 고통이나 투쟁의 고단함과는 어울리지 않는 것 같다. 그러나 대전 극장사를 보면 '영화적'이라는 의미를 얻기까지의 과정은 순탄하지 않았다. 일제 강점기에는 환경이 허락하지 않았고, 해방 후에는 전력이 부족했기에 한국전쟁 후인 1950년대 후반 일상이 복원되기 시작하면서부터 비로소 영화를 누릴 수 있게 되었으니 말이다. 특히 일본인들이 중심이었던 도시인 대전에서 1950년대에 상인들이 문화 산업에 뛰어든 건 단순히 돈이 많아서는 아니었을 것이다.

그 영화로운 역사는 이제 지난날이 되었다. 동화극장 건물은 어떤 결말을 맞을지 모르는 상태다. 고려극장(1961년 건물, 대전 동구 신안길 22) 건물은 창고로 쓰이고 있고, 신도극장(1951년 건물, 대전 동구 대전천동로 570)에는 모텔이 들어섰다. 도시가 자신이 걸어온 서사를 잊은 듯 사는 모습을 보면 자신이 주연인 줄 모르는 주인공을 보는 것만 같다.

「대전일기」를 읽고 난 뒤에는 대전을 걸을 때마다 내가

• 김태훈, 『우리가 사랑한 빵집 성심당』, 남해의봄날, 2016.

대전을 배경으로 이야기를 쓴다면 어떨지 자꾸 상상해 보게 된다. 가을에 갑천을 따라 피는 해바라기밭을 보면 로맨틱 코미디를 떠올리게 되고, 대흥동 뾰족집 같은 일양 절충식 가옥을 보면 스릴러를 상상한다. 중앙시장을 걸으며 전쟁 후 시대극을 그려보고, 대전역과 철길을 따라 펼쳐지는 SF도 좋겠다. 한밭복싱체육관을 배경으로 한 스포츠 드라마는 어떨까. 여러 인물들과 이야기가 교차하지만 결국 주인공은 대전이라는 도시다.

| 13 | 대전창작센터   중구 대종로 470

지역 건축가를 따라가는 여행

1세대 현대 건축가라고 불리는 김수근, 김중업처럼 대전에도 1세대 건축가 배한구가 있다. 대흥동성당 건너편에 있는 '대전창작센터' 건물을 설계했다. 대전창작센터는 건물이 복합 문화 공간 및 전시관으로 바뀌면서 붙은 변경된 이름이고, 본래는 '대전 국립농산물품질관리원 충청지원'으로 농산물 품질 관리를 위해 지어졌다. 1958년에 건립되었으니 대흥동성당보다 몇 년 앞서 완공되었다.

대전창작센터는 2층 조적조 건물이다. 지붕은 목재 트러스 구조인데 현재 천장을 터놓아서 그 모습을 볼 수 있다. 천창을 트기 전에는 우물반자 형태의 격자무늬 나무 천장이 있었다. 이 건물을 썼던 국립농산물품질관리원 충청지원이 1999년 선화동으로 이전하며 빈 상태로 방치되었던 시간도 있었지만 심하게 훼손되지 않아 다행이었다. 건물 입구에는 돌출된 아치 캐노피가 붙어있다. 건물을 신축할 때 대전의

1 구 대전 국립농산물품질관리원 충청지원(1958)
2 건물 입구의 아치 캐노피
3 내부 계단

석재 가공 기업인 한국광업에서 제작한 것이다. 아치 캐노피 아래에 있는 현관문을 열고 내부로 들어가면 홀이 나온다. 왼쪽으로 계단이 있다. 그 양옆으로 공간이 있는데 국립농산물품질관리원 충청지원으로 사용될 당시 오른쪽은 주방, 당직실이었고 왼쪽은 분석실이었다. 계단 맞은편, 즉 현관에 들어가서 오른쪽으로는 분석 기기실과 시약 창고 입구가 있었다.

창문 관찰하기

이 건물은 외부 창이 재미있다. 현관을 바라본 기준으로 오른편에는 창문에 루버^{louver}(일종의 차양)가 설치되어 있다. 수직형 블라인드 루버를 움직여 실내로 들어오는 빛을 조절할 수 있다. 원래는 오른편 1층에만 있었는데, 지금은 바로 위 2층 창에도 있다. 건물이 지어질 때는 기계식으로 루버의 방향을 조절할 수 있었다. 현재는 전시 현수막을 거는 용도로 사용하는 듯하다. 왼편에는 모양이 있는 철제 방범창이 붙어있다. 왼편 창문 위 옥상의 난간은 나중에 설치되었다. 얼핏 보면 원래 있던 것으로 보일 만큼 방범창과 어울린다. 건물을 사용하며 변형되고 바뀌는 것은 어쩔 수 없지만 이렇게 신경 써서 원래 있던 것과 잘 어우러지게 고치는 것이 흔한 일은 아니라 볼 때마다 기분이 좋다.

4 2층 루버
5 철제 방범창
6 옥상 난간과 스페이스 인베이더 작품
7 계단
8 천장을 터서 드러난 목재 트러스 구조

건물 외부에는 프랑스 설치 미술가 스페이스 인베이더의 작품도 설치되어 있다. 스페이스 인베이더는 세계 도시 건물 곳곳에 동명의 일본 게임에서 영감 받은 픽셀 작품을 설치한다. 홈페이지에서 작품이 설치된 전 세계 도시들을 확인할 수 있다. 우리나라에는 서울과 대전 두 도시에 작품이 설치된 것으로 표시되는데, 먼저 설치된 도시는 대전이었다. 2009년 대전시립미술관과의 연으로 대전에 8개 작품을 설치했고, 14년 만인 2023년에 보수하기도 했다. 정확한 작품 수는 확인된 바 없지만 보물찾기 하듯 도시 건물을 꼼꼼하게 들여다보면 여행 속 여행처럼 색다른 재미를 즐길 수 있다. 이응노 미술관, 대전시립미술관 외부에서도 몇 개를 발견했다.

대전의 1세대 건축가

우리나라의 1세대 건축가들은 일제 강점기에 처음 등장했다. 박길룡, 박동진, 김세연, 박인준 등은 일제 강점기에 활동했기에 조선 총독부의 영향을 피할 수 없었다. 선택할 수 있는 진로는 조선총독부 산하 교육 기관을 다닌 후 기술자로서 취업하는 것뿐이었다. 이것이 싫다면 독자적으로 길을 개척해 나가야 했다. 그나마 조선에서 학교를 나와 인맥이 있다면 다행이었지만, 그렇지 않으면 건축사 사무소를 개업해도 일을 따내기 쉽지 않았다. 『서울 건축 여행』 '공평동 9번지' 편에서 소개했듯이 미국 시카고 유학파 건축가 박인준은 설계 의뢰를 받지 못해 주로 개인 집만 설계했다. 반면 이후에 등장한 1세대 현대 건축가인 김중업, 김수근 등은 보다 독립적으로 활동할 수 있었다. 조선이 아닌 한국에서 개인 사무실을 갖고 건축으로 자신의 개성과 역량을 펼쳤다.

대전의 1세대 건축가 배한구는 경남 진양군* 출신이다. 1917년 태어나 1936년 경성공립직업학교를 졸업한 후 1939년 대전에 정착했다. 대전에서 건축사 사무소를 개업했을 때가 24살이었다. 대전에서 가장 먼저 문을 연 개인 건축사 사무소였다. 그는 일제 강점기에 학교를 다녔고 졸업한 후에는 조선화력발전소(현 영월화력발전소)와 일만공무소에서 실무를 익힌 이력이 있다. 이것만 보면 박길룡, 박동진 쪽과 비슷하다는 생각이 들 수 있는데, 그가 쌓은 이력은 김중업, 김수근이 속한 세대와 어울린다. 배한구건축사사무소는 국립농산물품질관리원 충청지원 외에도 대전중학교 본관, 부여군 농협 사옥 등을 설계했다. 배한구 건축가는 1990년 75세에 사무실을 폐업할 때까지 일평생 대전에서 건축가로 살았다.

그 외에도 충남 지역에는 다양한 건축가들이 있었다. 건축가 조정환도 대전의 1세대 건축가다. 대전여자중학교 서관동, 대전고등학교 도서관, 대전고속버스 터미널, 충남건축

* 1995년 진주시와 통합되었다.

사회관 등 굵직한 설계작을 다수 남겼으나 기록이 많이 남아있지는 않다. 배한구의 작품과 마찬가지로 건물이 제대로 보존되지 못했고, 그러다 보니 설명도 잘 이어지지 못하는 실정이다.

충남 예산 지역에서 활동했던 건축가 김세환의 이름도 기억해 두면 좋겠다. 1937년 전주공립공업학교를 졸업했고, 『서울 건축 여행』에서 소개한 일제 강점기의 토목 회사 '간조 경성지점'에 입사한 이력이 있다. 1945년까지 공사 감리 실무를 맡다가 해방 후 고향으로 내려왔다고 한다. 설계작으로는 예산중학교 본관·별관(1957), 예산교육청(1961), 예산제일감리교회(1962), 예산농업고등학교 본관(1963), 예산토지개량조합(1964), 예산문화원(1964), 예산고등학교(1969), 예산 중앙극장(1974) 등이 있다. 본격적으로 설계를 시작한 1950년대부터 급환으로 사망한 1970년대 말까지 활발하게 활동했다. 건물 대다수가 철거되어 아쉬울 따름이다.

함께 가보면 좋을 곳: 서울 관훈갤러리

대전창작센터에 들어서자마자 떠오른 곳이 있다. 서울 종로구의 관훈갤러리인데, 1933년에 여자 의사 장문경이 개업하여 1975년까지 병원이었던 곳이다. 1930년 제국여자의학전문학교 1회 수석 졸업 후 부속 병원, 경성 의학 전문학

9 정화의원(1933, 현 관훈갤러리)
10 계단
11 목재 트러스 구조

교 병원에서 이력을 쌓고 차린 정화의원이다. 대전창작센터는 ㄴ자 2층 건물, 관훈갤러리는 ―자 3층 건물이다. 두 건물 사이에는 다른 점도 많지만 내부로 들어갔을 때 양옆으로 갈 수 있는 동선, 계단 위치와 폭이 비슷해서인지 자꾸 비교해 보게 되었다. 경험 안에서 공통점과 차이점을 찾아내고, 이론상으로는 다르지만 내 눈에는 비슷한 것을 자꾸 비교해 보면서 취향이 자란다. 나무가 성장하는 속도를 하루 단위로 비교했을 때는 눈에 띄지 않지만 한 해 단위로 관찰하면 달라 보이는 것처럼 말이다. 설령 정답이 아니더라도 가봤던 다른 근현대 건축물을 떠올리면 감상의 폭이 넓어진다. 건축 여행에서는 오해도 해석이다.

도시와 함께 성장한 건축가를 만나려면

2024년 프리츠커상 수상자인 일본인 건축가 야마모토 리켄山本理顕이 '한국은 왜 프리츠커상 수상자가 나오지 않을까'라는 질문에 이렇게 답했다. "한국은 한국인 건축가에게 설계할 기회를 주지 않는다. 한국인 건축가들은 온갖 제약에 묶여있다." 이 인터뷰를 보며 경성의 조선인 건축가들이 생각났다. 이후에 현대 건축가들이 등장했지만, 독재 정권하에서 망명을 떠나거나 고문실을 만들게 되었다. 21세기 한국에 사는 현대 건축가들은 무한 공모전 경쟁에 몰리고, 해외

스타 건축가들은 예술가 대접하며 극진히 모셔온다. 기회를 주었으면 자유가 따라야 하는데, 여전히 기술자 정도로 대하다가 당선시킨 설계를 뒤엎거나 건축가 이름을 지우는 최악의 상황도 생긴다. 건축가들이 자유롭게 활동하지 못했던 100년 전이나 지금이나 근본적인 문제는 달라지지 않은 듯하다.

건축 여행자로서 할 수 있는 일은 무엇일까. 이 글에 나온 우리나라 건축가들 이름을 불러보고, 설계작을 찾아보며 건축가가 된 과정을 궁금해하는 것부터 시작할 수 있겠다. 일제 강점기에 태어난 건축가들이 설계 도면을 그리며 고민한 전통과 현대의 의미가 무엇인지 생각해 보는 건 어떨까. 정답은 없다. 내 생각은 무엇인지, 그게 어떤 건축가의 의견과 가까운지 비교하며 안목과 교양을 키우는 것이다. 건축물을 찾아가보면서 말이다. 우리는 도시와 함께 성장해 나갈 건축가를 다시 만날 수 있을까. 소중히 여기지 않는다면 사라지는 건물과 함께 또 다시 잃어버릴 이름들이다.

⑭ 국립중앙과학관

유성구 대덕대로 481

'아이와 함께'라는 검색어

여행에 있어서 목적지만큼 중요한 건 함께하는 사람이다. 그런 의미에서 아이는 나에게 새로운 검색어다. 함께 여행하면서 혼자였으면 절대 가지 않았을 곳을 가고, 절대 하지 않을 일을 하게 되었다. 내 눈에는 보이지 않는 것을 보고 말해 줘서 뜻밖의 발견을 하기도 한다. 대전에 꿈돌이 숍이 있고, 편의점에서 한화 응원봉을 판다는 사실을 알게 된 건 매의 눈으로 장난감을 발견하는 아이 덕분이었다. 아이와 여행을 떠날 때는 서로 좋아하는 장소를 한 번씩 가기도 하고, 절충안을 찾기도 한다. 예를 들면 나는 의미가 있어야 하고, 아이는 자연이 있어야 하니 왕릉이나 산성을 가는 것이다. 아이와 함께 대전으로 향하는 기차를 타기 전부터 목적지는 단 하나, 국립중앙과학관이었다. 김수근 건축가가 설계한 건물이면서 공룡도 있다니. 이보다 더 완벽한 건축 여행지는 없었다.

1 2 3 4　국립중앙과학관(1984년 설계, 1990년 개관)

과학을 주제로 한 건물

국립중앙과학관에는 주제를 나눠 다양한 전시가 이루어지고 있다. 홈페이지에 따르면 창의나래관, 꿈아띠체험관, 천체관, 천체관측소는 예약이 필요하고, 나머지 전시관은 자유 입장이 가능했다. 우리는 자연사관, 과학기술관, 인류관만 둘러보기로 했다. 공룡을 좋아하는 아이에게 공룡 외에는 더 많은 것이 필요하지 않았고 무엇보다 이것만 둘러봐도 반나절이 다 가버렸다.

커다란 입구를 통과하자마자 쭉 뻗은 길 중간에 뉴턴과 장영실 흉상이 있다. 그 뒤로 둥근 아치 형태의 지붕이 두 건물을 이어준다. 아치 너머로 '대한민국'이라고 적힌 나로호와 누리호가 전시되어 있다. 국립중앙과학관은 1927년 5월에 개관한 은사기념과학관恩賜記念科學館을 모태로 하고 있다. 은사기념과학관은 1945년 해방 후 국립과학박물관, 1949년에 국립과학관으로 개편되었다.• 원래 서울 남산에 있었는데 공간이 부족하고 전시물이 노후하여 새로운 종합과학관을 만들어야 했다. 이에 1985년 대전의 대덕연구단지에 부지 15만 제곱미터를 확보하여 국립중앙과학관이 완공되었다. 대덕연구단지는 1973년부터 인프라를 구축하기 시작했다. 1980년대에 충남의 대학교와 연구소들이 이 곳에 자리를 잡기 시작할 때 완공된 국립중앙과학관은 대덕연구단지가 성

• 송성수, 국립중앙과학관, 행정안전부 국가기록원, 2006. 12. 1.

5 국립중앙과학관 상설전시장 경사로 계단과 기둥
6 국립중앙과학관 상설전시장 내부 (1984년 설계, 1990년 개관)
7 국립진주박물관 내부 (1979년 설계, 1984년 개관)

공적으로 조성되었음을 알리는 역할을 했다.

국립중앙과학관은 김수근 건축가가 1984년에 설계해 1990년에 개관했다. 김수근 건축가는 벽돌을 자주 사용한 것으로 유명하지만, 후기 작품으로 갈수록 곡선도 많아지고 벽돌보다 가볍고 현대적인 재료를 많이 활용한다. 1970~1980년대의 화두였던 '전통'이라는 키워드 때문에 자신의 건축색에 전통을 넣다 보니 여러 오해도 있었다. 그래서인지 국립중앙과학관은 자유로운 느낌이 든다. 시그니처처럼 사용해 온 벽돌 없이, 전통적인 색을 넣어야 한다는 압박감 없이 과학이라는 단어 안에서 미래를 꿈꾸며 한 설계이니 착각은 아닐 것이다. 개인적으로도 김수근 건축가 작품 중 전통에 대한 강박 없이 설계한 구 춘천어린이회관(1980), 구미문화예술회관(1989)•, 구 벽산 125빌딩(현 게이트타워, 1991)•• 같은 후기 작품을 더 좋아한다.

김수근 건축가의 주요 작품 설계에 관해서는 명암이 있다. 그러나 작품을 따라 걷다보면 박물관, 호텔, 경기장, 예술회관 등 굵직한 프로젝트가 많고 종류도 각양각색이라 질릴 틈이 없이 다채롭다. 엄청난 작업량은 성실함의 증거다. 건축사사무소를 운영하며 같이 작업한 직원들을 후배로서 양성한 업적도 대단하다. 팀 규모를 키워서 잘 끌고 가는 것이 쉽지 않은데 그가 남긴 설계작들을 보면 자연스럽게 작

• 준공 기준, 설계는 1983년
•• 준공 기준, 설계는 1985년

업 방식에 대해 생각하게 된다. 더 오래 살았다면 어떤 작품을 남겼을지, 어떤 이야기를 했을지, 과거에 대해서는 어떤 회고를 남겼을지 궁금하고 늘 아쉬울 따름이다.

    과학기술관 내부에는 중앙 홀을 두고 경사로가 설치되어 있었다. 경사로를 보니 역시 김수근의 설계작인 국립진주박물관이 떠올랐다. 다른 점이라면 국립진주박물관은 2층으로 동선을 유도하여 경사로를 따라 다시 1층 홀로 모이게 한다. 건물 안에 중정 같은 공간을 두는 건 공간 사옥에서도 보여준 김수근 건축가의 특징이다. 국립중앙과학관은 여러 건물들이 넓은 부지에 펼쳐진 형태인데 모습은 다르지만 쫙 펴진 비행기를 연상시키는 구 춘천어린이회관(1980)와 비슷한 면이 있다.

    이렇게 김수근 건축가 설계작 여러 곳과 비교해 보면서 과학관을 즐긴다면 아이도 즐겁고 나도 흥미로운 건축 여행이 될 것이다. 건축적으로도 의미 있지만 전시도 만족스러웠다. 어린이 대상으로 꾸며진 박물관은 유난히 스크린 터치로 된 체험이 많다. 무언가를 얻고 왔다기보다는 누르고만 온 느낌이 들 때가 있어서 좋아하지 않는 편인데, 국립중앙과학관은 체험과 놀이 위주로 꾸며져 있었다. 배가 고프지만 않았다면 아마 하루종일 놀지 않았을까. 근처에 살았다면 아마 주말마다 왔을 것 같다.

대전 속 현대 건축

대전에서는 근현대 건축물 외에 현대 건축가의 설계작도 여럿 만날 수 있다. 대전대학교(민현식, 승효상, 조민석), 배재대학교 국제교류관(유걸), 공간태리(네임리스건축사사무소) 등이 대표적이다. 승효상 건축가 설계작인 변동성당은 꼭 보시길 추천한다. 승효상 건축가는 김수근 건축가의 영향을 받은 대표적인 후배 건축가로 평소에도 김수근 건축가를 스승이라고 칭한다. 실제로 김수근건축사사무소에서 실무 경험을 쌓기도 했다. 변동성당을 김수근 건축가가 설계한 3대 종교 건축인 경동교회(1981), 양덕성당(1977), 불광동성당(1986)과 비교해 보면 재미있다. 어떤 형태가 비슷한지, 또 어떤 점이 다른지 감상해 보면서 건축가의 초기 작품에서 이전 세대의 영향을 받은 요소를 찾아보면 좋겠다. 대체로 초기작에는 아직 세공되지 않은 원형 그대로의 개성이 빛나고 있다.

개인적으로 김수근의 설계작인 마산 양덕성당과 승효상의 초기작인 변동성당이 비슷하다고 느낀다. 승효상의 저서 『보이지 않는 건축 움직이는 도시』에 양덕성당의 도면 스케치가 실려있다. '1977년 봄, 마산 성당을 설계하면서 그린 스케치인데, 김수근 선생이 도면 우측 상단에 본인 생각을 그려넣으시면서 디자인의 실마리를 잡았다'고 한다. '당시 악

8   변동성당
9   양덕성당

전고투의 상처가 싫어서 이런 스케치들을 불태웠는데 후회한다'고 회고했는데 그런 마음이 변동성당을 설계하며 반영되었던 건 아니었을지 상상해 본다. 기회가 된다면 꼭 여쭙고 싶다.

꿈돌이가 있는 광장

혼자였다면 절대 하지 않았을 일을 하나 꼽자면 엑스포 분수대에서 한 물놀이다. 국립중앙과학관 근처의 엑스포 광장은 여름이 되면 물이 채워지면서 물놀이터로 변한다. 광장은 물을 뿜어대고 분수 사이에서는 꿈돌이가 빛난다. 광장 앞에 도착하자마자 아이의 눈빛이 바뀌더니 마치 세렝게티 초원을 뛰어다니는 누떼처럼 달리기 시작했다. 다른 아이들도 물 위를 첨벙거리며 뛰어놀고 광장 양옆 벤치에는 사람들이 삼삼오오 모여앉아 여름밤을 즐긴다. 음악 분수와 함께 한여름밤 축제 같았던 순간은 정해진 시간에 맞춰 끝나고, 분수대의 물도 빠졌다. 광장은 아무 일도 없었다는 듯 일상으로 돌아갔다. 주변에 사는 사람들을 위한 일상 풍경을 유지하면서 이벤트 공간으로도 활용하는 것이 인상 깊었다. 광장에 모인 다양한 세대가 분수 안의 꿈돌이라는 추억을 공유하며 이어지는 느낌도 특별했다. 20세기 사람들이 아는 캐릭터를 21세기 소년 소녀들과 공유하다니.

10　엑스포 과학공원 한빛탑 분수대

물이 빠진 광장에 드러누운 아이를 끌고 나오며 '아이고' 소리가 절로 나왔다. 그렇지만 뽀송하게 씻고 숙소 침대에 누워서 "대전 좋아?"라고 묻는 질문에 "우리 대전 또 오자!"라고 답해줘서 기뻤다. 여행을 다녀오고 몇 달 후, 어린이집에서 하원하고 놀이터에서 노는데 티니핑 이야기를 하는 누나들 옆에 가서 아이가 이렇게 말했다.

"어, 나는 꿈돌이 좋아하는데. 나 대전에서 공룡도 보고 엄청 큰 꿈돌이도 봤는데!"

애니메이션도 없는 꿈돌이를 잊지 않았다니. 아이가 편한 여행 메이트는 아니다. 짧은 거리도 두 배는 걸려 가게 되고, 먹고 자는 것도 여행 내내 신경 쓰인다. 그래도 이런 한마디에 괜한 고생이 아니었음을 깨달으며 다시 아이와 함께 여행길에 오른다.

청주

청주에 도착해 만난 김수근 건축가
- ⑮ 옛청주역사전시관(구 청주역)
- ⑯ 학천탕
- ⑰ 국립청주박물관

학교 건축 여행
- ⑱ 주성교육박물관(구 청주공립보통학교 강당)
- ⑲ 대성고등학교 본관
- ⑳ 탑동 양관
- ㉑ 충북대학교

충청북도청 소재지를 여행하는 법
- ㉒ 충청북도청 본관
- ㉓ 충북문화관(구 충북도지사 관사)

이야기에서 발견한 아름다움
- ㉔ 우리예능원
- ㉕ 청주 성공회 성당
- ㉖ 운보의 집
- ㉗ 문화제조창(국립현대미술관 청주, 동부창고)

15 옛 청주역사전시관 (구 청주역)

상당구 중앙로 36

옛 청주역에 도착한 건축 여행자

대전역에서 청주역까지는 무궁화호를 타고 45분, 차로는 40분이면 도착할 정도로 가깝다. 하지만 대전과 청주를 함께 여행하면 좋은 이유가 단순히 거리 때문만은 아니다. 두 도시에는 서로 다른 매력이 있다. 대전은 근현대사 100년이 만들어낸 도시라면, 청주는 오랜 시간이 축적되어 빚어진 도시다. 조선시대부터 충청도를 공청도(공주와 청주)로 불렀을 정도로 역사가 깊다. 게다가 충북도청 소재지이기 때문에 충남도청 소재지였던 대전•과 비교하며 건축 여행을 이어가기 좋다.

청주에 여행 간 이야기를 할 때마다 "청주에 그런 게 있었어요?"라는 말을 자주 들었다. 대전에 성심당만 있는 것이 아니듯, 청주에도 직지심체요절만 있는 게 아니다. 청주를 여행하며 대전과 비슷한 점이 무엇인지, 다른 점이 있다면 그 차이가 어디에서 생긴 것인지 나름의 답을 찾아나가

- 현재 충남도청은 홍성으로 이전했다.

면 어떨까. 도시의 역사, 문화, 분위기가 더욱 선명하게 다가올 것이다.

용두사지 철당간은 청주 시민들의 단골 약속 장소다. 시내 중심이기도 하고, 길쭉하게 솟은 모양이 눈에 잘 띄기 때문이다. 하지만 건축 여행자라면 구 청주역 역사에서 만나는 것도 좋겠다. 대전 여행을 철도 이야기로 시작한 것처럼, 청주에서도 기차를 빼놓고 근현대 풍경을 상상할 수 없기 때문이다. 옛 대전역에서 기차를 타면 도착했을 구 청주역 역사는 현재 옛청주역사전시관으로 운영되고 있다. 청주역이 지나온 시간을 돌아보며 도시의 옛 풍경도 볼 수 있어서 여행을 시작하기 좋은 곳이다. 이 주변은 청주역이 있는 도심이었던 만큼, 곳곳에 근대 건물들이 숨어있다.

뾰족한 지붕과 좌우 대칭 형태가 인상적인 청주역은 1921년에 건립되었다. 조치원과 청주를 오가는 충북선이 개통되던 해였다. 1923년 증평, 1928년 충주까지 노선이 연장되면서 청주역은 더욱 활기를 띠었다. 그러다 교통난과 철도 직선화 사업으로 인해 1968년 우암동으로 이전했다. 현재 운영 중인 청주역은 1980년대에 이전한 것으로, 옛 정봉역 자리였다. 구 청주역 역사 건물은 사라졌다가 50여 년 만에 복원되었고, 2019년 이 건물을 포함한 일대가 옛청주역사공원으로 조성되었다.

1 2 구 청주역 건물(1921년 완공, 2018년 복원)

설레는 기차 여행이 시작되던 곳

광장에 서서 본 건물은 최근까지도 기차 운행을 했던 역 같다. 새것 같아서가 아니라 옛 모습으로 잘 지어져서다. 건물 사진도 남아있고, 비슷한 시대에 지어진 다른 역사들을 참고할 수 있었기 때문일 것이다. 옛 기차역을 좋아해 폐역도 찾아다니는 편이라 들뜬 마음으로 입구로 향했다.

건물 안으로 들어가니 옛 기차역 안 매표소와 매점처럼 꾸며둔 안내 데스크가 눈에 들어온다. 전시된 종이 기차표를 보니 스무 살 여름에 떠났던 내일로 여행이 떠올랐다. 5만 원도 안 되는 기차표로 무궁화호를 타고 일주일 동안 전국을 여행했다. 스마트폰이 지금처럼 보편화되기 전이라, 지도와 여행 수첩을 들고 다녔다. 여행 수첩에는 갈 도시들의 기차 시간표를 붙여 형광펜으로 밑줄을 그어두곤 했다.

청춘의 낭만 같은 이미지인 기차 여행은 100년 전 사람들에게도 버킷리스트였다. 1920년대『동아일보』기사 또는 광고를 통해 확인되는 금강산 단체 관광만 37건이다.• 1929년 가을 청주에서 모집한 금강산 관광은 6일 일정에 30원이었다. 단풍이 절정인 시기에 금강산 여행을 떠나던 사람들은 기차 안에서 얼마나 신이 났을까. 전시되어 있는 '조선여행 안내 지도'(1935)와 기차표를 들여다보며 오래전 여행자들의 여정을 상상해 본다

• 국사편찬위원회,『한국문화사』, 2001~2011.

전시 공간은 크지 않지만 청주역의 역사, 청주역 주변의 근현대 건축물, 옛 시가지의 모습 등이 알차게 전시되어 있었다. 근현대 건축물을 좋아한다면 여기에서 참고할 만한 정보를 찾을 수 있다. 이렇게 발견한 정보는 다음 여행지와의 연결 고리가 되어주기도 한다.

전시물 중 옛 청주 지도에는 중앙극장 자리가 표시되어 있다. 옛청주역사전시관 건너편 대각선 자리에는 축제나 문화 행사가 열리는 청주 청소년 광장(청주 상당구 북문로2가 105-3)이 있다. 이곳이 중앙극장 자리다. 40년 동안 자리를 지킨 극장이 철거되고 나서 방치된 공간을 활용해 광장을 조성했다.

전시를 둘러보고 나오다가 안내 부스 안의 중년 여성 직원분과 눈이 마주쳤다. 평소에는 낯을 가리는 편인데, 여행만 가면 새로운 자아를 입은 것처럼 너스레를 떨게 된다. 청주 출신이시냐고 여쭤보니 청주 토박이라며 내 마음을 읽은 듯 학창 시절에 이 건물 근처 중앙극장에서 영화를 보곤 했다고 말씀하신다. 건물 뒤로 난 도로가 예전에는 철길이었는데, 안전에 대한 의식이 부족했던 당시에는 사람들이 철길을 가볍게 넘나들었다는 이야기도 들려주셨다. 여행 중 도시의 옛 풍경을 기억하는 시민들을 만나면, 마치 역사의 산증인을 만난 것처럼 신기하고 재미있다. '이분들의 기억을 들여다볼 수 있다면 좋을 텐데' 하고 상상하곤 한다.

가보지 못하고 사라진 건물 발견하기

전시도 흥미로웠지만, 로비에 놓인 청주시 역사 자료집이 반가웠다. 여행지에서 자료집을 만나면 꼭 들여다본다. 두툼한 종이책을 손에 쥐고 있으면 이 정보가 다 내 것 같다. 자료집에서 1906년 대홍수 이야기가 눈에 띄었다. 청주는 예로부터 홍수가 잦아 피해가 심했다고 한다. 철당간이 세워진 것도 돛대 역할을 하는 당간이 있으면 홍수가 줄어든다는 속설 때문이었다. 이런 지형과 기후 탓에 청주에는 '주성舟城(배의 성)'이라는 별명이 붙었다.

이런 의미를 담아 지어진 건물이 구 청주시청 본관이었다. 지금은 사라진 건물로, 전시장 벽에는 구 청주시청 본관의 조감도가 걸려있었다. 철거되기 전에 보지 못했다는 아쉬운 마음에 사진을 들여다본다. 곡선으로 모양을 낸 1층의 필로티와 층마다 둘러진 난간, 건물 꼭대기에 닻처럼 올려진 장식이 마치 거대한 여객선 같다. 1965년 건축가 강명구 설계로 지어진 3층 건물을 1983년 한 층 더 증축해 올려 만든 형태다. 청주시의 별칭을 형상화한 데다, 서양식 필로티 구조에 철근 콘크리트 재료를 활용하여 시대상이 반영된 건물이었다. 기와 지붕을 올렸다고 '전통적'인 건물이 만들어지는

3 안내 부스
4 구 청주시청 조감도

것이 아니라, 그 시대의 재료와 기술로 최선을 다해 만들어야 공감을 이끌어낼 수 있다고 말한 건축가의 신념이 잘 드러나는 건물이기도 했다. 액자를 들여다보고 있는데 방금 이야기를 나누었던 직원분 목소리가 들려왔다.

"얼마 전까지만 해도 오가면서 봤는데, 갑자기 사라졌지 뭐예요."

구 시청 건물은 '왜색이 짙다', '사용하기 낡았다'는 철거 찬성 의견과 '문화적으로 의미 있으니 보존하자'는 철거 반대 의견이 대립하다가 2023년 기습적으로 철거되었다. 요즘에는 도시마다 근현대 문화재를 보존하고 관광 상품화하려고 하는데 왜 철거되었을까. 상당로 큰 길을 따라 구 청주역 건물 뿐만 아니라 1937년에 지어진 충북도청, 구 청주시청, 국립현대미술관 청주관이 자리 잡고 있었다면 어땠을까? 의미도 있고, 편리하게 둘러볼 수 있는 건축 여행 동선이 되었을 텐데. 사라졌다니 아쉬울 따름이다.

철길을 따라 떠나는 시간 여행

관람을 마치고 밖으로 나오니 기차를 타고 이제 막 청주역에 내린 여행자가 된 것만 같다. 옛청주역사전시관 뒤로 복원된 철길을 둘러본다. 철길에 설치된 안전바 장치에 새겨진 '골드스타' 글씨를 보고 피식 웃음이 나온다. 시대 배경과

5   옛 운송회사(1921)
6   아직 남아있는 청주시청 대문
7   철거된 청주시청 자리. 건물은 신축될 예정이다.

맞진 않아도 '청주역이 계속 이 자리에 있었다면?' 하는 상상과 어울린다.

역 주변으로 상권과 주요 시설이 들어서는 건 시대 불변의 공식이다. 구 청주역 주변에도 다양한 근현대 건축물이 있다. 청주역 바로 건너편의 옛 운송회사(1921, 현 청주문구사) 건물을 시작으로 신축 공사 중인 청주시청 터, 수동성당(1966), 옛 청주 소방서 망루(1970, 현 북문119안전센터), 대신정기화물자동차 사무실(1963, 청원구 중앙로 95) 등이 남아있다. 청주시청 건물은 철거되었지만 정문은 아직 구경할 수 있다. 다른 건물들은 여전히 사람들의 일상생활에서 쓰이고 있다. 청주 소방서 망루는 대구 중부소방서 망루, 안양 소방서 망루와 함께 전국에 몇 개 없는 소방서 망루다. 사진으로 남겨두면 언젠가 오래된 유산에 대한 기록물이 될지도 모른다.

대신정기화물자동차 사무실 옆에서 짐을 상하차하는 모습을 한참 구경했다. 건물 사진을 제대로 담고 싶은데 택배를 찾으러 온 사람들, 직원들, 담장 안팎에 주차된 자동차에 가려 마음처럼 잘 되지 않았다. 그래도 버려져 있거나 간신히 생존한 건물을 담을 때보다 마음이 한결 가볍다. 여전히 살아있는 피사체를 찍고 있는 기분이다. 전시관, 카페나 숙소로 활용되는 곳만큼 이렇게 살아있는 풍경이 더욱 많아지기를 바라며 구 청주역 광장 옆에 놓인 증기 기관차 옆으로

8 수동성당(1966)
9 옛 청주소방서 망루(1970)
10 대신정기화물자동차 사무실(1963)
11 옛청주역사공원에 붙어있는 구 청주역 주변 풍경

다시 돌아왔다. 이제 가볍게 몸을 풀었으니 청주역 근처에 있는 또 다른 건축 여행지로 이동할 차례다. 김수근 건축가가 지은 대중목욕탕 학천탕(1988)이다.

1 학천탕
2 건물 뒷면

16 학천탕

상당구 상당로115번길 46

타일로 쌓아올린 건물의 피부

"인간이 건물에서 느끼는 부분은 구조체가 아닌 껍데기, 즉 건물의 피부다." - 김수근•

건축가 김수근은 평소 '건물의 피부'라는 말을 자주 했다고 한다. 그가 주로 사용한 건축 재료인 벽돌의 질감이 갖는 의미를 설명하는 말이었다. 흙으로 빚어 구운 다음, 사람이 한 장씩 쌓아 올려야 하기에 인간적인 재료라고 생각했다.

김수근이 세상을 떠나기 직전 설계한 건물이 청주에 있다. 학천탕(1988••)이다. 외부는 타일로 이루어져 있었다. 멀리서 보면 페인트칠로 마감한 것처럼 보였는데 가까이 다가갈수록 작은 타일과 큰 타일, 타일이 있는 부분과 없는 부분이 띠 형태를 이룬 모습이 보였다. 벽돌에서 타일로 재료만 달라졌을 뿐, 재료들이 세포처럼 모여 피부를 이루며 건물의 인상을 결정한다는 개념은 같았다.

- • 정인하, 「한국의 건축가 - 김수근」, 『건축사』, 1995.
- •• 설계는 1986년. 김수근은 1986년 사망했다.

건물은 물레에 점토를 놓고 돌려 빚어올린 듯한 모습이다. 마산 양덕성당(1978), 구 춘천 어린이회관(현 춘천 상상마당, 1980), 구미시 문화예술회관(1989) 등 비슷한 시기에 지어진 김수근 건축가의 건물들을 떠올렸다. 이 건물들이 거대한 점토 같은 느낌을 주면서도 쪼개지고 중첩되는 이미지를 가지고 있었다면, 학천탕은 또 다른 형태였다. 굴곡진 외관에 조형성을 추가했다. 각 층과 계단 자리에 틈새 유리창이 띠를 이루고 있었다. 구 공간 사옥, 덕성여자대학교 자연관과 예술관 등 김수근의 전작에서 보이는 지문과도 같은 요소다. 햇빛을 받아 타일 자국이 선명해지는 시간에 바라보니 유리창조차도 크기가 다른 타일처럼 보였다.

'학천탕'이라고 쓰인 빨간 간판에 각 층에 대한 설명이 적혀 있었다. 8층이라고 되어있지만, 지상 4층 사이사이에 중층이 놓인 구조다. 1990년대 초까지 갤러리로 사용되던 학천 회랑까지 포함하면 총 9층 규모라고 할 수 있다. 현재는 1층과 2층은 카페 목간, 3층과 4층은 불고깃집 학천불고기로 운영되고 있다.

외관처럼 둥근 곡선 형태를 띤 현관으로 들어간다. 현관에는 양옆으로 둥근 곡선 기둥이 배치되어 있고, 오른쪽 벽에는 엘리베이터가 있다. 위층으로 올라가는 계단과 모서리가 이어지는 부분, 각 층 계단으로 가는 입구도 곡선이다. 외관의 곡선 형태가 내부로 이어지고 있었다.

　이 이미지는 둥근 계단을 따라 올라가 목욕탕 안으로, 심지어 개인 샤워 부스까지도 이어진다. 샤워 부스를 보자마자 현관의 둥근 구조가 떠올랐다. 크기만 작아졌을 뿐, 살짝 검은빛이 감도는 투명한 재질도 똑같았다. 목욕탕 손님이 되어 현관부터 샤워 부스까지 들어오는 상상을 해본다. 커다란 물방울 속으로 뛰어들어서 흐르는 물길을 따라 작은 기포에 빨려들어가는 느낌이었을까. 목욕탕을 개조한 카페를 여럿 방문해 봤지만, 이처럼 건축적 사유를 불러일으키는 공간은 드물다. 한 끗 차이에 대한 건축가의 세심한 고민, 시공 과정을 관리한 사람들의 노력이 녹아있음을 깨닫는다.

　카운터에서 커피와 디저트를 주문했다. 목욕탕이던 시절 사물함 키를 나눠주던 곳을 카운터로 사용하고 있었다. 안쪽으로 들어가니 위층으로 올라가는 계단과 함께 목욕탕 사물함과 장식장이 보인다. 사물함을 그대로 보존한 채 좌석을 배치한 모습이 재미있었다. 장식장 안에는 목욕 요금 계산서, 대인과 소인 입장권, 모발 건조기, 꽃소금 등 당시 사용하던 물건들이 빼곡하다. 때 타올로 만든 모빌, 비누로 만든 조형물도 내부에 전시되어 있다. 하나씩 살펴보고 있으면 마치 목욕탕 역사 박물관에 온 것 같다. 1987년 학천탕 건물이 공사 중일 때 찍은 사진도 전시되어 있었다. 비계가 설치된

3 4   안에서 바라본 현관
5   2층 카페에 남아있는 샤워 부스
6   공사 당시의 사진

높은 건물 아래로 나지막한 단층 상점들이 보인다. 학천탕은 당시 목욕탕 건물로는 가장 높은 건물이었다고 한다.

김수근 건축가가 설계한 목욕탕

학천탕은 창업주 박학래가 청주에서 운영한 제일탕, 약수탕, 학천탕, 학천랜드 등 네 개의 목욕탕 중 하나다. 이 중 가장 먼저 개업했던 제일목욕탕은 현재까지 운영되고 있다. 박학래는 14살 때부터 청주에서 일본인이 운영하던 목욕탕 아사히후로야에서 일하기 시작했다. 성인이 된 후 이 목욕탕을 인수하여 1955년 본격적으로 사업을 시작했다.

학천탕 건물은 창업주인 박학래 아내의 환갑을 맞아 새로 지었다. 그동안 고생한 아내에게 선물을 하고 싶어 김수근에게 의뢰했다고 알려져 있는데, 그의 삶을 들여다보면 어떤 마음이었는지 이해가 된다. 박학래는 시의원 두 번, 도의원 두 번을 거친 정치인이기도 했다. 동학농민운동에 가담하고 창씨개명에 반대하다 일본군에게 희생당한 조부의 영향을 받아 군사 독재 시대에는 3선 개헌 반대 투쟁위원회 충북 대표를 맡았다. 김대중 전 대통령과 각별한 사이이기도 했다. 의정 활동을 하던 1960년대에 인연을 맺었고, 1971년 제7대 대통령 선거 당시에는 신민당 후보였던 김대중과 함께 선거 운동을 하며 끈끈한 사이가 되었다고 한다. 선거 운동

7 8 2층으로 가는 계단
9 2층 안에서 본 출입구. 단차가 있는 바닥의 타일 배치가 반듯하다.

기간 내내 혹여나 사고를 가장한 습격을 당할까 봐* 트럭을 몰며 전국으로 선거 운동을 다녔다. 대선 패배 후에는 어린 나이였던 김대중 전 대통령의 장남을 제일탕에서 8개월간 보호했다는 일화도 있다. 1981년부터 1982년까지 김대중 전 대통령이 청주교도소에 수감되었을 때도 수발을 자처했다.

이런 활동은 아내 덕분에 가능했다. 남편이 정치 활동을 하는 동안 목욕탕을 운영하고 아이들과 집안을 돌보느라 얼마나 마음 졸였을까. 그런 아내를 위해 단순한 건물이 아니라 작품을 선물하고 싶었던 것 같다. 건축가 김수근도 처음에는 거절했으나, 이런 사연을 듣고 두 번 거절하기는 힘들었던 듯하다. 수락 후 10개월 만에 도면이 나왔고, 곧바로 설계 모형 작업에 들어갔다. 당시 김수근이 운영하던 공간건축에는 건축가 승효상(노무현 전 대통령 묘역과 전시관 설계)과 이종호(박수근미술관, 노근리 평화기념관 설계)도 근무하고 있었다. 지금 시점에서 바라보면 학천탕은 현대 건축가들이 모여 공을 들인 작품처럼 느껴진다.

1986년 6월, 박학래는 완성된 건물 모형을 보러 건축사 사무실에 방문했다. 그런데 직원들이 모두 검은 양복을 입고 있었다고 한다. 김수근 건축가가 갑작스럽게 세상을 떠난 직후였다. 건물은 김수근 건축가 사망 후 공사를 시작해 1988년에 완공되었다.

* 김대중 전 대통령은 대통령 선거 이후 치러진 제8대 국회의원 선거를 하루 앞두고 의문의 사고를 당해 평생 다리를 절게 되었다.

10 2층 카페 목간 좌석
11 타일로 만들어낸 공간 중앙을 가로지르는 선이 반듯하다.
12 건물이 목욕탕이었던 시간을 기억하는 카페 목간. 커피를 주문하면 삶은 달걀을 준다.

카페 목간: 목욕탕의 기억을 간직한 건물

커피를 주문하며 '김수근 건축가 설계작이라 와봤다'고 했더니 사장님께서 반갑게 맞아주셨다. 현재 학천탕 건물에서 영업 중인 카페와 불고깃집은 박학래 창업주의 아들 부부가 운영하고 있다. 건축과 교수와 학생들도 종종 보러 온다며 천천히 둘러보고 가라는 인사도 덧붙이셨다. 짧은 대화였지만, 건물에 대한 애정과 주인 의식이 묻어났다.

커피를 받아들고 곡선 계단을 따라 2층으로 올라간다. 사물함과 목욕탕 공간이 층으로 분리되어 있고, 두 층은 곡선 계단으로 연결된다. 그 사이 중층에 사우나가 있다. 동선마다 비밀스러운 장소들을 배치하는 김수근 건축가다운 면이다. 목욕탕 내부는 일반 목욕탕과 비슷하지만 자세히 살펴보면 세심히 신경 쓴 부분이 보인다. 출입구 쪽 바닥에 살짝 단차가 있는데, 타일이 정교하게 선을 맞춰 배열되어 있다. 이런 디테일을 보고 있으니 마음이 편안해진다. 커피를 받아들고 자리에 앉은 눈높이에서도 타일들이 고르게 이어져 보인다. 공간 중간에 있는 기둥부터 반대쪽 벽까지 타일로 만든 무늬가 일직선으로 연결된다.

탕으로 들어갈 때 사람들이 앉거나 밟는 부분에는 대리석을 깔았고, 개인 자리 바닥에는 검정색 타일 조각으로 포인트를 주었다. 지금은 카페와 식당으로 개조되며 알록달록해졌

13 14 물이 차 있는 욕조
15 3층 학천불고기 좌석. 사물함이 남아 있는 것이 재미있다.
16 4층 학천불고기

지만, 최초의 콘셉트는 톤다운된 현대적인 느낌이었을 것이다. 지하의 갤러리나 계단 등에 전시 공간이 배치된 것을 보면 전체적으로 미술관 같기도 하다. 목욕탕과 사우나도 지역 주민들이 모이는 장소인 만큼 박물관이나 미술관 같은 공공건축을 설계하는 방식으로 접근했던 건 아닐지 추측해 본다.

가장 인상적인 것은 목욕탕 중앙의 욕조였다. 먹색과 청색 타일에 반짝이는 무늬가 새겨진 작은 타일들이 탕 내부를 채우고 있었다. 물을 채운 상태에서 보면 색과 무늬가 다양한 타일들이 물결에 일렁이면서 분수대처럼 반짝거릴 것 같았다. 궁금증을 품은 채 커피를 다 마시고 나가려는데, 사장님께서 위층도 편하게 구경하라고 권하셨다. 불고깃집이라 가볼 생각도 못했는데 뜻밖의 환대가 반가웠다. 엘리베이터를 타고 올라간 3층 구조는 1층과 같았다. 사물함이 있는 곳을 지나 4층으로 올라가니 욕조에 물이 가득 차 있었다. 반짝거리는 욕조를 보니 이런 목욕탕을 썼던 사람들은 어떤 기억을 갖고 있을까 궁금해졌다. 그때 불고깃집 직원분이 말을 건네셨다.

"탕 예쁘죠? 여기 제가 어릴 때 다니던 목욕탕인데요. 그때는 여기가 청주에서 제일 크고 좋았어요. 어려서 그랬나. 사물함 있는 곳에서 탕까지 오는 길이 어찌나 길게 느껴지던지…."

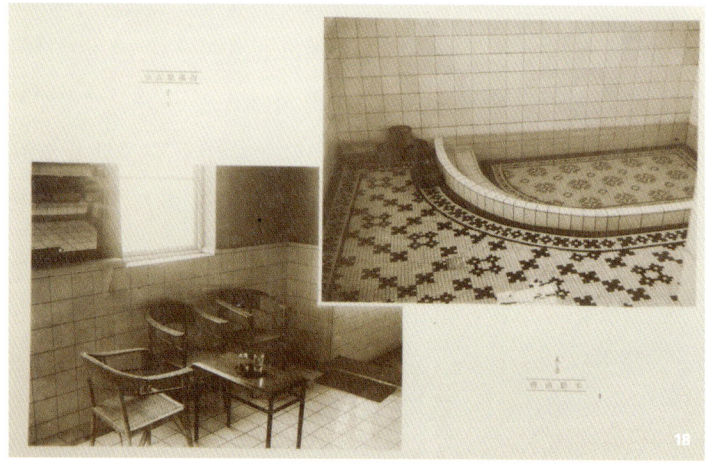

17 18　일제 강점기에 발행된 대전 유성온천 사진 엽서 ⓒ 국립민속박물관

함께 가보면 좋을 곳: 대전근현대사전시관, 서울 충신탕

충북 청주에서 학천탕을 둘러보았으니 충남 대전의 유성온천 이야기를 빼놓을 수 없겠다. 유성온천 호텔은 앞서 대전근현대사전시관 편에서 소개한 공주 출신 갑부 김갑순이 1912년 대전 유성에서 온천을 발굴하면서 시작되었다. 1917년 개업한 '승리관'이 유성온천의 전신이다. 이후 유성온천은 철도의 발전과 함께 성장했고, 한국전쟁 이후에는 신혼여행지로도 인기를 끌었다. 1986년 아시안게임, 1988년 서울올림픽 당시에는 선수 숙소로 활용되기도 했다. 박정희 전 대통령부터 노무현 전 대통령까지 이곳에서 머물러서 호텔 내에 '대통령 방'이 따로 마련되어 있기도 했다. 유성호텔은 2024년 3월까지 영업하고 문을 닫았다. 대전근현대사전시관에서는 2025년 12월 31일까지 전시 '유성온천 전성시대'가 열리고 있다. 유성온천의 역사와 당시 VIP실을 재현한 공간도 관람할 수 있다.

'건축가가 지은 목욕탕'으로 여행을 이어가는 것은 어떨까. 서울 종로구 충신동에 변용식 건축가의 설계작인 충신탕(1972, 서울 종로구 율곡로16길 23)이 있다. 곡선 형태가 독특한 이 건물은 1층은 목욕탕, 2층은 여관으로 설계되었다. 종로 5가와 동대문과 가까워서 노동자들이 퇴근 후 피로를 풀거나 시장을 찾는 사람들이 머무르는 공간으로 사용되지 않

앉을까 상상해 본다. 시멘트 산업이 활발해지면서 콘크리트를 활용한 다양한 건축적 시도가 이뤄진 1970년대의 특징이 건물에 녹아있다.• 그러나 1987년 토지주가 바뀌며 용도가 변경되었고, 현재 건물은 내부 변형을 거쳐 원단 창고와 사무실로 사용되고 있다. 내부 공간은 어떻게 변했을까. 시간이 걸리더라도 언젠가 꼭 들어가보고 싶은 곳이다.

• 서울역사아카이브, 「서울생활문화자료조사」, 2019.

(17) 국립청주박물관   상당구 명암로 143

건축가 김수근이 탐구한 '한국적'인 것

1931년생인 건축가 김수근은 1960년대부터 왕성하게 활동했다. 불과 30대 초반부터 국가적인 프로젝트에 참여하며 건축가로서 이름을 알렸던 것이다. 그러나 이 시기에는 자신의 건축 언어를 구축하기 위해 다른 건축가들을 차용했다는 평을 받는다. 예를 들어 성북동 주택과 회현동 주택은 요시무라 준조吉村順三의 주택을, 워커힐호텔의 힐탑바는 리처드 노이트라Richard Neutra를, 남산 자유센터는 르 코르뷔지에Le Corbusier와 단게 겐조丹下健三를 참고했다는 것이다. 1967년 후반 완공된 부여박물관을 두고는 '왜색 논란'이 일기도 했다. 이를 계기로 김수근은 미술사학자 최순우와 함께 한국의 유적지를 답사하며 한국적 미를 찾고 새로운 건축 언어를 탐구하기 시작했다.

김수근은 1986년 55세의 나이로 세상을 떠났다. 이를 두고 건축가 김중업은 인터뷰에서 "건축가는 평생 자신만의

1 국립청주박물관
2 국립청주박물관으로 올라가는 계단
3 경북 영주 부석사
4 국립청주박물관 석축
5 부석사 석축

스타일을 구축해 나가는 직업이라 말년으로 갈수록 작품이 좋아지는데, 그 시기에 도달하기 전에 습작만 하다 간 것 같아 안타깝다"고 말했다. 직업적으로 짧은 삶이었지만 김수근은 개인 주택, 호텔, 사옥, 문화 시설, 목욕탕 등 다양한 설계작을 남겼다. 그중 박물관은 국립부여박물관, 국립경주박물관 월지관, 국립진주박물관, 국립청주박물관 총 네 곳이다.

박물관을 설계할 때마다 김수근은 '전통이란 무엇인가'라는 질문에 대해 답을 해내야 했다. 그 고민에 대한 마지막 대답이 국립청주박물관(1987)•이다. 2016년에는 김수근 타계 30주기를 맞아 특별전 '지금 다시 김수근: 김수근과 박물관 건축'이 열리기도 했다.

상당산성 골짜기 산 아래, 기와지붕이 올라간 한옥을 연상케 하는 박물관 건물들이 놓여있다. 건물로 오르는 계단 아래에서 바라보면 살짝 꺾인 각진 동선이 영주 부석사로 향하는 계단을 떠오르게 한다. 계단 양옆에 놓인 나지막한 석축 세 개는 실제로 부석사의 것과 닮았다. 부석사 석축은 『무량수전 배흘림기둥에 기대서서』의 저자 최순우가 '조각 중의 조각'이라고 말하기도 했었다.

계단 아래에서 볼 때는 영주 부석사가 떠올랐지만, 계단을 올라서니 박물관 건물들이 안동 병산서원과 겹쳐 보였다. 산과 지붕이 가깝다는 지형적인 면도 비슷하지만, 여러 건물

• 개관 기준

6   국립청주박물관 무심관
7   안동 병산서원
8   국립청주박물관 지붕 아래
9   산과 어우러지는 국립청주박물관 지붕

들이 서로 연관성을 가지며 가지런히 놓인 배치 때문이었다.

고대부터 삼국시대, 조선시대까지의 유물을 상설 전시하는 전시동 아래로 사무동, 문화사랑채, 무심관(구 청련관)이 차례로 이어져 있었다. 김수근 건축가가 설계한 건물들 옆에 2004년 새로 지어진 어린이 박물관(청명관)이 있다. 처음 지어졌을 때는 부석사 같은 형태였지만, 새로 건물이 세워지고 어린이 놀이터와 공원이 조성되며 서원과 비슷한 공간 구조가 만들어졌다.

한국 전통 건축은 개별 건물의 의미보다 건물 간의 관계를 중시한다.• 이런 점에서 원래 의도와는 조금 다른 모습이 되었음에도 건축가의 의도가 훼손됐다기보다는 변형된 것으로 본다. 자신만의 건축 언어를 만들기 위해 전통 건축을 답사하며 고민했던 김수근의 흔적을 살펴보면서 우리가 전통에 대해 이야기하고 있는 것이 그 증거다. 김수근 건축가가 이 모습을 보고 아쉬워하지는 않을 것 같다. 그가 건물에 담으려고 했던 전통의 의미는 40여 년이 지난 지금도 살아 있다.

기록의 도시에 있는 박물관

박물관 외관을 한참 둘러보다가 건물 안으로 들어섰다. 중앙 홀 왼쪽으로는 경사 계단이, 오른쪽으로는 중정으로 향

• 조인철, 「한국의 건축가 - 김중업」, 『건축사』, 1997.

10 2022년 내부를 리모델링한 국립청주박물관 상설전시관
11 내부 복도
12 13 중정

하는 문이 있었다. 혼자 두리번거리고 있으니 해설사 선생님이 다가와 어떻게 오셨냐며 건물 설명을 해주겠다고 하셨다. 선생님은 건물을 설계한 사람을 소개하면서 '김수근 건축사'라고 정확하게 말씀하셨다. 편의상 '건축가'라는 단어를 자주 사용하지만 건축가와 건축사는 엄연히 다른 말이다. 건축가는 건축과 관련한 일을 하는 사람을 통칭하는 말이고, 건축사는 자격증을 갖추고 사무소를 개업할 수 있는 전문가를 뜻하기 때문이다. 한층 커진 신뢰를 안고 설명을 따라가기 시작했다.

가장 먼저 소개받은 곳은 홀 오른쪽에 있는 중정이었다. 마치 한옥의 마당 안에 들어와서 이야기를 시작하는 듯한 느낌이었다. 중정을 중심으로 한 바퀴를 돌아보는 동선이 자연스럽게 이어졌다. 전시 공간으로 설계된 만큼 모든 벽이 통창은 아니었지만, 복도 중간중간 놓인 창문에는 산등성이와 지붕이 조화로운 작품처럼 걸려있었다.

건물 밖 계단에서 보았던 석상들은 중정과 건물 안팎에도 듬성듬성 서있었다. 마치 또 다른 관람객처럼 이곳을 지켜보는 듯했다. 고故 이건희 삼성 회장이 기증한 석조 문화재 중 210여 점이 전시되고 있다는 설명을 들었다. 해설사분이 꼼꼼하게 건물을 설명해 주셨듯 박물관도 김수근이라는 이름을 곳곳에 기록해 두고 있었다. 청명관 한 구석에는 건축 사진가 노경이 촬영한 국립진주박물관 사진이 걸려있다. 인쇄와 기록의 도시다운 세심함이었다.

전통에 대한 입체적인 시각

우리나라 1세대 현대 건축가들을 따라 걷다 보면 전통을 계승하는 일에 대한 다양한 시각을 접하게 된다. 구 청주시청을 설계한 건축가 강명구는 '그 시대에 최선을 다한 기술과 자재가 후세대에까지 공감을 얻는 것'이 전통이라고 했다. 현대적인 형태도 전통이 될 수 있다는 진보적인 시각이 새롭다. 국립청주박물관을 설계한 김수근은 전통을 계승한다는 건 고전 형식을 되풀이하거나 모방하는 것이 아니라, 창조적으로 계승하는 것이라고 했다. 그럼에도 기와지붕이나 서까래, 중정과 마당 같은 전통적인 요소를 적극적으로 활용한다. 여기에서 '우리 것'에 대한 고민이 엿보인다. 세종문화회관을 설계한 건축가 엄덕문은 건축에 우리 정서가 담겨야 한다고 했다. 이를 두고 공예와 공예품을 빗대어 설명하기도 했다. 공예에 생활 양식과 문화가 담기듯 건축은 생명을 품는 그릇이라는 것이었다. 조부와 부친까지 나전칠기 장인인 공예가 집안 출신다운 관점이다.

1세대 건축가들의 고민은 어디까지 발전했을까. 조금만 단순해지면 일본식, 화려해지면 중국식으로 느껴지는 건 왜일까. 전통은 어떤 식으로 우리 삶에 녹아있을까. 무엇보다 우리는 전통이라는 그릇을 어느 정도 크기로 보고 있을까. 어떤 전통을 지키기 위해 노력하고 있을까. 건축가 김수근이 마주했던 물음표는 국립청주박물관으로 남아 오늘을 사는 우리에게 묻고 있다.

함께 가보면 좋을 곳: 청주 고인쇄박물관

'직지의 도시' 청주에서 고인쇄박물관으로 박물관 여행을 이어가도 좋겠다. 이곳에는 신라시대 서봉총 금관, 통일신라시대 천불비상, 고려시대 공양탑 등 국립박물관답게 화려한 유물이 전시되어 있다. 그중에서도 가장 기억에 남는 유물은 흥덕사의 쇠북이었다. 청주를 직지의 도시로 만들어 준 유물이다.

세계에서 가장 오래된 금속 활자본인 『직지심체요절』의 마지막 장에는 청주 흥덕사에서 제작되었다는 기록이 있다. 그럼에도 흥덕사의 정확한 위치가 파악되지 않다가, 1984년 운천동 일대가 택지개발구역으로 지정되며 개발에 앞서 발굴 조사를 시작한다. 이듬해 '흥덕사'라고 적힌 쇠북 조각과 그릇들이 발견되면서 흥덕사의 존재가 확인되었다. 전시된 쇠북은 찌그러진 모양이 어쩐지 웃고 있는 것처럼 보였다. '이거 좀 찢어졌다고 죽게유?' 하며 충청도식 농담을 곁들일

14 청주 고인쇄박물관 외부
15 청주 고인쇄박물관 내부
16 흥덕사 쇠북

것만 같은 모습이었다.

    1995년에 개관한 청주 고인쇄박물관은 쇠북 모양으로 지어졌다. 박물관 옆에는 흥덕사가 복원되어 있다. 평소에는 시민들이 산책하거나 운동을 하는 한적한 곳이다. 박물관은 직지와 인쇄의 역사부터 오래된 활자와 책, 활자 보관함 등 흥미로운 인쇄 문화 이야기를 소개하고 있다. 특히 박병선 박사와 관련된 유물들이 인상적이었다. 박병선 박사는 1967년부터 프랑스 국립도서관에서 근무하며 동양서고에 보관 중이던 『직지심체요절』을 연구하고, 프랑스 국립도서관이 소장했던 외규장각 의궤 297권을 찾아내 목록과 내용을 정리하며 국내 반환을 위해 힘쓴 분이다. 직지를 연구하며 자필로 쓴 카드와 보고서, 안경, 비녀 같은 소장품이 전시되어 있다. 박병선 박사는 군사 정권 시절 동백림 사건에 휘말려서 프랑스로 귀화했다. 그럼에도 조국에 대한 애정을 아끼지 않은 무조건적인 사랑에 경의를 표하게 된다. 무엇보다 성실하게 쌓인 하루는 여러 계절을 뚫고 반드시 열매를 맺는다는 진리를 깨닫게 하는 전시 공간이다.

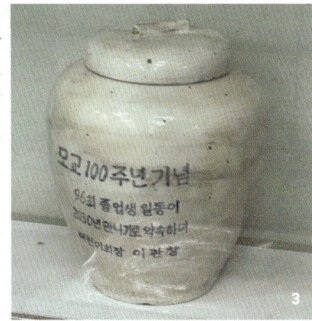

1 주성교육박물관
2 졸업생 타임캡슐. 졸업생이 매년 두 학급씩 나온다고 한다.
3 100주년 기념 타임캡슐

18. 주성교육박물관
(구 청주공립보통학교 강당)

상당구 교서로 45

나만 알고 싶은 박물관

나에게 청주는 박물관의 도시다. 국립청주박물관, 청주고인쇄박물관, 한국잠사박물관, 충북대학교 박물관과 역사관, 청주대학교 박물관과 역사관, 충북교육박물관 등 다양한 박물관이 있다. 박물관의 역할은 유물을 연구하고 이야기를 모으는 것, 즉 기록이다. 청주가 기록에 얼마나 진심인지는 청주랜드 동물원 추모관에서도 느꼈다. 무지개 다리를 건넌 동물들을 기억하기 위한 공간을 따로 만들어둔 것이다. 동물에 대한 수의사 노트부터 빈 우리에 설치된 안내판까지 친절한 설명도 인상적이었다.

이런 청주에 나만 알고 싶은 싶은 박물관이 있다. 매년 졸업생들이 타임캡슐을 만들고 보관하는 주성초등학교 내 주성교육박물관이다.

100년 된 학교 강당 건물

평소 국가유산청이나 국립민속박물관 소장품 검색창에 지역 이름을 입력해 보곤 한다. 여행을 떠나기 전뿐만 아니라 평소에도 지역의 '근대문화재', '등록문화유산'을 검색해 가볼 만한 곳을 찾는다. 이렇게 해서 주성교육박물관을 알게 되었다. 청주미래유산과 청주 등록문화유산으로 지정된 곳이다.

주성초등학교의 전신은 청주공립소학교로 1896년에 개교했다. 이후 명칭이 청주공립보통학교로 바뀌었는데, 1923년에 지어진 구 청주공립보통학교 강당이 옛 모습 그대로 남아있다. 교육박물관으로 활용되고 있어 내부를 쉽게 둘러볼 수 있다.

주성초등학교는 구 청주역과 직선 거리로 몇 블록 떨어진 곳에 있다. 옛청주역사전시관, 그 주변의 근대 건축물과 함께 둘러보기 좋은 위치였다. 건축 여행을 할 때 사전 정보를 너무 많이 찾아보지 않는 편이다. 첫인상에 방해가 될 수 있기 때문이다. 여행의 설렘도 반감되고, 직관적으로 인상적인 부분을 찾기 어려워져서 일단 가볍게 가본다.

운영 시간에 대한 정확한 정보가 없었지만, 박물관이니 월요일은 쉬겠고, 학교 안에 있으니 평일 오전에 가면 무난하게 돌아볼 수 있을 것 같았다. 운동장을 가로질러 박물관으로 다가갔다. 주성교육박물관은 좌우 대칭이 정확한 단층 건물이다. 운동장을 면한 현관은 포치로 돌출되어 있는데 본관부터 급식실까지 연결된 지붕 때문에 그 매력이 잘 보이지 않았다. 그래도 독특한 지붕의 형태는 잘 보였다. 하마 귀처럼 쫑긋 솟은 작은 환기창이 귀여웠다.

그런데 이럴 수가. '월요일과 목요일만 운영. 9시부터 16시까지(점심 시간 12시부터 13시까지)'라는 안내문이 붙어있었다. 내가 방문한 날은 하필 화요일이었다. 문 앞의 안내문이 학교 앞 문구점에서 하던 뽑기판처럼 보였다. '꽝입니다! 다음 기회에······.'

그다음 주 월요일, 드디어 100년 넘은 이 건물에 들어가볼 수 있었다. '드르륵' 소리를 내는 미닫이 문을 열고 신발을 벗고 들어섰다. 박물관 내부에는 2001년 개관 당시 기증받은 학교 깃발과 트로피, 옛날 교과서와 가방, 학용품까지 2000여 개의 전시품이 가득 차있었다. 마치 골동품점이나 헌책방 주인의 개인 보물 창고에 온 느낌이었다. 지금은 단종된 책들과 헌책방에서 보면 당장 사고 싶을 법한 1988년 서울 올림픽 아카이빙 도서, 1986년 조선일보사에서 출간한 『격동의 구한말 역사의 현장』 같은 책들도 꽂혀있었다.

왼쪽 무대 같은 공간과 양옆 문의 흔적으로 보아 이쪽이 강당의 무대로 쓰였던 것이 분명했다. 천장에는 LED 조명이

4 강당 앞쪽을 바라본 내부. 학생들이 만든 작품도 보관하고 있다.
5 현관 건너편 벽쪽을 바라본 내부
6 천장의 전등 자리. 리모델링할 때 살려두었다고 한다.
7 내부 창

마치 운동회 날 그려둔 달리기 선처럼 하얗게 일직선을 그리고 있었다. 그 사이에 둥근 조명 자리가 보인다. 건물이 처음 지어졌을 때부터 전등이 달렸던 자리다. 2001년 박물관 개관 당시 내부 수리를 했는데도 이런 작은 요소들을 남겨두었다. 창문에 달린 나무 문과 커튼함도 그대로다. 감탄하며 둘러보는데 무대 왼쪽 작은 방에서 여자분이 나오며 어떻게 왔냐고 물으셨다. 건물을 보러 왔다고 하니 이 보물창고를 보고 커진 내 눈만큼이나 놀란 표정으로 "여기를요?"하며 되물으셨다. 박물관 담당 선생님이었는데, 근무하는 몇 년 동안 졸업생이나 간간이 올 뿐 건물을 보러 찾아온 사람은 처음 봤다는 것이다.

수많은 졸업 앨범 속 변하지 않는 것

선생님은 이 박물관에서 일한 지 4년이 넘었다고 하셨다. 그만큼 건물을 잘 아는 분이셨다. 여행자 눈에는 마냥 신기한 백 년 된 건물이지만 실제로 사용하는 입장은 다를 것이다. 사용한 경험을 물으니 오래된 건물들이 그렇듯 냉난방이 잘 안되어 겨울이면 춥고, 여름이면 덥다고 했다. 이곳에서 근무하는 날이 얼마 남지 않았는데, 그래도 유서 깊은 건물에서 일하며 생긴 추억이 많다며 떠날 생각을 하니 아쉽다고 하셨다. 이렇게 만난 것도 인연이라며 졸업 앨범도 편하게 펼쳐보라고 해주셨다. 맨손으로 만져도 되나 싶을 만큼 오래된 것이었다. 이렇게 직접 만져보고, 들여다보고, 사진 찍으면서 구경할 수 있는 박물관이 또 있을까. 졸업 앨범을 펼쳐보면서 거대한 수장고에 혼자 들어온 문화재 관리원이 된 것 같기도 하고, 고고학 연구자가 된 것 같기도 했다.

박물관은 주성초등학교 명패와 건물 상량은 물론이고 옛 시가지에 표시된 학교 부지, 교지와 교사 평면도, 1900년대 초부터 최근까지의 졸업장, 성적표, 학적부 등을 전시해 학교의 120년사를 총망라하고 있었다. 그럼에도 웅장하고 차갑기보다 소소하고 따뜻한 느낌이 들었다. '이런 것도 전시를 하네?' 싶을 정도로 사소한 물건들, 예를 들면 종이학이 담긴 유리병, '색종이로 만든 우리 동네' 같은 어린이들의 작품도 있었기 때문이다. 각 시대별 건물 사진과 학생들이 색연필로 그린 건물 그림들도 전시되어 있었다.

선생님께서 꺼내주신 오래된 졸업 앨범도 구 주성초등학교 강당 건물의 성장 앨범 같았다. 앨범 속에는 학교의 옛 풍경과 함께 운동회, 수업 시간, 수학여행 등 다양한 모습이 담겨있었는데, 강당 건물만은 드라마 「별에서 온 그대」 속 과거에서 온 주인공처럼 늘 같은 모습이었다.

모든 졸업 앨범이 재미있었지만 1936년 주성초등학교 25회 졸업 앨범은 유난히 오래 들여다보았다. 일제강점기에 이전 학사 기록을 지우면서 1907년을 개교 연도로 삼아 25회로 계산한 것, 일본 연호인 쇼와^{昭和}를 사용한 것, 일본인 교장 사진까지. 모든 장이 시대상을 담은 귀한 자료였다. 코끝을 찡하게 했던 건 학교 운동장을 찍은 사진에 그려진 태극기였다. 이 앨범을 기증한 졸업생이 그린 것이다. 사진 아래 '나의 모습도 보인다'는 글씨가 쓰여있었다. 박물관이라는 걸 잠시 잊을 정도로 빠져서 한참 사진을 들여다보는데 옆에서 선생님이 말했다.

"애지중지하던 걸 기증해 주신 것도 참 대단한 애정이지 않아요?"

졸업 앨범은 딱 하나뿐이다. 학창 시절이 좌표처럼 찍힌 물건인데 학교에서 박물관을 만든다고 하니 선뜻 내주신 것이었다. 그때 깨달았다. 이 박물관이 흥미로운 것은 유물과 전시의 내용이 대단해서가 아니라 학교와 건물을 여러 시대를 거쳐 공유하는 졸업생들의 마음이 모여있기 때문이라는 것을 말이다.

그제서야 시계를 보니 한 시간이 훌쩍 지나있었다. 이러다가는 몇 시간이고 구경하고 싶어질 것 같아 얼른 인사를 드리고 신발 안에 발을 욱여넣었다. 선생님은 퇴사일을 앞두고 있는데 정말 반가웠다며 현관 앞까지 나와주셨다. 며칠만 늦었어도 못 만났을 인연이라고 하니 더 소중하게 느껴졌다.

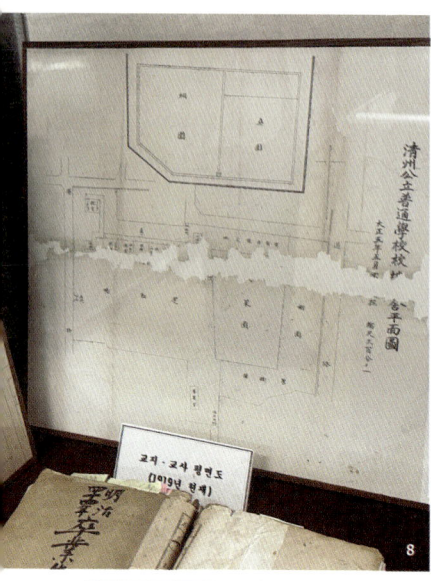

8   교지 평면도(1919)
9   졸업 앨범
10 1936년 25회 졸업앨범 중
11 1931년 졸업앨범 속 강당
12 1946년 졸업앨범 속 강당

여행에서는 작고 소소한 일도 큰 의미로 다가온다. 마치 박물관에 전시된 물건들처럼 말이다.

 그다음 주에 청주에 볼일이 있어 한 번 더 들렀다. 건물 내부와 물건들을 다시 둘러보고 싶었기 때문이다. 마침 점심시간이라 현관 앞에 앉아서 문이 열릴 때까지 기다리기로 했다. 음료수를 마시면서 이번엔 다른 분이 오시겠거니 생각하고 있는데 저쪽에서 "아니, 또 오셨네요?" 하며 지난번에 만난 선생님이 뛰어오시는 게 아닌가. 오늘이 마지막 근무일이라 동료들과 인사하느라 늦었다면서 말이다. "여기 두 번 온 사람은 처음 봐요!" 하시는 말씀이 며칠 전과 똑같아 나도 모르게 큰 소리로 웃었다. '이 박물관... 정말 살아있나?'

1 대성고등학교 본관
2 벽돌과 스크래치 타일

(19) 대성고등학교 본관   　　청원구 대성로300번길 18

청주의 근대 학교 건물

대성고등학교 본관을 알게 된 것은 우체국의 우표 포털 사이트를 통해서였다. 벽돌로 지어진 근대 건축물 사진이 실린 '청석학원 창학 100주년 기념 우표'를 이끌리듯 눌러 보았다. 우표에 실린 건물은 청주대학교 본관(현 청석교육역사관)이었다. 우표 아래에는 청석학원에 관한 설명이 있었다. 청석학원은 청암 김원근, 석정 김영근 형제가 1924년에 설립한 청주의 대표적인 사학이다. 청주대학교를 비롯해 청주대성고등학교, 청석고등학교, 대성여자상업고등학교 등 총 7개의 학교가 이 학원 소속이다.

지역의 대표적인 사학인 만큼 오래된 학교 건물이 꽤 남아있다. 그중 청주대성고등학교 본관을 좋아한다. 2002년 교명을 변경한 대성고등학교는 1935년 청주상업학교로 개교했다. 지금도 사용하는 본관은 1936년에 완공된 것으로 적벽돌로 지어진 2층 건물이다. 근대 학교 건축 양식을 잘 보여준다

3 중앙 현관
4 현관 오른쪽
5 현관 왼쪽

는 평가를 받는다.

묵직한 벽돌 건물과 곡선 기둥 현관

이 건물에서 가장 중요한 요소는 벽돌이다. 대성고등학교 본관을 계기로 벽돌을 생산하고 이를 이용해 건물을 짓는 기술이 청주에 본격적으로 보급되었다. 적벽돌로 쌓아올린 외관은 전체적으로 묵직하고 투박하다. 건물 전체적으로는 붉은 벽돌을 사용했지만, 현관의 곡선 기둥과 건물 밑단은 짙은 고동색이다. 스크래치 타일을 붙인 것인데 뾰족한 도구로 긁은 스크래치 자국이 선명하다. 기술적인 차이인지, 비슷한 시기에 지어진 다른 건물들보다 투박하고 거친 느낌이다. 손끝으로 타일을 매만지며 오돌토돌한 감촉을 느껴 본다.

건물에서 가장 좋아하는 부분은 현관 로비다. 현관 입구 둥근 기둥 사이에 두 개의 사각 기둥이 더 있다. 그렇게 만들어진 세 개의 출입구에는 짙은 나무색 유리문이 달려있다. 열린 문 안으로 들어가니 또 하나의 유리문 너머로 중앙 계단이 보인다. 현관문과 로비 사이 청록색 타일은 짙은 색들과 대비를 이룬다.

왼쪽 벽에는 트로피가 가득 전시된 원목 장식장이 있다. 오른쪽에는 '재주국위(재주를 키워 나라를 위해 일하다)'라고 쓰인 검정색 현판 아래로 수납 창구 같은 유리창이 나있다. 지금

6　1층 복도
7　1943년 교문 전경
8　현재 대성고등학교 본관

은 막혀 있지만, 학교에 직접 등록금을 내던 시절 수납 창구 역할을 하던 공간의 흔적이다. 대구 계성중학교 핸더슨관에서도 이런 흔적을 본 적이 있다. 그때 그 시절에는 검정색 교복을 입은 학생들이 이 앞을 오갔을 것이다. 대성고등학교 학생들 중에는 박노수, 윤형근, 이서지 같은 미술계 인사도 있었다. 국가대표 이운재 선수를 배출하는 등 축구로 유명한 학교인데, 미술계 인사도 여럿 배출했다는 점이 흥미롭다.

내부는 중앙 로비와 건물 양 끝에 계단이 배치된 보편적인 학교 건물의 구조다. 복도를 따라 놓인 유리 전시관에는 타자기, 도장, 수업 시간표, 졸업 앨범 같은 물건들이 전시되어 있었다. 1940년대 초 학교 교문의 전경과 하교 시간 풍경이 담긴 사진도 벽에 걸려있다.

마음을 모아 지은 학교

이 건물은 단순한 학교가 아니다. 청주 시민들의 교육과 자주 독립에 대한 열망이 담겼기 때문이다. 일제강점기에 지어진 사학 상업학교라는 점도 특별했다. 건물이 지어지기 전인 1934년 9월에는 『동아일보』에 청주상업학교 설립을 위해 민간에서 기금이 마련되었다는 소식이 실리기도 했다. 함경북도에서 사업을 하는 김영근씨가 고향 청주에 상업학교를 세우기 위해 부동산과 현금을 내놓으며 재단법인을 설립하고, 다른 청주 유지들도 뜻을 모으고 있다는 내용이다. 이를 시작으로 청주군에서 비용 일부를 부담하고, 청주 시민들도 기부에 동참했다. 지역 사회의 염원이 모였지만 설립 인가를 받는 것이 쉽지는 않았다. 조선총독부가 공립학교로 세울 것을 강요했기 때문이다. 약 반 년에 걸쳐 요구한 끝에 1935년 3월에야 정식 인가를 받았다.

당시 건축 잡지 『조선과 건축』에 청주상업학교 건물이 지어진다는 소식과 건물 규모, 공사 일정 등이 실릴 만큼 이 건물은 건축적으로도 주목을 받았다. 1935년 6월에 공사를 시작해 10월 완공되었고, 지역 사회의 뜻이 모여 만들어진 학교인 만큼 입학 경쟁률도 1939년 기준 9:1로 치열했다.

건물 시공은 일본인 건설업자 다나하시가 맡았다. 근대 건축이 흥미로운 점은 조선인뿐만 아니라 일본인, 미국인, 중국인 등 다양한 국적 사람들이 함께 만들어낸 결과물이라는 것이다. 학교처럼 규모가 큰 건물은 더욱 그렇다. 앞서 예로 든 계성중학교의 또 다른 건물, 아담스관(1908)은 미국인 선교사 아담스가 설계와 감독을 맡고 중국인 벽돌공과 일본인 목수가 시공을 맡았다. 조선의 마지막 황태자인 영친왕의 보모였던 최송설당이 고향에 설립한 김천고등학교(1931)도 마찬가지다. 설계는 화신백화점, 박노수미술관, 보화각 등을 작업한 당시의 유명 건축가 박길룡이 맡았다. 시공은 일본 건설회사 하자마구미間組, 간조가 했다.

함께 가보면 좋을 곳 : 청주대학교 목공실

대성고등학교 위쪽으로는 청주대학교의 벽돌 건물들이 놓여있다. 담장이 없고 벽돌로 지어진 것이 비슷해서인지 하나의 마을처럼 느껴진다. 대성고등학교 본관 옆에 있는 건물은 청주대학교 청석교육역사관이다. 상시 운영하는 청주대학교 박물관과는 달리 보통 문이 닫혀있다. 내부에는 창립자 유품 등이 보관되어 있다고 하는데 쉽게 들어갈 수 없어서 더욱 궁금하다. 이 역사관과 대성고등학교 본관 사이에 작은 벽돌 건물 한 채가 서있다. 청주대학교 목공실이다.

청주대학교는 1947년 청주 수동에서 개교했다. 10주년에 맞춰 1957년 현재 위치인 내덕동으로 이전했는데, 그때 이 건물도 강의동으로 신축되었다. 강의동으로 사용하다 학생 식당과 동아리실을 거쳐 현재는 학교 시설을 수리하거나 제작하는 목공실 및 기자재 창고 등으로 사용 중이다.

단정한 외관이 시선을 끄는 건물이라 구경해 보고 싶었다. 몇 번을 와봐도 닫혀 있었던 문이 어느 날 활짝 열려 있었다. 빼꼼 안을 들여다보니 건물을 관리하는 직원분이 나오셨다. '어떻게 오셨냐'는 물음에 여행 왔다며 구경해도 되냐고 여쭤보니 흔쾌히 허락해 주셨다. 밖에서 보면 아담해 보

9 청주대학교 목공실
10 2층에서 내려다본 계단
11 1층
12 2층
13 창립자 동상과 청주대학교 전경

이지만 1층에 들어가보니 층고가 아주 높았다. 2층도 보여주겠다며 건물 귀퉁이의 작은 철문을 열어주셨다. 철문 위 작은 캐노피를 올려다보니 철근이 촘촘하게 박힌 게 보였다. 꼼꼼하게 쌓아올린 덕에 낡은 건물이 여전히 단단해 보이는 것일까. 열린 철문 안으로 계단이 보이는데 가파르고 높아서 압도적인 모습이었다.

직원분을 따라 2층에 올라가니 저절로 감탄사가 튀어나왔다. 꽤 많은 곳을 가봤는데도 나무 천장이 이렇게 잘 남아있는 경우는 처음이었다. 1층 천장은 긴 나무 패널이 마루처럼 깔려있었는데, 2층은 천장 전체가 격자무늬로 짜여있었다. 한옥에서 우물 정#자 모양이라고 해서 '우물 천장'이라고 부르는 형태다. 창문으로는 저물어가는 햇빛이 들이치고 있었다. 밖이 보이지 않을 정도로 환한 빛이 에워싼 공간은 아주 조용했다. 마치 오랜 시간이 뽀얗게 쌓여있는 것처럼.

구경을 마치고 밖으로 나와서 건물의 모서리를 올려다보았다. 언제 또 들어와볼 수 있을지 모르는 곳이다. 오래 남아주길 바라는 마음을 담아 직원분께 꾸벅 인사를 하고 돌아섰다. 고요했던 건물과 대조적으로 교정은 하교하는 학생들, 잔디 운동장에서 훈련하는 축구부원들, 운동하는 시민들로 북적이고 있었다. 이 풍경 위로 오늘도 어김없이 벽돌 색처럼 붉은 노을이 내려앉고 있다.

20 탑동 양관

상당구 탑동로32번길 17-6

여섯 채의 근대 서양식 건물

2017년 여름, 청주버스터미널에 도착하자마자 택시를 타고 탑동 양관으로 달려갔다. 난생 처음으로 청주에 가본 날이었다. 휴대폰 사진 앨범에 직접 찍은 건물 사진을 담는 것만으로도 그곳을 소유하는 느낌이 들 때가 있다. 때로는 갖고 싶은 마음을 이기지 못해 발길을 재촉하는데 탑동 양관이 딱 그랬다. 건물이 품절되는 것도 아닌데 청주 가는 버스표를 예매해 놓고 평일 내내 회사에서 일하는 동안 노심초사하는 마음으로 주말만을 기다렸다.

서양 선교사들이 남겨둔 건물들에 빠져서 주말마다 전국을 여행하던 시기이기도 했다. 그러다 보니 청주 탑동 언덕 위에 여섯 채의 서양식 건물이 모여있다는 걸 알게 되었다. 한 채도 아니고 여섯 채가 마을을 이루고 있다니 더 궁금했다. 벽돌 건물이 한옥 지붕을 이고 있는 모습도 호기심을 자극했다.

탑동 양관의 역사는 1904년으로 거슬러 올라간다. 미국 북장로회 선교사들이 그 시기부터 땅을 매입해 건물을 세우고 선교 활동을 펼쳤던 것이다. 대표적인 북장로회 소속 선교사가 연세대학교 창립자 중 한 명인 언더우드 선교사다. 조선에 먼저 자리 잡았던 언더우드는 조선으로 온 선교사들에게 강의를 하며 선교 지침을 일러주었다. 여기에 건축 양식에 관한 내용도 포함되어 있었다.

"교회당 건축을 가급적 교인들 자신의 힘으로 하게 하되 건축의 구조나 모양은 한국 고유의 양식으로 혹은 지방의 교회답게 건축하도록 유의한다."

이 지침에 따라 탑동 양관 여섯 채는 서양식 벽돌 건물에 한국식 기와지붕을 이고 있는 한양 절충식이라는 독특한 개성을 갖게 되었다. 여섯 채의 건물은 선교사 주택 네 채와 병원, 성경학교로 지어졌다. 현재 선교사 주택 세 채와 병원 건물은 일신여자중고등학교 소유로 학교 내에서 동아리실, 상담실, 교목실 등으로 사용되고 있다.

학교 담장 밖에 있는 성경학교 건물은 대한예수교장로회 충북노회 사무실 및 성서신학교로, 남은 선교사 주택 한 채는 가정집으로 쓰이고 있다. 이렇게만 소개하면 '외국인 선교사들이 지어둔 독특한 집' 정도로 보이겠지만 각 건물에는 더 흥미로운 사연이 있다.

1 6호관 소민병원
2 5호관 노두의 기념관(소민병원 직원 사택)
3 4 노두의 기념관 내부
5 노두의 기념관의 돌출된 2층 공간. 마을 전경이 잘 보인다.

일렬로 선 한양 절충식 주택들

학교 담장 안에 있는 건물 네 채는 일렬로 나란히 배치되어 있다. 처음 일신여자고등학교 교문 안으로 걸어들어갔을 때는 말 그대로 입이 떡 벌어졌다. 교문 오른쪽 언덕 위에 서 있는 소민병원(1912) 때문이었다. 푸른 언덕 위에 거대한 직사각 형태의 한양 절충식 건물이 놓여있는 모습이 꼭 상상 속 동물처럼 보였다. 청주 최초의 근대식 병원이었고, 사무실 용도로도 사용한 건물인 만큼 규모가 컸다. 지하 1층, 지상 3층 건물로 건립 당시 진료실과 수술실을 갖추고 있었다고 한다.

한옥식 기와 지붕 아래로 역시 기와 지붕이 달린 현관이 있다. 지붕 아래로는 마름모 모양의 작은 창 두개와 네모난 창들이 나있다. 안내판에는 1908년 미국 뉴욕에 살던 던컨 J. P. Duncan 부인이 병원 건축을 위해 7000달러를 기부해 1912년 건물이 완성되었다고 적혀있었다. 그래서 선교사들은 이곳을 던컨 기념병원 Duncan Memorial Hospital이라 불렀는데, 청주 시민들은 백성이 되살아난다는 뜻으로 소민병원蘇民病院이라 불렀다고 한다. 1917년 청주제일교회 옆에 소민병원 진료소가 새로 마련되자 이 건물은 주로 입원실로 사용되었다.

소민병원과 가까이 있는 건물은 근무하던 간호사들이 살던 사택, 노두의 기념관(1911)이다. 소민병원 원장 노두의 D. S.

6 4호관 포사이드 기념관
7 포사이드 기념관 뒷면
8 1호관 선교사 주택(개인 주택으로 사용 중)
9 1호관 선교사 주택 앞

Lowe가 1937년 일제의 신사 참배 강요에 응하지 않았다는 이유로 강제 출국당하기 전까지 살던 집이기도 하다.

이 건물 뒤로 탑동 양관 여섯 채 중 가장 먼저 지어진 포사이드 기념관(1906)이 있다. 독신 선교사나 초임 선교사들이 거주하는 사택 용도로 지어졌다. 미국에 거주하던 포사이드 부부의 기부로 지어진 집이다.

그 뒤로 민노아 기념관(1920)이 있다. '민노아'는 '밀러F. S. Miller'를 한국식으로 부른 이름이다. 밀러 선교사는 도산 안창호의 스승이기도 하다. 이 사실을 아는 순간 마치 우리 집안 어르신의 은사님처럼 가깝게 느껴진다. 그와 안창호의 인연은 1894년 언더우드 선교사의 구세학당(救世學堂)에서 시작되었다. 밀러 선교사는 구세학당•의 3대 교장이 되었는데 그때 가르치던 학생 중 안창호가 있었던 것이다. 그는 안창호의 특출남을 알아보고 선교 단체에 미국 유학을 추천해 비자 발급과 입학 등의 절차를 도와주었다. 안창호는 1902년 이혜련과 제중원에서 결혼을 하고 미국 샌프란시스코로 출국한다. 결혼식에서 주례를 맡은 것도 밀러 선교사였으니 안창호의 인생을 바꾼 스승이었다.

100년 된 건물의 밴드부 연습실

"안으로 들어와서 구경해보실래요?"

• 이후부터 경신학교(儆新學校), 민노아 학당으로 불렸다.

10 3호관 민노아 기념관
11 민노아 기념관 뒷면
12 민노아 기념관에서 포사이드 기념관이 보인다.
13 민노아 기념관에서 본 성경학교
14 2호관 부례선 목사 기념 성경학교

민노아 기념관 문을 열며 선생님이 말씀하신다. 2017년부터 탑동 양관을 여러 번 방문했지만 내부에 들어가게 된 것은 2024년 가을이 처음이었다. 일신여자중고등학교 교정의 탑동 양관 네 채는 이전에 비해 말끔한 모습으로 수리되어 있었다. 포사이드 기념관 앞에는 충북기독교역사관이라는 현판도 붙어있었다. 늦은 오후 시간이라 건물이 잘 정돈된 모습을 본 것만으로도 좋다고 생각하며 학생들이 떠난 교정을 한바퀴 돌고 있던 차에, 퇴근하던 선생님께서 건물을 살펴보는 내게 말을 건네왔다.

"퇴근하시는 길 아니에요?"

"두고 온 게 있어서 잠깐 다시 온 건데…. 들어오세요! 보셔도 돼요."

건물에 들어가보게 되다니. 쿵쾅거리는 심장 소리 때문에 코앞의 풍경이 눈에 들어오지 않았다. 민노아 선교사 주택은 탑동 양관 여섯 채 중 가장 들어가보고 싶은 곳이기도 했다. 집 앞쪽은 완벽하게 한옥 스타일인데 뒤쪽은 현대적인 느낌이 난다. '한옥으로 맨션을 짓는다면?'이라는 질문의 완벽한 레퍼런스처럼 말이다. 1945년 6월 청주방송국으로 사용되면서 광복 소식을 전했던 곳이자 한국전쟁 당시에는 야전병원으로 사용되었던 역사적인 장소이기도 했다. 실내화를 신기 전부터 "와! 너무 예뻐요!" 하는 감탄사가 튀어나왔

15 2층 방 벽난로
16 계단 공간에서 보이는 서까래
17 노두의 기념관 내부 문틀의 무늬
18 성경학교 내부에서도 민노아 기념관이 보인다
19 노두의 기념관 내부에서 소민병원이 보인다

다. 내부로 들어가 계단을 올라가니 창문을 통해 건너편의 포사이드 기념관이 보였다. 반대편 창문으로는 학교 울타리 밖에 있는 부례선 목사 기념 성경학교 건물(1932)이 보였다. 탑동 양관 중 가장 마지막에 지어진 건물로, 서른의 젊은 나이에 사망한 선교사 부례선Jason Purdy을 기리기 위해 지었다고 한다.

민노아 기념관은 상담실로 쓰이고 있었다. 수리해서 상담실로 쓴 지 몇 해 되지 않았다고 설명해 주셨다. 그 말을 듣자마자 드문드문이었지만 예전부터 이 건물을 지켜본 시간이 스쳐가는 듯했다. 2019년 마지막으로 왔을 때만 해도 사람이 많이 드나들지 않는 듯한 모습이었는데, 이렇게 정돈되어 잘 활용되고 있다니. 자기만의 속도로 공간을 정비해 온 일신여자고등학교가 고맙고 자랑스럽게 느껴졌다.

선생님이 쓰시는 방 한 구석에는 벽난로가 보였다. 이 집은 지하 1층, 지상 2층 총 3층 건물인데 벽난로가 1층에 하나, 2층에 두 개로 총 세 개였다. 벽난로뿐만 아니라 나무 바닥, 문고리, 붙박이 가구 등 모든 게 옛 모습 그대로였다. 2층으로 올라가는 계단 위 천장에는 지붕 서까래가 그대로 노출되어 있었다. 아래로 한껏 기울어진 곳은 나무 덕에 층고가 더욱 높아 보였다.

2층의 방들은 문을 통해 서로 연결되어 미로처럼 느껴졌

20 민노아 기념관 2층
21 창문과 문마다 새겨진 동그란 무늬

다. 그런 구조임에도 건물 사방으로 뚫린 창문들을 통해 주변의 다른 양관들이 잘 보였다. 탑동 양관 여섯 채 중에는 정남향인 건물이 없다. 상당산성과 시장을 바라보는 쪽으로 의도적으로 틀어서 남동향, 남서향으로 배치했다는 해석도 있다. 풍수지리에 따라 정남향을 선호하는 우리나라 건축 방식과 달리 조망과 현관 출입구를 우선으로 고려해 지었다는 것이다. 다른 해석도 가능할 것 같다. 탑동 양관 중 민노아 기념관과 노두의 기념관, 포사이드 기념관, 부례선 목사 기념 성경학교까지 네 채의 건물은 내부에서 창문으로 서로가 잘 보였다. 마치 그쪽을 보기 위해 창문을 낸 것처럼 말이다. 외국인 선교사 신분으로 낯선 나라에서 활동하고 있으니 서로가 무탈한지 살피려는 의도가 아니었을까.

　건물을 둘러보며 건물 문과 창문 틀의 모서리마다 새겨진 동그란 무늬가 눈에 들어왔다. 소민병원 직원들이 살던 사택(노두의 기념관)에 있던 것과 동일한 무늬라는 건 나중에 그 건물을 들어가본 후 알게 되었다. 건물들은 서로를 볼 수 있게 배치되었을 뿐 아니라 형태 면에서도 유기적으로 연결되어 있었다.

　민노아 기념관에서 가장 인상적이었던 건 2층 한편의 방 하나가 밴드부 연습실로 쓰이고 있다는 점이었다. 이 집 방 중에서도 천장이 가장 멋지고 벽난로도 있는 방이었다. 창문으로 동네 일대가 잘 보여 전망도 좋았다. 감탄하는 나를 보며 선생님은 학생 두 명과 건물을 청소하며 관리하느라 정돈이 미흡하다며 머쓱해하셨다. 그렇지만 나는 선생님과 학생들이 너무 부러웠다. 오래된 건물 안에서 이야기를 나누고, 과자를 먹고, 청소를 하고, 악기를 연주하는 일상이라니. 평생 기억에 남는 빛나는 10대 시절, 그 기억 속 배경이 이렇게 멋진 건물이라면 특별한 어른으로 자라지 않을까. 여름에는 덥고, 겨울에는 추워서 불편한 건물일지라도 분명 이런 건물과 함께 자란 학생들만이 갖게 되는 정서가 있을 것이다.

건물을 지키는 단단한 사랑

며칠 뒤 다시 학교를 찾았다. 중학교 수업 시간에 학생들이 탑동 양관을 주제로 만든 작품을 전시하고 있다는 선생님의 말씀이 잊히지 않았기 때문이다. 건물을 매일 보고 사용하는 학생들이 사진, 그림, 공예, 수업 발표 자료를 만들었다니. 잠자리에 누워서도 마치 천장에 꼭 사고 싶은 물건이 떠다니듯 탑동 양관이 떠다녔다. 자다 말고 다시 버스표를 예매했다. 2017년이나 2024년이나 탑동 양관 앞에서 어쩌면 이렇게 똑같은 마음일까.

마침 축제 기간이라 학교 안은 들썩이고 있었다. 소민병원 앞에는 퍼스널 컬러 진단 코너가 만들어져 있고, 소민병원 사택과 포사이드 기념관 사이에 천막을 쳐서 각자 부스를 만들어 행사를 진행하고 있었다. 학생들로 북적이는 길을 지나 포사이드 기념관 건물로 향했다. 건물에 들어가기 전 기단석을 들여다보았다. 네모 반듯한 돌은 순교자들이 수감되었던 청주형무소에서 가져온 것이었다. 대구 읍성이 해체될 때 그 돌을 가져다가 계산중학교와 청라언덕 선교사 주택에 사용했던 대구의 선교사들을 떠올렸다. 단순히 건축비를 아끼기 위해서였을까. 조선 땅에서 신앙을 지킨 사람들을 생각하는 마음에서였을까. 정답은 모르겠지만 자재에 녹아든 시간은 이 건물과 연결되어 여전히 살아 숨 쉬고 있었다.

포사이드 기념관 내부에 대한 마지막 기억은 2019년이었다. 충북기독교역사관이라는 현판이 있기는 했지만 제대로 된 전시 공간이라기에는 날것 그대로인 느낌이었다. 낡은 나무 바닥이 삐그덕거리고, 책장에는 오래된 양장본 책들이 쌓여있었다. 집 뒤로 난 네모난 창으로 민노아 선교사 주택이 액자 속 그림처럼 걸려있는 장면을 혼자 멍하니 보고 나왔다. 이제는 말끔하게 수리되어 전시실로 사용되고 있으니 신기할 따름이었다. 건물 안에는 민노아 선교사에 대한 설명과 함께 청주의 선교사들이 보던 성경과 보고서, 여행가방, 선교사 자녀들이 읽던 동화책, 머릿돌과 건물 기와 등이 전시되어 있었다. 한쪽에는 1899년에 만들어졌다고 쓰인

22 포사이드 기념관 기단
23 지하실
24 1층 전시실 전시품
25 1층 전시실
26 포사이드 기념관 지하 전시실

주물형 난로가 놓여있었다. 이 집은 한옥 형태를 반영해서 지었지만 온돌 대신 난로를 사용했다고 한다.

 1층을 가볍게 둘러보고 지하로 내려갔다. 지하에는 학교를 배경으로 찍은 사진들이 가득했다. 지하실 벽과 천장을 있는 그대로 살려서 건물이 어떤 식으로 올라갔는지 볼 수 있었다. 새것으로 교체되지 않은 기울어진 기둥 하나가 있었다. 허리가 휘어 노쇠해 보이지만, 오랜 시간 집을 지탱하는 튼튼한 척추의 한 부분 같았다.

 지하층은 반지하 형태였다. 창문이 땅과 맞닿아 있는데도 빛이 잘 들어서 지하라는 느낌이 들지 않았다. 오히려 지하와 지상의 경계 어딘가에 서있는 듯했다. 과거와 현재의 경계선을 밟고 있는 것 같기도 했다. 전시를 보고 난 후 학교 건물 로비에서 탑동 양관 관련 전시를 둘러보았다. 학생들이 탑동 양관을 그린 그림과 사진으로 만든 엽서, 컵, 키링 같은 굿즈도 판매하고 있었다.

 굿즈를 사서 나오면서 포사이드 기념관 앞 민노아, 부례선 선교사 묘지와 추모비를 보았다. 잡초 하나 없이 정돈된 터에 소국 화분 몇 개가 놓여있었다. 문득 2017년 처음 왔을 때 허름한 포사이드 기념관과 잡초가 무성한 묘지를 보면서 품었던 원망스러운 마음이 떠올랐다. SNS에 올렸던 글을 뒤져보니 '100년쯤은 너무 가까운 과거라고 생각하는 건지, 한

27 지하 전시실 계단 벽
28 2019년 촬영한 포사이드 기념관 내부
29 포사이드 기념관 안에서 보이는 민노아 기념관
30 민노아 기념관의 옛 모습

낱 종교 문화재 따위라고 생각하는 것인지 모르겠다. 근현대 문화재 관리 없이 2100년에는 과연 무엇을 기억할 수 있을까'라고 썼던 기록이 있었다. 일신여자중고등학교는 제 속도대로 건물을 사랑하고 있었는데, 혼자 조급하게 판단했던 게 부끄러워지는 순간이었다.

이렇게 단단한 사랑 안에서라면 탑동 양관은 앞으로의 100년도 거뜬히 살아남을 수 있겠다는 확신이 들었다. 이제는 탑동 양관을 떠올리면 든든한 마음이 들 것 같다. 최근 탑동 양관은 유네스코 세계유산 등재를 준비하고 있다.

1 충북대학교 역사관(제2 본관, N19동)
2 충북대학교 제1본관 터
3 여전히 남아있는 계단.

21 충북대학교

서원구 충대로 1

가을에 걷고 싶은 학교

봄에는 대전 한남대학교 캠퍼스 내 오정동 선교사촌을 걷고 싶다면, 가을이면 충북대학교 캠퍼스를 걷고 싶어진다. 산림학과가 있는 학교답게 캠퍼스는 거대한 수목원 같다. 학교 정문으로 들어가면서부터 오른쪽으로 넓은 잔디밭과 아름드리 나무들이 보인다. 그 덕에 가을이 선사하는 아름다움을 더욱 또렷하게 느낄 수 있다. 정문을 따라 올라가다가 오른쪽으로 꺾어 학생 기숙사 쪽으로 걷다보면 올레길 진입로가 있다. 하지만 나는 올레길로 들어가기보다 학생 기숙사 건너편 제2학생회관 건물 옆 공터, '무궁화 동산'에서 한숨 돌리는 걸 좋아한다. 청주대학교 제1본관(1951) 터이기 때문이다.

충북대학교는 1951년 개교했다. 당시 청주에는 일제 강점기에 세워진 공립학교와 청석학원이 세운 학교들이 있었다. 해방 후 1947년에 청주의 첫 사립대학인 청석학원의 청주대학교가 개교했다. 이어서 1951년에 국립대인 충북대학교가 설립되며 청주는 '교육의 도시'로서 위상을 얻게 되었다. 제1본관은 1956년 학교가 현재 위치로 이전하면서 지어졌다. 대학 본부와 강의실이 추가로 지어지면서 이 건물은 교양 강의동으로 사용되다가 안전 문제로 2014년 철거되었다. 학교에서 오래된 건물을 철거하고 새로 짓는 것은 흔히 일어나는 일이다. 그러나 충북대학교는 그 터에 새로운 건물을 세우는 대신 보존을 택했다. 마치 수목원에서 쓰러진 고목과 나무 밑동을 그대로 놔두는 것처럼 말이다. 게다가 제1본관 건물을 영상으로 남겨 기억하고 있다. 그 기록은 현재 역사관으로 활용되고 있는 충북대학교 제2본관(1956)에서 볼 수 있다.

충북대학교 역사관: 도시가 건물을 기억하는 법

무궁화 동산을 둘러본 후 제2학생회관과 박물관 사이에 난 계단을 따라 내려온다. 그 위로 구름다리가 놓여있다. 울창한 나무 사이에 놓인 구름다리를 아래에서 보니 사람들이 가을 단풍 위를 떠다니는 것처럼 보인다. 계단 아래로 난 길은 올레길 진입로를 만나기 전 농대 건물 건너편 직선 길과 만난다. 커다란 나무들과 건물들 사이로 자전거와 전동 킥보드를 타거나 걸어다니는 사람들이 천천히 오간다. 보는 것만으로 마음이 여유로워지는 풍경이다.

큰 길을 따라 역사관 쪽으로 걸으면 건물 앞에 조성된 정원을 만나게 된다. 충북대학교 부설 어린이집 쪽 후문으로 들어오면 역사관 건물을 바로 만날 수 있지만, 건물 뒷모습보다 앞모습으로 첫 만남을 가져보시기를 추천한다. 정원과 함께 보는 건물과 길을 따라 보이는 풍경이 아름답기 때문이다. 무엇보다 정문부터 긴 호흡으로 걸어와 건물로 들어서면 마치 한 편의 긴 연주곡을 감상한 듯한 느낌이 든다.

내가 방문했던 가을날에는 새파란 하늘과 하얀 건물이 대비를 이루며 더욱 빛났다. 충북대학교 역사관은 2층 건물이다. 중앙에 현관이 있고 '一'자로 긴 대칭 구조다. 제2본관으로 지어져 법대, 사회과학대 등으로 사용되다가 2021년 개교 70주년을 맞아 역사관으로 다시 문을 열었다.

1층에는 북카페와 전시실이 있다. 전시실에는 학교의 역사가 상세히 전시되어 있다. 책상, 깃발, 옛 사진, 학교 배지부터 단과대학에 대한 설명까지 볼 수 있다. 그 가운데 제1본관의 현판과 함께 옛 건물 외부와 내부 영상 스케치로 시작해서 건물이 철거되는 모습까지 담은 영상이 재생되고 있다. 변화하는 도시 속 건물에 대한 마음을 어떻게 표현할 수 있느냐고 묻는 사람이 있다면 이 영상을 보여주고 싶다. 제1본관은 철거되었지만, 도면과 영상을 상세하게 남기고 구성

4 제2본관. 현재 충북대 역사관
5 제1본관 현판과 철거 영상
6 철거된 제1본관 모형
7 역사관 1층 전시실
8 정문의 변천사와 함께 과거에 사용한 자재를 전시해 두었다.

원들에게 공유하는 과정이 있었다. '어떻게 기억할 수 있는가', '어떻게 보존할 수 있는가'에 대한 답을 주는 듯했다.

우연이 데려다주는 곳

역사관 건물 끝 계단을 따라 2층으로 올라갔다. 콘크리트로 만든 계단인데 손잡이는 나무였다. 건물 안에서 사소한 것을 들여다볼 때 건축 여행자로서의 감각이 날카로워진다. 감각은 곧 특별하지 않은 것을 소중하게 보는 시선이다. 2층에는 총동문회실과 첨단회의실 등이 있다. 홈페이지에서 대관 신청을 하면 마이크, 전자 칠판 등이 구비된 회의실을 사용할 수도 있다고 한다.

복원된 나무 마루가 깔린 복도를 걷다가 중앙 계단으로 내려와서 다시 현관으로 나갈 참이었다. 중앙 계단이 가까워 올수록 잔잔한 재즈 음악 소리가 선명하게 들렸다. 중앙 계단 건너편 방에서 들려오는 소리였다. 내 키보다 높이 달려있는 창문 아래로 천장의 나무 트러스가 보였다. 궁금해서 과감하게 문을 두드렸다. 건축 여행을 하며 달라진 점이라면 문을 두드리는 걸 두려워하지 않게 됐다는 점이다. 잠겨있으면 본전, 열리면 진전이다. 의외로 쉽게 내부로 들어가거나 흥미로운 이야기를 들을 수 있다. 문이 닫혀있더라도 한번 찍어둔 발 도장이 언젠가는 나를 인도해 준다는 것을 이제

9 2층 복도
10 2층 명예교수실
11 2층 계단

는 안다.

역사관 건물에서는 한 번에 문이 열렸다. 안에 계시던 연륜이 지긋한 두 교수님이 반갑게 맞아주셨다. 그제서야 문 위 명예교수실 팻말이 눈에 들어왔다. 교수님께서 타주신 따뜻한 믹스커피 한 잔을 받아들고 소파에 앉아 잠시 대화를 나누었다. 층고가 높아서인지, 스피커가 좋아서인지, 아니면 낯선 여행자를 반갑게 맞아주신 마음 덕분인지 음악 소리가 더 편안하게 들렸다. 교수님 말씀에 따르면 2019년에 건물을 수리할 때 천장 트러스는 그대로 보존했다고 한다. 덕분에 명예교수실은 넓지 않은 규모에 비해 개방감이 있었다. 이야기를 나누다 너무 많은 시간을 뺏은 것 같아 인사를 드리고 나오려는데, 교수님 한 분께서 점심을 같이 먹자고 하셨다. 평소였다면 거절했겠지만 점심 시간을 앞두고 역사관 바로 앞 교직원 식당에서 나던 맛있는 냄새를 참을 수가 없었다.

교수님께서는 청주고등학교를 졸업한 청주 출신에 충북대학교 산림학과 교수로 은퇴하신 분이셨다. 고등학교 시절 학교 친구들이 조치원에서 기차를 타고 청주로 학교를 다녔다는 이야기도 해주셨다. 점심 식사 후 교수님과 헤어지고 역사관 옆 미술대학 쪽으로 걸으며 다시 교문으로 향했다. 사실 별다른 목적지 없이 그저 풍경을 따라 헤맸다. 예상치

12 13 수목원 같은 캠퍼스 전경

못한 사람과 장면, 이야기를 만나게 해주는 건축 여행에서 몸소 익힌 대로, 의도적으로 길을 잃어보는 것이다.

22 충청북도청 본관 상당구 상당로 82

땅은 많은 것을 말한다

충청북도 도청 본관 자리에는 '잉어배미'라고 불리던 커다란 연못이 있었다. 물이 깊어 잉어가 살던 못이라는 뜻에서 '잉어'와 논을 뜻하는 우리말 '배미'가 붙어 만들어진 말이다. 겨울에는 이곳에서 스케이트를 타기도 했다고 한다. 청주 상당구 용정동에는 '동그란 논'이라는 뜻의 동그배미도 있었다. 풍수지리적으로 물 위에 배가 떠있는 형상이라고 해서 주성이라고 불리던 청주의 옛 모습이 지명을 부르니 비로소 보이기 시작한다.

충북도청이 충주에서 청주로 신축 이전하여 지어진 배경에는 충주 관찰부의 일본인 서기관 카미야 타쿠오神谷卓男가 있었다.• 그는 내무부 차관에게 충주는 땅이 비옥하지 못하고 충북만 두고 보았을 때 너무 위쪽으로 치우쳐 있다고 건의했다. 충주가 1894년 동학농민운동의 발상지로서 '반란을 도모하는 무리들의 근거지'라는 역사를 갖고 있다는 점도 언

• 문화재청, 『충북도청 본관 기록화 조사보고서』, 2009.

급한다. 충청남도에서 공주가 가지고 있던 역사성을 단절하고 대전이라는 새로운 땅에 도청을 만들어 행정을 장악하려고 했던 것과 닮았다.

결정적으로 1932년 충남도청이 지어진 후인 1935년, 충북에는 충남북 합병설이 유포된다. 당시 김동훈 충북도지사가 친일파이기도 했지만 합병설에 요동치는 민심이 앞다투어 돈을 내놓으면서 청주 잉어배미가 부지로 확정되었다. 1935년 새로운 도청에 대한 계획을 잡고 1937년 6월 현 위치인 문화동 89번지에 충북도청사를 신축 이전한다. 이 과정에서 잉어배미는 부지 옆 언덕의 흙으로 메워졌고, 연못이었던 땅에는 나무가 심어졌다.

1937년 도청이 건립되며 심어진 나무들은 87년 동안 자라나며 울창한 숲을 이뤘다. 충북도청 울타리 안 작은 연못 두 개가 이곳이 잉어배미였음을 알려주고 있었다. 그런데 2024년에 연못 하나가 더 메워지고, 도청 본관 건물 앞 뒤로 빽빽했던 나무들이 뽑혔다. 본관 건물 앞으로는 잔디 광장을, 건물 뒤로는 주차장을 만든다는 명목이었다. 도청 주변 풍경을 이루던 숲과 연못은 단순한 자연물이 아니었다. 충북도청이 어떤 배경에서 지어졌는지, 왜 이런 풍경을 갖게 되었는지 읽게 해주는 텍스트였다. 나무들이 있는 한 일제 강점기에 사라진 잉어배미에 대한 이야기는 계속 구전될 수

1 정문
2 충청북도청 본관
3 남아있는 연못 하나

있었다. 역사와 별개로 도청 앞 숲은 도심 속 쉼터 역할을 하기도 했다. 청주 상당산성, 청주박물관, 충북대학교 등 수많은 곳에서 본 산과 숲처럼 말이다. 고작 주차장을 짓기 위해 없애기에는 아까운 이유다.

충북도청과 충남도청

건축 여행을 하고 정보를 모을 때 기준점을 잡아 비교하는 것을 좋아한다. 무엇이 더 뛰어난지 가리기 위해서가 아니라 두 비교 대상이 가진 개성과 성격을 제대로 보기 위해서다. 예를 들면 대전은 일본인 주거지를 중심으로 신시가지를 만들고 도로를 내는 방식으로 도시를 만들었다. 충남도청이 대전역과 일직선을 이루고 그 사이에 시가지가 형성된 이유다. 청주는 1911년부터 1915년까지 청주읍성을 허물고 기존 읍성 내의 도로를 직선화하고 폭을 넓히는 방식으로 도시를 정비했다.• 게다가 충북도청은 정남향으로 짓기 위해 구 청주역을 등졌다. 중심 거리에서 한 번 꺾어서 들어가야 하는 동선이라 그런지 충남도청과 달리 웅장하기보다는 아늑하다.

관공서의 형태와 스크래치 타일

충북도청 정문으로 들어가면 오른쪽에 동그란 곡선형 안

- 양훈도, 「100년 '뾰족집'의 마림바 연주 소리 - 청주 문화동 우리예능원」, 『지역N문화』

4 본관 현관 옆 자동차 진입로
5 안내실
6 건물 모서리. ㄱ자형 모서리 스크래치 타일이 붙어있다.
7 새로 지어진 건물과 맞닿은 면. 곡선형 스크래치 타일이 붙어있다.

내실이 있다. 1973년 지어져 50년 넘는 시간 동안 정문을 지키던 수문장이었다. 이 건물은 2025년 철거되었다. '충북도청 안내실 철거'라는 기사 제목을 보고 심장이 철렁했다. 불과 몇 달 전에 직접 보고, 찍은 건물이 휴대폰 앨범 속에 남아있었기 때문이다. 근현대 건축을 따라다니다 보면 어제 본 풍경이 신기루처럼 역사 속으로 사라지는 순간을 마주하게 되는데, 아직도 적응이 되지 않는다.

건물을 따라 쭉 뻗은 길은 도청 정문으로 이어진다. 건물은 1937년 건립 당시에는 2층 규모였다. 1951년 5월 26일, 한국전쟁 당시 빨치산 세력이 형무소와 언론사, 충북도청 등을 습격하면서 도청 일부 건물이 불에 타기도 했다.• 전쟁이 끝난 후 1959년 봄 한 층을 더 올리면서 총 3층 건물이 되었다. 본관 주변으로 신관과 부속 건물들이 있는데 1970년대부터 신축과 리모델링을 거치며 현재 모습을 갖추게 되었다.

1937년에 지어진 충북도청 본관은 정면으로 보았을 때 대부분의 관공서 건물처럼 대칭을 이루고 있다. 현관은 포치 형태로, 날개 형태의 자동차 진입로가 있다. 외벽은 구 충남도청 본관과 마찬가지로 유약을 바른 스크래치 타일이 사용되었다. 곡면형 타일, 평면형 타일, 모서리 타일, 90도형과 100도형으로 꺾인 타일, 길이에 따라 다른 형태의 타일 등 다양한 종류가 붙어있다. 신축된 건물 사이 틈으로 곡면 형

• 김재근,「충청 60년, 대전일보 60년-⑦빨치산 1955년까지 준동하다」,『대전일보』, 2010. 10. 24.

8	현관과 중앙홀 가운데 전실 벽면
9	그대로 남아있는 천장과 몰딩
10	중앙 계단
11	계단에서 내려다본 중앙홀
12	계단 손잡이

태 타일도 볼 수 있어 꼼꼼하게 관찰해 보면 흥미롭다. 사소한 것도 예사롭지 않게 보는 것이 건축 여행자들의 특기이니 말이다.

스크래치 타일은 대전 구 충남도청 본관, 청주 충북도청 본관 뿐만 아니라 인천 구 인천부 청사(현 인천 중구청사, 1933), 통영 구 통영군청(현 통영 시립박물관, 1943) 등 각 지역 관공서 건물에서 볼 수 있다. 비슷한 것들끼리 모아보면 시대가 훨씬 더 선명하게 그려진다. 철도가 놓이고, 재료가 운반되며, 조선인을 비롯한 노동자들의 손으로 건물이 완성되었을 것이다. 일제 강점기 우리나라에 지어진 도청 건물들은 개별적인 특성이 두드러진다기보다는 비슷한 양식으로 비슷한 시기에 지어졌다. 모두 모더니즘 양식인데, 당시 유행하던 형태라고 볼 수도 있겠지만 공사가 편한 점도 있었을 것이다. 충북이 일본 야마나시현과 자매결연을 맺고 있다는 점을 들어 야마나시현 청사(1930년 건립)와 비슷하다고 하는 의견도 있지만 당시 관공서의 스테레오 타입이라는 생각이 든다.

건물 안으로 들어가면 현관과 중앙홀 사이에 전실이 있다. 대성고등학교 본관 공금 수납 창구처럼 전실 오른쪽 측면 벽에 안내실 창구 같은 흔적이 있다. 현재는 안내판으로 사용하는데, 이 벽 너머가 숙식실이기도 해서 안내실 창구로 쓰였을 시간을 상상하게 된다. 내부에는 원래 목조 마루

13 충북 산업장려관
14 15 2층 바닥
16 2층
17 2층 창틀 부분

바닥이 깔려있었다. 천장에는 특이한 샹들리에가 달려있다. 1970년대, 1980년대의 흔적일까? 천장 몰딩, 곡선형 보, 조명, 창문 등에서 옛 흔적을 찾아본다. 건물이 지어진 시점부터 쌓여온 모든 시간을 들여다보는 것이다. 그중에서도 중앙 계단 손잡이가 마음에 든다. 건물이 지어질 당시부터 변치 않은 요소라서 더욱 눈길이 간다. 충남도청 계단 손잡이가 화려하고 묵직한 느낌이라면 충북도청의 것은 가벼워 보이고 현대적이고 조형적이다. 독자들은 어느 쪽을 선호할지 궁금하다.

함께 가보면 좋을 곳: 충북 산업장려관(1936)

충청북도 산업장려관은 충북도청 본관 앞 마당에서 대로와 맞닿은 코너 쪽에 위치해 있다. 충북도청보다 1년 일찍, 1936년에 지어진 건물이다. 도내 상공인들의 홍보 및 전시 공간 용도였다. 광복 후에는 경찰청, 도청 사무실, 민원실 등으로 사용되었다. 마지막 용도는 문서 창고였는데 2023년 본래 명칭인 '충청북도 산업장려관'으로 재개관했다. 1층은 카페와 시민 휴식 공간, 2층은 전시장으로 꾸며서 충북의 특산품과 문화를 소개하겠다는 취지다.

외관을 보면 흔하게 볼 수 있는 근대 초기 모더니즘 건축처럼 보인다. 개관 당시에는 건물 외벽 중앙에 간판이 달려

18 2층에서 본 계단
19 계단이 있는 부분 벽. 동그란 창
20 입구와 창문 아래 스크래치타일
21 1층 카페

있었다. 2024년에는 알록달록한 간판과 건물 외벽에 칠했던 페인트, 현관 문에 붙어있던 시트지를 걷어내고 최대한 원형을 살리는 복원 작업을 했다. 덕분에 현관과 창문 아래 갈색 스크래치 타일이 드러났다. 건물 현관 정중앙 꼭대기를 보면 구멍 세 개가 일직선으로 나있다. 건물이 살아온 흔적이 하나 더 생긴 셈이다.

그동안 충북도청과 충남도청, 관공서, 학교 건물을 함께 둘러보며 스크래치 타일이나 도기형 타일, 모서리 타일 등 다양한 건축 재료를 구경했다. 대전에서 인상적인 건물을 하나 꼽는다면 충남도청 본관, 청주에서 하나를 추천한다면 단연 충청북도 산업장려관이다. 카페트를 연상시키는 2층 바닥의 패턴 타일 때문이다. 조금 과장하자면 이 타일을 보기 위해 청주를 여행해도 될 만큼 흥미롭다.

2층 바닥 패턴 타일은 2023년 충북산업장려관으로 재개관을 준비하던 당시 벽, 바닥, 천장 철거 작업을 하면서 모습을 드러냈다. 색깔도 다르고, 크기도 작은 조각 타일을 하나씩 붙여 만든 무늬를 보고 있자면 마치 여러 장인들이 모여 만든 대형 공예품 같다. 벽과 바닥이 만나는 모서리도 스크래치 타일과 함께 테두리를 둘러서 정교함을 더했다. 도안을 가지고 만든 것일까. 어떤 방식으로 수작업을 했을지 당시 모습이 궁금하다. 바닥뿐만 아니라 창틀에도 스크래치 타일과 함께 적갈색, 흙갈색, 상아색, 주황색 타일이 붙어있다. 바닥과는 달리 규칙 없이 비교적 자유롭게 맞춰져 있는데 어쩐지 리듬감이 느껴진다. 바닥으로 몸을 숙이고 있던 작업자가 허리를 펴고 손에 잡히는 대로 붙이는 장면이 보이는 것처럼.

1층과 2층을 잇는 계단 쪽에는 둥근 창 두 개가 나란히 배치되어 있다. 오후가 되면 해가 기울면서 이 창을 통과한 빛이 벽에 둥근 모양을 그린다. 달을 연상케 하는데, 대전 한밭교육관 안내문이 떠오른다. 건물의 둥근 창을 두고 '일본을 상징한다'고 설명하고 있었다. 둥근 창은 근대 모더니즘 건축에서 흔히 보이는 요소이기에 지나친 해석이라고 생각했었는데, 이 건물에 와서야 그 설명이 납득되었다.

23 충북문화관
(구 충북도지사 관사)

상당구 대성로122번길 67

일본식과 서양식 요소를 가져온 집

충북도청에서 멀지 않은 곳에 청주향교가 있다. 쭉 뻗은 길을 따라 청주향교 쪽으로 걷다 보면 왼쪽 언덕에 옛 충북도지사 관사로 향하는 길이 있다. 충북도청에서 약 500미터 거리로, 도보로 10분도 걸리지 않는다. 충북도청을 짓기 위해 이곳의 흙을 퍼다가 잉어배미를 메웠다. 파인 언덕은 자연스럽게 집 터 자리가 되었고 1939년에 도지사 관사가 세워졌다. 현재는 전시와 행사가 열리는 충북문화관으로 사용되고 있다.

언덕 위로 올라가면 가장 먼저 보이는 것은 집이 아닌 정원의 나무다. 연말에는 오너먼트가 달리고, 가을엔 청설모들이 뛰논다. 나무들 사이로 회색빛 도는 비늘판 벽 집이 보인다. 보에 가는 나무 부재를 얹어 지붕을 만드는 일본식 오리오키구미折置組 구조로 만든 지붕에 이탈리아 귀족 집에서 따온 팔라디오 창문이 달려있다. 팔라디오 창은 가운데는 아치

1 충북문화관
2 팔라디오 창문

형, 양옆은 직사각형 모양인 세 개의 창문 형태를 말한다.

내부로 들어가기 전에, 집 오른쪽으로 길을 따라 한 바퀴 둘러본다. 팔라디오 창문 옆에는 원형 창이 붙어있어 묘한 조화를 이룬다. 건물 코너를 돌면 분위기가 달라진다. 일식과 서양식이 섞인 앞면과 달리, 길게 내려온 지붕 아래 테라스가 자리하고 있다. 도면을 보면 내부에서 바로 밖으로 나갈 수 있도록 큰 창이 나있었고, 테라스 중앙에는 계단도 있었다. 현재는 창 대신 벽이 있다. 여기에는 충청북도 12개 지역을 대표하는 문인 12명의 초상이 그려져 있다. 청주 출신 언론인이자 역사가, 문필가이자 독립운동가인 신채호, 『임꺽정』을 집필한 괴산 출신 홍명희, 「나의 노래」를 쓴 보은 출신 시인 오장환 등이다. 「향수」를 쓴 옥천 출신 시인 정지용도 있어 반갑다. 옥천 파트에서 정지용 생가도 여행할 것이다.

뒤쪽 정원은 앞보다도 넓은데, 우암산 산자락과 맞닿은 데다가 집의 대지가 높고 주변에 나무들이 많아서 교외에 온 듯한 느낌을 준다. 복합 문화 공간이라는 취지에 맞게 조각 작품과 아담한 무대도 조성되어 있다. 담장을 따라 곳곳에 앉아서 쉴 수 있도록 해두었는데, 시민들이 앉아서 책을 읽고 뛰어노는 모습까지가 이 집 마당 풍경이다. 집 뒤편에는 1969년에 도지사 가족들을 위한 살림집으로 지어진 별관이 있다. 1930년대에 지어진 집이 불편했기 때문에 현대적

3 일식으로 지어진 가옥 뒷부분
4 문인 12명의 초상화가 그려진 테라스 벽

인 주택을 추가로 지었을 것이다. 현재는 갤러리로 사용되고 있다.

테라스를 지나면 일본식 전통 가옥이 나와서 다시 한번 분위기가 반전된다. 1939년에 지어진 도지사 관사는 앞쪽은 일식과 서양식이 혼합된 형태지만, 뒤쪽은 전통적인 일본식 가옥이다. 개량해서 섞은 것이 아니라 레고 조각 붙이듯 절반씩 붙어있는 모습이 마치 박찬욱 감독의 영화「아가씨」에 나오는 히데코의 집 같다. 서양을 동경한 일본 귀족들이나 부자들이 선호했던 형태다.

일본이 아닌 우리나라에 이런 가옥이 남아있다는 것만으로도 시대적 배경을 보여주는 귀한 자료다. 서양식 집에 전통 구조를 덧붙이는 방식은 이후 우리나라에서도 나타났다. 광주 동명동 고택이 대표적이다. 1954년에 지어진 주택으로 2020년대 초에 공영 주차장을 만든다는 이유로 철거될 뻔했다가 시민들 의견을 수렴해 보존하게 되었다. 길혜연 건축사의 에이스케이프 건축사사무소가 리모델링을 맡아 시민들이 이용할 수 있는 복합 문화 공간인 동구 인문학당(광주 동구 동계천로 168-5)으로 2022년 문을 열었다. 한옥과 양옥이 절반씩 섞인 외관과, 일본 건축 양식이 혼합된 내부를 갖춘 이 주택은 근대에서 현대로 넘어가는 과도기적 주거 양식을 잘 보여준다. 2023년 대한민국 공간문화대상을 수상하기도 했다.

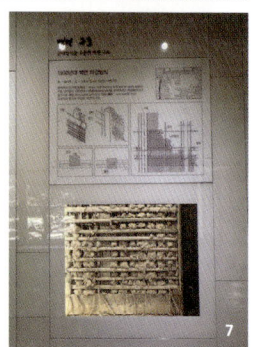

5 서양식 건물 내부
6 서양식 건물과 일식 건물 사이. 바닥에 노출된 옛 타일
7 복도의 건물 설명. 벽 구조를 볼 수 있도록 노출해 두었다.

충북도지사 관사 앞에는 2012년에 당시 충북도지사 이시종이 이곳을 충북문화관으로 열면서 세운 기념석이 있다. 설명에 따르면 1939년 김동훈 충북도지사를 시작으로 2010년까지 총 36명이 이 집을 거쳐갔다. 김동훈(1886~1947)은 1937년 충북도청을 세우면서 이 집을 지었는데, 친일반민족행위자 명단에 오른 인물이다. 1917년 홍천 군수로 부임하면서 공직 생활을 시작한 그는 1939년 4월 퇴임할 때까지 22년간 고위 관직을 역임했다. 1939년 충북도지사로 은퇴하는 시점에 지은 집이라는 점은 많은 뜻을 담고 있다. 관사는 으레 그 지역에서 모범적인 주택 형태가 된다. 서양식과 일식을 반반 섞어 지은 것은 아마도 자신의 권력과 조선총독부를 향한 충심은 은퇴 후에도 지속될 것임을 드러내기 위해서가 아니었을까.

김동훈은 재임 기간 동안 다섯 번 훈장을 받았는데, 1940년에 마지막으로 받은 훈장은 충북도지사로 재직하며 전쟁에 필요한 물자와 자금을 모으고 국방 사상을 전파하는 등 일본의 제국주의 침략 전쟁에 기여한 공로로 수여되었다.[*] 그의 이름을 경성골프클럽회원 명단에서도 확인할 수 있다.[**] 경성골프클럽 회원 대부분은 이완용의 아들 이항구 등 노골적인 친일 행위를 한 인물들이었다.

- [*] 친일반민족행위진상규명위원회, 「친일반민족행위진상규명 보고서 IV-1」, 2009.
- [**] 『삼천리』, 삼천리사, 1938. 1. 1.

8   일식 건물 복도
9   상량문
10   다다미방의 어린이 서재

시간의 경계에 앉아보기

내부는 공적인 공간으로 사용된 서양식 공간이 먼저 나오고, 그 뒤로 사적인 공간으로 사용된 일본식 공간이 이어져 있다. 전시 공간으로 꾸미다 보니 가벽이 세워져 원래 구조를 찾아보기는 힘들지만 아쉬운 부분은 상상으로 메워본다. 서양식 공간과 일본식 공간 사이에 가벽으로 만들어진 긴 복도에는 집의 연혁과 관사의 옛 사진 등이 걸려있다. 지붕, 바닥 구조, 창문 형태 등 건축 요소 하나씩 자세한 설명도 있다. 특히 벽을 유리로 노출시켜서 흙과 대나무, 짚과 나무 순서대로 마감한 벽면의 구조를 적나라하게 볼 수 있다.

이 전시 공간 오른편에 나무 마루가 깔린 복도가 있다. 밟을 때마다 삐걱이는 마루는 땅에서 약 50센티 위로 올라와 있다. 일본식 주택에서는 새 집이라고 하더라도 일부러 바닥을 삐걱거리도록 만들었다. 밤에 누군가 집에 몰래 들어오면 사무라이들이 바로 일어날 수 있도록 하기 위해서였다고 한다. 나에게는 어쩐지 오래된 건물이 기지개를 켜며 우드득 뼈 소리를 내는 느낌이 들었다. 복도 왼쪽으로는 다다미방이 그대로 남아있는데, 아이들을 위한 서재로 사용 중이다.

복도에 앉아 마당을 바라보며 볕을 쬐면 경계선을 깔고 앉아있는 기분이 든다. 1939년에 지어진 관사와 1969년에 지어진 별관 사이, 서양식 주택과 일본식집 사이, 집 내부와

11 옛 청주시장 관사
12 마당에 있는 대나무는 원래부터 있던 것이라고 한다.
13 카페 내부
14 광창

외부 사이를 말이다. 그러고 보면 이 집은 서로 다른 것들이 두 개씩 짝을 맞춘 듯 묘한 구석이 있다. 천장을 올려다보면 상량문도 두 개다. 헌 목재를 가져다 써서 1912년이라고 쓰인 상량문이 하나 있고, 진짜 건물이 지어진 1939년의 상량문이 또 있다. 원형이 아니니 없애자며 떼어버렸다면 보지 못했을 부분이다.

함께 가보면 좋을 곳 : 카페 고트(구 청주시장 관사)

도지사 관사 언덕에서 내려와 길을 따라 내려오면 옛 청주시장 관사가 있다. 현재 카페로 운영 중인 1950년대 한옥이다.(청주 상당구 대성로128번길 9-1) 일식이 섞인 한옥으로 근대에서 현대로 넘어오는 시기에 자주 보이던 형태의 집이다. 청주미래유산으로 선정되기도 했다.

집 담장이 만드는 짧은 골목을 따라 들어오면 대나무가 심어진 아담한 마당이 나온다. 기와지붕을 슬레이트 지붕으로 교체했지만 내부 보존 상태가 좋다. 광창*의 곡선 무늬가 독특하다. 집 안으로 들어가기 전 바닥을 보면 테라조가 깔려있다. 시멘트를 사용하기 시작한 1950년대, 1960년대 한옥에서도 종종 찾아볼 수 있는 요소다.

충북도지사 관사와 불과 20년 차이를 두고 지어진 집인데 서로 다른 모습을 하고 있는 것이 흥미롭다. 이런 점을 보

* 한옥에서 어두운 실내를 밝히기 위해 부엌이나 광, 헛간, 다락 등의 벽에 설치하는 창

면 집은 삶을 담는 그릇이고, 시대를 증언한다. 청주 충북도청 일대에는 도지사 관사와 시장 관사가 모여있어 마치 대전의 행정 관사촌 테미오래 같다. 대통령 별장이었던 청남대까지 넓게 묶어서 여행하면 고위 공무원의 집 여행 코스가 완성된다.

카페 툇마루에 앉아 따뜻한 커피를 한 모금 마신다. 충북도지사 관사의 나무 복도처럼 기지개를 쭉 편다. 다음 건물의 이야기를 듣기 위해 떠날 준비가 된 것 같다.

㉔ 우리예능원

상당구 대성로122번길 18

빨간 지붕 건물에서 들리는 마림바 소리

충청북도청에서 충북도지사 관사로 가는 길 오른쪽에 빨간색 뾰족 지붕을 가진 집이 있다. 이 주변을 걸을 때마다 '딩동 딩동'하는 묵직하지만 맑은 소리가 들린다. '우리예능원' 간판을 달고 마림바를 가르치는 곳이기 때문이다.

집 앞에는 '우리예능원'이라고 적힌 나무 현판과 함께 '청주 문화동 일양 절충식 가옥'이라는 안내판이 붙어있다. 사람이 거주하는 집이자 마림바를 배우는 학생들이 드나드는 곳이라 철문 손잡이를 조심스럽게 잡게 된다. 묵직한 철문은 슬며시 밀어서는 절대 열리지 않는다. 마치 이곳에 간절히 들어오고 싶은 사람만 허락한다는 것처럼 말이다. 힘껏 문을 열고 들어가면 커다란 향나무를 비롯한 울창한 나무들과 푸릇한 정원이 집을 감싸고 있다. 빨간색 뾰족 지붕을 이고 있는 이 집은 일제 강점기의 금융 기관인 조선금융조합연합회 충북지부장 사택으로 1924년 지어졌다. 2층 규모의 목조 주택으

1 청주 문화동 일양 절충식 가옥(1924)
2 '우리예능원' 현판이 붙어있는 대문
3 손님용 방이었던 곳에 난 2층 창문

로 1층이 25평인 아기자기한 집은 현관문 앞에서 보면 풍선에 매달린 듯 가볍게 붕 떠있는 느낌이다. 반지하에 한 층이 더 있는 것처럼 보이기도 하는데 통풍을 위해 단을 높게 쌓았기 때문이다.

집이 지켜온 시간

우리예능원으로 운영되기 시작한 것은 1980년 1대 이영순 원장 때부터였다. 마림바 연주자이자 교육자였던 이영순 원장은 1980년부터 2018년 작고할 때까지 이 집에 거주했다. 현재는 그의 조카가 집에 거주하며 아카데미를 운영하고 있다. 동절기에는 악기를 옮겨와 집 안에서 레슨을 하지만, 평소에는 가정집으로 사용하고 있어서 구경할 수 없다. 다만 한국문화원연합회가 운영하는 지역N문화 홈페이지에서 내부에 대한 설명과 도면을 볼 수 있다. 그 내용에 따르면 현관 안으로 들어가면 2층으로 통하는 계단이 보인다. 그 옆에 있는 복도를 따라가면 거주 공간으로 통하는 구조다. 2층은 손님용 공간으로 사용되었다고 한다.• 뾰족 지붕 아래 작은 창이 나있는데, 이곳이 손님용 방이었던 곳 쪽의 창문이다.

이 집은 1954년부터 1980년까지 청주 YMCA 사무실로 활용되기도 했다. 마당에 난 길을 따라 조금 더 깊숙이 걸어가면 당시에 결혼식장 및 강당 용도로 신축된 건물이 있다.

• 국가유산청, 국가유산포털, www.heritage.go.kr

4 집 옆 옛 YMCA 강당 건물
5 마당에 있는 오래되어 보이는 놀이기구
6 옛 YMCA 강당
7 마당 안에서 본 대문

현재 이곳은 마림바 아카데미 교실로 사용 중이다. 현관 문에 달린 유리창에 눈을 대고 들여다본다. 강당은 一자로 40평 규모다. 집 1층 면적이 25평인 것과 비교하면 강당이 더욱 크게 느껴진다.

강당 주변 화단에 놓인 오래된 놀이기구도 들여다보고, 나무도 둘러보고, 집을 사진에 담아본다. 집 앞에 충북도청 신청사가 지어지는 중이라 높은 공사 가림막이 설치되어 있어 마당이 좁게 느껴지지만 예전에는 이 정도 규모도 충분해 보였을 것 같았다. 조심스럽게 나가려는데 집에서 나무문을 끼익 열고 주인분이 나오셨다.

오늘이 마침 시청 직원들이 등록문화재로 지정된 이 집을 점검 차 방문하는 날인데, 밖에 사람이 있어 직원인 줄 아셨다고 했다. 그러면서 자연스럽게 시청 직원분들이 오기 전까지 현관 앞에서 대화를 나누게 되었다. '정말 예쁜 집이에요'라고 말씀드렸더니 주인분이 '그렇죠? 귀신 집 같다고 해서 상처도 많이 받았어요'라며 집에 대한 이야기를 들려주셨다. 귀신 집이라는 말을 듣자마자 마음 한구석이 찌릿하며 저린다.

아직 문화재로 지정되지 않았지만 시대와 역사를 증언하는 오래된 건물들의 사진과 글을 SNS 계정에 종종 올린다. 다 허물어진 집처럼 보이는 곳도 그 집을 거쳐간 사람과 사건을 함께 이야기하면 건물을 다시 들여다보게 된다고 생각해서다. 그런데 가끔씩 달리는 '귀신 집 같다'는 감상 댓글에 건물과 직접적인 관련이 없는 나도 의기소침해질 때가 있다. 집에 사시는 분이 울타리 안에서 그 말을 들으며 얼마나 상심하셨을지 조금은 알 것 같았다.

100년 된 집을 사랑하는 마음

이 집은 1대 원장 이영순이 살아있던 2002년에 등록문화재로 지정되었다. 이영순의 조카인 2대 남지현 원장도 함께 이 집에서 살면서 아카데미 일을 거들던 때였다. 집 주인 이야기에 따르면 그 전에 수리를 거쳐서 원래 있던 다다미방이나 마루는 대부분 사라졌다고 한다. 목조 주택인 데다 오래된 집이라 단열에 취약하다 보니 현관을 마주보고 있는 계단에도 중간에 문을 달아 층을 분리시켰다. 1대 원장이 생전에 2층 공간을 사용하고, 2대 원장 가족이 1층에 살았기 때문에 공간을 나누려는 실용적인 목적도 있었다. 그럼에도 등록문화재가 될 수 있었던 건 추위와 더위를 감내하며 집을 가꾸려는 마음이 건물을 보존시켰기 때문이다. 현관 옆 오른쪽 교실로 사용하는 방의 도코노마나 벽장처럼 집 안에는 일본식으로 지어진 옛 흔적이 고스란히 남아있다. 아직까지도 모든 창문을 비닐로 덮어두면서도 나무 창문을 그대로

둔 데에서 집을 지켜내려는 각별한 애정이 묻어난다.

원래 마당에는 빛이 들지 않을 정도로 나무가 빼곡했다고 한다. 낙엽 치우는 게 너무 힘들어서 한 그루만 두고 다 베어 냈다는 이야기부터 1990년대부터 이 집에서 살았는데 함께 나이들어가다 보니 이제야 집과 기운이 맞아간다는 소감까지. 대화 내내 소설이나 영화 속에 나오는 장면이 떠올랐다.

소설 『적산가옥의 유령』은 학창 시절 군산 신흥동 일본식 가옥(구 히로쓰 가옥)을 보고 자란 조예은 작가가 그 집에서 영감을 얻어 쓴 소설이다. 할머니로부터 적산가옥을 물려받은 주인공이 집을 가꾸는 동안 집과 할머니에 대한 비밀을 알게 되면서 벌어지는 일을 다룬다. 이 소설이 호러 장르라면, 우리예능원은 음악 드라마 같다. 집주인은 집 안과 밖을 돌보며 집과 대화를 나눈다고 했다. 마당에 난 잡초를 뽑으면서도 '내가 너를 그냥 두는게 맞을까?' 한다는 마음은 집이 허락하는 날까지 울타리 안을 자연스럽게 가꾸고 싶다는 다짐이기도 하다. 누군가에게는 그저 낡고 오래된 곳처럼 보일지라도, 어디에서도 살 수 없는 시간이 빚어낸 공간에 산다는 자부심이 묻어났다. 으레 그렇듯 주인이 집을 선택하는 것이 아니라, 집이 사는 사람을 선택해야 오래 지낼 수 있는 것처럼 말이다.

가끔 '어떤 집에 살고 싶냐'는 질문을 받는다. 그럴 때면 높은 석축 위에 있는 오래된 집을 고쳐서 살아보고 싶다고

8 2층 창문 측면

답하곤 했다. 진심이지만, '너무 현실감 없는 사람처럼 보이면 어쩌지'라는 걱정이 들기도 했다. 100년 된 집을 가꾸는 마음은 어떨까. 그동안은 상상해 보려 해도 도저히 가늠이 되질 않았다. 100년 넘은 일양식 가옥에서 사는 분을 만나보니 그 마음은 결심과 닮은 듯했다. 오랜 세월 다양한 사람들로부터 이어받아 운명처럼 살게 된 이 공간을, 이곳과 얽힌 기억을 가진 누가 와도 비빌 언덕이 될 수 있도록 관리하겠다는 결심. 보통 내 집이 생기면 마음대로 못을 박을 수 있다는 걸 장점으로 꼽는데, 이런 결심은 정반대의 마음이다. 못자국을 내는 게 아니라 못자국까지 어여삐 보겠다는 마음이라고 할까.

현대를 사는 우리에게 필요한 건 편리하고 새로운 장소가 아니다. 내 할머니와 어머니, 나와 내 딸이 와도 언제나 변치 않을 풍경이다. 시간이 지나도 언제든 돌아와 편히 쉴 수 있는 집처럼 말이다. 우리는 비빌 언덕을 잃고 떠돌고 있지는 않은지 생각해 본다. 프랜차이즈 매장들처럼 똑같은 모습을 한 도시 속에서 말이다.

그때쯤 시청 직원 두 분이 대문을 열고 들어왔다. 이제 내가 나갈 차례였다. 집주인께 인사를 드리니 멀리서 왔는데 내부를 못 보고 가서 어쩌냐고 안타까워하셨지만 정말이지 아쉽지 않았다. 대문을 닫고 다시 한 번 빨간 지붕을 올려다본다. 대문 앞에 선 나는 완전히 달라져 있었다. 집이 거쳐온 시간과 함께 집을 향한 사람들의 마음까지 알게 되었으니 말이다. '본다'는 건 눈이 아니라 마음을 쓰는 일이다. 풍경뿐 아니라 정보와 정서를 받아들이고 해석하는 일이다. 어쩌면 건축 여행을 한다는 건 오래된 건물을 구경하는 것이 아니라 그 안에 담긴 이야기를 모으고 읽는 과정일지도 모르겠다.

여행을 다녀온 후 디지털청주문화대전에서 청주 문화동 일양 절충식 가옥을 검색하다가 설명 끝에 재미있는 문장을 봤다.

"현재까지 보존 상태가 양호하고 건축주의 애착심 및 자긍심이 남다르다."

2003년에 쓰인 글이니 우리예능원 1대 원장인 이영순을 두고 한 말이지만, 여전히 이 집을 사랑하는 그의 조카, 남지현 원장이 집을 돌보고 있으니 지금 시점에서도 맞는 말이다. 우리예능원을 여행해 본 건축 여행자라면 그 문장을 이렇게도 읽을 수 있겠다.

"내가 소중하다고 여기는 대상이 있다면 마음껏 사랑하고 가꾸며 살아도 된다."

25 청주 성공회 성당

상당구 교동로47번길 33

언덕 위의 한옥 성당

우리예능원 뒷길을 따라 걸으면 200m도 안 되는 거리에서 두 개의 기둥을 만나게 된다. 자세히 보면 '대한성공회 청주교회'라는 글씨가 보인다. 한옥으로 지어진 성공회 성당인 청주 성공회 성당의 옛 정문 흔적이다. 왼편의 대나무 숲에 바람이 닿자 쏴 하며 나뭇잎 부서지는 소리가 들린다. 정문을 지나 언덕을 오르니 저 멀리 충북도청이 보인다. 언덕 위에 가파른 계단이 놓여있는데, 한 발짝씩 오를 때마다 합각 사이의 십자가와 함께 천천히 한옥 성당의 기와지붕이 보이기 시작한다.

우리나라의 한옥 성공회 성당을 떠올리면 강화도가 가장 먼저 생각난다. 가장 처음 지어진 한옥 성공회 성당인 강화성당(1900)과 온수리성당(1906)이 있기 때문이다. 충청북도에는 1907년 한옥으로 진천성당(1907)이 지어지며 성공회가 전파되기 시작했다. 청주로 들어온 건 1916년이었다. 처음

1 청주 성공회 성당 정면
2 옛 정문. '대한성공회 청주교회'라고 쓰여있다.

에는 현재의 성당 부지에 위치한 한 가정집에서 예배를 드리며 시작했다. 지금의 한옥 성당 건물이 지어진 건 1935년이었는데, 이 건물 옆으로 1년 먼저 지어진 사제관, 몇 년 뒤에 지어진 부제관이 있었다. 1990년대 후반에 두 부속 건물이 철거되고 그 자리에 주차장으로 사용할 수 있는 공터와 비전센터가 세워졌다.

사라진 두 건물은 서양인 신부들을 위해 지어진 공간이었던 만큼 내부가 서양식으로 꾸며져 있었을 것으로 추정된다. 두 건물 모두 벽돌 건물이었는데 부제관에는 일식 지붕, 사제관에는 한식 기와지붕이 올려져 있었다. 이 건물들 옆에는 1973년 교육관 용도로 현대식 건물인 '안나의 집'이 지어졌다. 이 집까지 모든 부속 건물들이 남아있었다면 탑동 양관처럼 언덕 위에 한식, 양식, 일식이 절충된 부속 건물들과 함께 한옥 성당이 놓여 어느 곳에서도 볼 수 없는 독특한 풍경을 이루었을 것이다.

건물이 지닌 변화의 흔적

다행히도 교회 건물은 옛 모습 그대로다. 2024년 가을, 대대적인 수리를 거치며 서까래 부분에 교체된 밝은 나무 부분이 생겼지만 건물은 옛 사진과 비교해도 크게 변하지 않았다. 지어졌을 때의 용도 그대로 예배 공간으로 사용되고

3 서까래 부분. 원래 나무와 새로 교체한 나무가 섞여 있다.
4 성당 내부
5 제대의 의자
6 창문
7 내부 기둥

있어서 더욱 가치 있다.

이런 의미에서 건물 내의 제대, 제대 뒤 커튼, 강대상講臺床(설교를 하는 곳) 아래로 마룻바닥 대신 깔린 카페트는 변형이라기보다는 여전히 건물이 사용되고 있음을 알려주는 흔적이다. 성당에서는 건물을 최초의 원형대로 복원하고자 하는 의지가 있다고 하는데, 나는 어쩐지 이런 변화들이 거슬리지 않는다. 건물 안에 자연스럽게 녹아든 흔적이 역사를 보여주고 있으니 말이다. 집을 꾸밀 때도 새것, 유행하는 인테리어 소품과 가구보다는 우리 가족만의 역사와 추억이 담긴 물건이 있을 때 훨씬 풍성하다고 느껴지는데 이 예배당을 보면 그런 생각이 틀리지 않음을 깨닫는다.

예배당 안에 앉아서 두꺼운 대들보, 의자 사이사이의 기둥, 마루 바닥 등 내부를 천천히 둘러본다. 이 건물에서 가장 좋아하는 부분은 두 짝의 여닫이문으로 된 창문이다. 아亞자 형 창살이 있는 유리창에는 동서양의 조화로움이 담겨있다. 제대祭臺(제단) 쪽에 놓인 자개 의자도 아름답다. 1970년대에 제작된 가구라고 하는데 한옥 성당과 잘 어울린다. 성당 건물과 기념관을 구경하려면 토요일 낮, 교인들이 청소나 예배 준비로 교회에 계실 때 방문하면 좋다. 평일이라면 방문하기 전에 전화를 하고 가면 된다.

건립 당시 건물의 모습이 궁금하다면 성당이 축성된 1935

8 성당 전경
9 벽돌, 나무, 시멘트 몰탈 소재가 섞여있는 외벽
10 비전센터 지하1층 기념관

년에 찍은 기념 사진과 사라진 부속 건물들의 사진까지 비전센터 지하 1층 기념관에서 살펴볼 수 있다. 지금은 사라진 종탑에서 가져온 종도 이곳에 보관되어 있다. 1950년대부터 건물에 달려있던 것이다. 1935년 건물이 지어졌을 당시에는 영국에서 공수해 온 종이 달려있었다고 한다. 이 종은 1940년대 일제의 전쟁이 극심해지던 시기에 반출되었다. 가정집에서 수저와 냄비까지 가져가던 시절이다. 교회의 영국인 신부들이 신사 참배를 반대하다 쫓겨나고, 일본군이 이곳에 진지를 치고 주둔했다고 하니 가차 없이 종도 떼어갔을 것이다. 그때 종소리는 어땠을까. 하루 세 번씩 울렸다는 종소리는 우리예능원 2층 창문을 통해서도 들려왔을 것이다. 사라진 건물들과 종소리, 사람들을 생각하니 100년도 채 되지 않은 지난 시간이 아득하게 느껴진다.

미래에 도착하는 여행

청주 성공회 성당을 처음 왔던 건 2017년이었다. 탑동양관을 보기 위해 왔다가 마침 청주야행 행사를 하는 걸 알게 되었다. 스탬프 투어 동선을 보니 성공회 성당이 있기에 와봤는데 아름다운 한옥으로 지어진 예배당을 보고 반하지 않을 수 없었다. 토요일이라 교인들이 청소를 하고 계셨는데, 청주로 여행을 왔다고 하니 점심으로 준비하던 국수를 거하

12 제일교회
13 청주 제일교회 정문 옆
14 망선루 터 안내석

게 말아주셨던 기억이 있다.

따뜻한 환대를 받아서인지, 종교와 상관없이 청주에 오면 성공회 성당에 들르게 된다. 2017년, 2019년, 2024년 그리고 2025년까지 여러 번 방문하면서 건축물을 다시 찾게 되는 이유가 반드시 의미와 아름다움 때문만은 아니라는 것을 깨달았다. 본질적으로는 건물에서 느낀 감정이 나도 모르는 사이에 발걸음을 이끌고 있었다. 그 감정은 안타까움일 수도, 호기심일 수도, 기대감일 수도 있다. 그리고 이곳을 다시 찾게 하는 감정은 따뜻함이었다.

건물이 언제 와도 그대로라면, 그곳에 발자국을 남겨뒀던 과거의 나를 만나게 된다. 2017년 회사에 다니며 주말을 기다리던 나, 2019년 뭘 하고 살면 좋을지 고민하던 나, 2024년 작가라는 이름을 갖게 된 나, 2025년 이 글을 쓰고 있는 나. 무엇이 나다운 걸까 고민하던 시기에 보았던 곳들이 나를 인도하는 것이 항상 신기하고 감사하게 느껴진다. 어딘가로 떠나고 있다고 생각했지만, 어딘가에 도착하고 있던 시기였는지도 모르겠다.

함께 가보면 좋을 곳: 청주 제일교회

청주에 성공회를 들여온 곳이 수동교회였다면, 개신교를 들여온 건 제일교회였다. 육거리시장 안에 있는데, 근처 탑동 양관을 거점으로 활동한 서양인 선교사들 중 민노아 선교사가 1904년 교회를 세우며 역사가 시작되었다. 교회 정문이 시장 아케이드와 딱 맞닿은 데다, 후문으로 시장 골목이 연결되어 있어서 사람들이 자유롭게 교회를 가로지르며 드나든다. 이곳은 고려시대에 지어진 누각인 망선루가 있던 자리이기도 해서 '망선루 터'라는 안내석이 설치되어 있다.

제일교회 터는 병인박해 때 천주교 신자들이 순교한 성지이기도 하다. 민노아 선교사는 자신이 태어난 해에 일어난 병인박해의 역사를 기억하고자 1905년 청주 남문 밖에 있던 교회를 이곳으로 이전했다고 한다. 설명을 읽고 있자니 종교를 떠나 역사를 기억하고 뜻을 이어가는 마음이 숭고하게 느껴진다. 찬찬히 글자를 읽는데 바로 앞 시장 골목에서 나는 과일, 채소, 참기름 향에 침이 고인다. 시장 할머니들이 서로를 "언니"라고 부르며 나누는 대화 소리가 정겹다. 사랑이 있고, 삶이 흐르는 교회와 마당의 모습이다.

청주에서 종교 건축 여행을 한다면 이번 편에서 소개한 곳들과 옛청주역사전시관 편에서 소개한 천주교 수동성당(1966), 1960년대 후반 김수근건축사사무소에서 실무 경험을 쌓았던 건축가 김원의 신봉동성당(1998)도 함께 걸으면 자연스럽게 코스가 만들어질 것이다.

26 운보의 집

청원구 내수읍 형동2길 92-41

구불구불한 길을 따라 닿은 동양화가의 한옥

동양화가 운보 김기창이 살던 집이 충주 내수읍 산자락에 있다. 운보의 집에 가기 위해 옛청주역사전시관 앞에서 차를 빌렸다. 지도 앱은 단숨에 최단 거리를 알려주었지만, 우암산 아래 삼일공원쪽으로 가서 청주대학교 옆을 지나는 길을 택했다. 구불구불한 길이지만 도시가 가까이 보이면서도 숲이 주는 편안함까지 느껴져서 좋다. 도심을 벗어나 한적해지는 길을 따라 20분 넘게 달리다 보니 길이 점점 좁아지면서 내수읍 한적한 마을에 닿는다. 길 끝에 조선시대 양반집처럼 번듯한 한옥 한 채가 놓여있다. 오늘 가볼 여행지인 운보의 집이다.

정남향으로 난 대문을 지나면 행랑채가 있다. 아직 마당으로 들어가기 전이지만 대문과 마주보는 문 하나 너머로 연못이 보이는 풍경에 "와" 소리가 절로 나온다. 곧장 그 문을 통과하니 곧게 뻗은 길 왼쪽으로 비단잉어들이 사는 네

1 정문
2 행랑채

모 반듯한 연못이 보인다. 연못 위로 정자가 있는 게 꼭 동양화 속 풍경 같다. 오른쪽으로는 꽤나 규모가 커 보이는 안채가 서있다. 담장 주변으로 정원수가 정성스럽게 손질되어 있고, 그 사이사이에 작은 조각과 조형석들이 놓여있다.

풍경을 바라보는 집

정원에서 집을 바라보는 것보다 한옥집 왼쪽 방 안에서 문을 통해 풍경을 보는 것을 좋아한다. 방 안에는 김기창과 박래현 부부의 사진이 각각 하나씩 크게 걸려있다. 우향 박래현도 동양화와 판화를 그린 화가였다. 방 안 좌식 테이블에는 부부가 사용하던 붓, 벼루, 낙관 등이 전시되어 있다. 그럼에도 자꾸 창에 눈이 가는 건 왜일까. 잠시 바닥에 앉아본다. 주인이 이 집에 살 때는 뜨끈뜨끈했을 온돌은 차게 식어있지만 온기가 느껴진다. 물소리와 함께, 집 옆 커다란 모과나무에서 뿜어져나오는 상큼 달달한 모과향이 솔솔 실려온다.

방 안에서 보이는 정원을 바라보고 있자면 바깥의 경치를 빌려 건축 요소처럼 사용한다는 의미의 차경借景이라는 말이 자연스레 떠오른다. 외부와 내부를 하나의 공간으로 생각하고 자연스러움을 추구한 한옥의 가장 큰 특징이다.

여기까지만 보면 운보의 집은 조선시대에 지어진 전통적

3 안채 정면
4 작업실이 있는 방 쪽. 유리창이 붙어있다.
5 안채의 오른쪽 면. 전통적인 전면부와 다른 느낌이다.
6 안채의 오른쪽 면
7 안채 왼쪽 방 안에서 본 정원

인 사대부 집안의 한옥처럼 보인다. 그러나 이 집은 1984년에 완공되었다. 김기창 화백은 1976년 부인 박래현과 사별 후 어머니 고향인 청주에 이 집을 짓고 2001년 생을 마감하기까지 이곳에 살았다. 김기창은 집의 부지 선정, 공간 구성에 적극적으로 관여했다. 이곳에 집을 짓기 위해 지형을 변형시키기도 했다. 집 옆 언덕 위에 있는 부모님과 아내의 묘소를 바라보는 시야를 고려했기 때문이다. 그 결과 정남향이 아닌 서향으로 안채를 지었다. 집 안에서 묘가 있는 언덕을 바라보기 편하도록 하기 위해서였다. 집 가까운 곳에는 영혼과 영혼을 이어주는 관통석들을 두었다.•

화가의 한옥 작업실

운보의 집은 전통 건축가이자 문화재 전문가 김동현이 설계했다. 그는 1959년 감은사지 발굴 작업을 시작으로 1973년 천마총 발굴, 1975년 안압지 발굴 등을 맡았던 전문가다. 1996년부터 2년여간 국립문화재연구소 소장을 역임하기도 했다. 2007년 전통문화대학교 석좌교수로 마지막 경력을 지내기까지 한국 전통 건축 문화재 복원, 발굴, 교육, 연구에 많은 업적을 남겼다. 그만큼 운보의 집은 전통적인 한옥 형태에 충실하게 지어졌다.

김동현에 따르면 집은 창덕궁의 연경당을 참고하되 창의

• 신현실, 「인물관계로 본 '운보의 집' 정원의 조영과정」, 『한국전통조경학회지』, 2018.

8 안채 왼쪽방
9 안채 오른쪽에 있는 운보 김기창의 방. 이 집에서 찍은 사진들
10 안채 왼쪽방 안에 있는 운보의 작업실

적으로 변형했다. 국가 유산인 궁궐을 모티브로 '전통'을 강조해서 집을 지은 데에는 시대적인 배경도 있었다. 1세대 건축가들이 한국적인 요소를 가지고 했던 다양한 설계를 보면 알 수 있듯 1970년대 이후부터 '한옥'이라는 말이 건축 전문가들에게 적극적으로 사용되기 시작했다. 이런 관심은 전통에 대한 탐구로 이어졌는데, 민가보다는 양반 가옥에 대한 연구에 집중되었다.•

하지만 1980년대에 지어진 집다운 면모도 엿볼 수 있다. 안채 오른쪽으로 들어가면 거실로 변형된 듯한 대청이 있다. 이를 기준으로 왼쪽으로는 방 하나가 있고 오른쪽으로 들어가면 커다란 작업실이 나온다. 고급스러운 근대 한옥 하면 서울 가회동 백인제 가옥과 이 집이 떠오르는데 특히 작업실이 아름답기 때문이다. 전통 창살이 붙어있는 전면 유리창으로 마당 정원이 병풍처럼 펼쳐져 있다. 그 앞으로 우물천장을 가로지르는 두꺼운 대들보, 팔각창, 고가구가 아름답게 어우러져 있다. 화가가 사용하던 도구들이 자연스럽게 놓여 있어서 화풍에서 보이듯 도가적 사상을 추구하는 김기창이 도인처럼 앉아 작업하는 모습이 생생하게 그려진다. 정원부터 실내까지 이 집만이 갖고 있는 화려한 분위기 때문에 『미스터 선샤인』 등의 드라마 촬영지로 사용되기도 했다.

이 공간 벽 한구석에 지하로 내려가는 계단이 있다. '특별

• 정기황, 『한옥 적응기』, 빨간소금, 2024.

11 작업실 안에서 본 정원
12 안채 툇마루 난간
13 지하실 계단 난간

전시관' 현판이 붙어있는 계단 안으로 들어가는 순간 조금 전 본 근대 조선 같은 풍경이 잊히고 1980년대 고급 주택 지하 같은 공간이 나온다. 툇마루에 있던 난간을 닮은 한국적인 형태의 난간을 붙들고 아래로 내려가본다.

지하 전시실의 판화

안채 아래 지하실에서는 판화 전시「예수의 생애」시리즈를 볼 수 있다. 집 주인이 화가였으니 운보의 집 안채 뒤에도 운보미술관이 있다. 김기창의 드로잉 작품부터 박래현의 그림까지 함께 볼 수 있는 훌륭한 미술관이다. 그렇지만 내가 가장 좋아하는 전시관은 안채 지하실 전시 공간이다.

선녀로 표현된 천사, 아기 예수가 탄생한 구유 주변으로 그려진 초가집과 한우, 한복을 곱게 차려 입은 성모 마리아, 갓을 쓰고 두루마기를 입은 예수 그리스도를 보고 있자면 전래동화 그림책 속 삽화처럼 느껴진다. 이 연작 시리즈는 1952년부터 1953년 한국전쟁 시기에 제작되었다. 전북 군산에 있는 처가로 피란을 갔다가 미국 선교사의 권유로 그리기 시작했다고 한다. 김기창은 그리스도의 수난이 전쟁 속 우리 민족이 겪은 고통과 닮았다고 생각했다고 한다. 총 30점의 그림으로 이루어진 이 작품은 한국의 대표적인 종교미술 토착화로 꼽힌다. 김기창은 7살 때 걸린 열병으로 청력

14 계단 위에서 본 지하실
15 안채 지하 「예수의 생애」 특별 전시관

을 잃고 어머니를 따라 감리교회를 다녔다고 한다. 이런 신앙심이 이 작품을 그리게 한 동기가 되었을 것이다. 개신교인이었던 김기창은 막내딸이 수녀회에 입회한 이후로 일흔 살에 김수환 추기경에게 세례를 받고 천주교로 개종했다.

화가의 개성이 드러난 이 작품을 볼 때마다 아름다움을 느끼지만, 동시에 한탄스럽다. 김기창은 친일 행적이 밝혀진 인물이기 때문이다. 그의 친일 행적은 2004년 민족문제연구소에 의해 처음 발굴되었다. 1944년 결전미술전에 전시된 출품작과 참가자 목록에서 이름이 발견된 것이다. 결전미술전은 일제 군국주의를 찬양하고 '황국신민'의 영광을 고취하기 위해 조선총독부의 후원을 받아 경성일보사가 서울에서 주최한 전람회다. 1943년 『매일신보』에 징병제 실시 기념 시화 「님의 부르심을 받들고서」를 게재하고, 잡지 『춘추』에 해군지원병제도를 선전하는 표지화를 그리는 등 일제의 침략 전쟁 수행을 위한 지원병제·징병제 실시를 선전하기도 했다.• 1950년대 「예수의 생애」가 작업된 배경에 비추어보면 1945년 광복 전과 후의 김기창은 조금 다르게 느껴진다. 해방 이후 김기창은 동양화가로서 세종대왕, 을지문덕, 율곡 이이 같은 역사적인 인물들의 초상화를 작업했다. 그중 세종대왕 초상화는 1만 원권 지폐에 들어가 있다. 세종대왕의 실제 어진은 임진왜란 때 소실되어 전해지지 않는데, 그 초상을 화

• 친일반민족행위진상규명보고서 참고

16 운보미술관
17 운보미술관 지하 전시관
18 운보, 우향 부부 묘가 바라보고 있는 풍경

가 자신과 닮게 그렸다는 논란이 일기도 했다.

1946년 결혼한 김기창, 박래현 부부는 한국화의 근대화에 큰 영향을 끼친 인물이다. 일본에서 유학했기에 일본 화풍이 남아있지만 한국화로 여러 시도를 한 점이 좋다. 한국적이면서도 근대적인 요소가 섞여있는 것이 재미있고, 무엇보다도 작품이 아름답다. 김기창이 그린 「정청靜聽」(1934)을 좋아한다. 파란색 꽃무늬 저고리와 체크무늬 치마를 입고 있는 여인, 빨간 구두를 신고 농구공을 옆구리에 낀 한복 입은 아이가 축음기 옆에 앉아있는 그림이다. 여인은 어린 시절 김기창이 짝사랑하던 사람, 아이는 여동생으로 알려져 있다. 두 여자가 제목처럼 조용히 앉아 음악을 감상하고 있는데 미싱기와 축음기가 가장 비싼 혼수품이었다는 그 시절을 잘 보여주는 그림이다. 특히 성인 여자가 입고 있는 무늬가 다채로운 근대 한복은 똑같은 파란색 무늬 한복이 있다면 한 벌 사서 입어보고 싶을 정도다.

이런 취향을 드러내기에는 마음이 편치 않다. 작품과 작가를 분리해서 볼 수 있을까. 건물이든 인물이든 이렇게 모호한 경계선을 들추고, 명과 암을 마주보는 것은 번거로운 일이다. 그럼에도 우리는 감정을 마주하고, 언어화해야 한다. 건물을 돌아보며 사진을 찍고 끝나는 게 아니라 질문하고 사유하는 과정까지가 건축 여행이다. 도시가 이렇게 모호한 것들로 가득 찬다면 단정하지는 않겠지만 더 다양해질 것이다. 그 모호함 안에는 근대 건축, 근대 한옥의 의미도 포함되어 있다.

이런 생각을 발바닥 아래 내려놓고 꾹꾹 눌러 밟듯 걸어 본다. 안채에서 나와 조각들이 놓인 정원을 지나고, 언덕을 올라 다다른 김기창과 박래현이 묻힌 묘지는 양지바른 곳이다. 비석을 읽고 뒤를 돌아보니 그제서야 탁 트인 시야가 펼쳐진다. 멀지 않은 시대의 역사와 이야기가 넘실거리는 청주 땅이다.

27 문화제조창
(국립현대미술관 청주, 동부창고)

청원구 상당로 314

청주 미래유산 1호

   2025년 1월 청주는 청주 미래유산으로 11건을 새로 선정했다. 청남교, 일본식 불교 사찰 건물의 원형이 남은 원불교 청주교당 등의 건축물, 솔밭공원과 송절동 백로서식지 등의 자연물뿐만 아니라 짜글이 같은 음식도 선정되었다. 청주시는 근현대 청주를 배경으로 다수의 시민들이 체험하거나 기억하고 있는 사건, 장소, 인물 또는 이야기가 담긴 유무형 유산을 청주 미래유산으로 선정하고 있다. 도시에서 향유된 것들 중 기억할 만한 것을 정해 보존해 가겠다는 의지가 담긴 만큼 목록을 보는 것만으로도 청주라는 도시를 들여다볼 수 있다. 청주의 마지막 여행지는 청주미래유산 1호로 지정된 연초제조창 공장과 창고다.

   각 건물들은 국립현대미술관 청주, 동부창고, 문화산업단지로 활용되고 있다. 건물들을 통틀어 문화제조창이라는 이름을 붙였다. 걸어서 구경하려면 꽤 넓어서 대학 캠퍼스 같다

1 문화제조창 본관. 앞에서 축제를 준비하고 있다.

는 느낌이 들 정도다. 이곳이 청주 미래유산 1호로 선정된 것은 1945년부터 1990년대 말까지 연간 100억 개비의 담배를 생산하며 근대 경제를 이끈 공장이라는 상징성을 갖고 있기 때문이었다. 2004년 폐업 이후 10년 가까이 방치되어 있던 것을 청주시가 순차적으로 매입해서 2019년 리모델링했다.

국립현대미술관이 된 담배 공장

국립현대미술관 청주관을 관람하기 위해 이곳에 가는 사람들이 많을 것이다. 나 역시 국립현대미술관 청주관에 왔다가 이곳이 연초 공장이었다는 것을 알게 되었다. 2018년 미술관 개관 소식을 듣고 얼마 지나지 않아 와봤는데, 1층에 마치 대형 가구점처럼 보이는 개방 수장고가 있었다. 알고 보니 공장이었던 건물을 활용해 개방감을 주기 위한 전략적 구조였다.

미술관 옆 문화제조창 본관 역시 공장동이다. 한국공예관, 공예가들을 위한 스튜디오, 열린도서관 등이 있어서 바로 옆의 현대미술관 청주관과 연계해 예술가와 시민들을 위한 공간으로 활용하고 있다. 그 옆으로 작은 창고 건물들이 놓여있는데, 단번에 아름답다고 느낄 만한 건물은 아니지만 도시의 역사를 증언하는 미래유산이다.

연초를 생산했던 공장은 충청북도가 지나온 시간과 관련

2   국립현대미술관 청주관
3   문화제조창 본관 왼쪽 건물. 마지막 용도가 세무사 사무소였는지 유리창에 간판 스티커 자국이 있다.

이 깊다. 1910년 일제강점기가 시작되며 일본은 조선이 식량과 원료의 공급 기지 역할을 하도록 농업 구조를 재편해 나갔다. 조선총독부는 조선의 엽연초•가 총독부의 재원이 될 수 있다는 점에 주목했다. 그러면서 연초세를 신설하여 세율을 높였다. 연초 생산지로 점찍은 곳은 충북 지역이었다. 지금은 청주시에 통합된 청원군 미원면을 포함해 충주, 제천 등에 연초경작조합이 설립되고 사업 시설이 들어섰다. 이후 연초 생산량과 소비량이 크게 증가하면서 제천, 음성, 진천 등으로 재배 구역이 확대되었다. 충청북도에 연초 생산과 관련된 흔적이 많이 남아있는 이유다. 이 책에서 옥천을 여행할 때에도 관련 건물을 가볼 것이다.

광장이 있는 문화제조창 여행

각 도시에서 광장 역할을 하는 곳을 보면 그 도시가 어떤 곳인지, 시민들이 어떤 의미와 가까워지고 싶어 하는지 알 수 있다. 광장은 모두에게 열린 곳이다. 그 도시의 동력이 되었던 역사성도 갖춰야 진정한 의미의 광장이 될 수 있다. 대전에서는 국립중앙과학관 편에서 소개한 음악 분수가 있는 한빛광장이 그런 곳이다.

문화제조창 본관과 국립현대미술관 청주관 사이에는 잔디밭이 있다. 청주에서 가장 광장다운 곳은 이곳이 아닐까

• 잎사귀를 자르지 않고 그대로 말린 담배.

싶다. 이곳에서 뛰노는 아이들, 앉아서 쉬는 어른들, 카페와 미술관을 오가는 사람들을 보고 있으면 나도 철푸덕 앉아서 여행자로서의 긴장감을 내려놓게 된다. 도시에서 이런 공간이 소중한 이유는 누구에게나 일상에 스며든 듯한 느낌을 주기 때문이다. 여행자가 오래 기억하는 순간은 이럴 때다. 이 잔디밭에서는 계절마다 각종 축제가 열린다. 도로와 마주한 잔디밭 초입에는 청주시 여행자 센터가 있어서 쭈뼛거리는 여행자들의 팔을 광장으로 끌어당긴다. 청주시 여행자 센터에서는 '입장료 없이 문화생활 즐기기', '청주 문화유산 탐방기', '청주의 100년 가게, 내가 가게', '타임슬립 in 청주' 등 다양한 테마로 식당과 카페, 박물관과 유적지 등이 포함된 여행 코스를 제안한다. 앉아서 쉴 수 있는 쾌적한 공간도 있고, 해설사와 함께 이곳에서 시작하는 관광 해설 서비스도 제공한다. 문화제조창 해설 프로그램도 있다. 온라인 예약 후 이용할 수 있다.

동부창고: 역사 위에 쌓이는 시민들의 시간

국립현대미술관 청주관 뒤쪽 동부창고는 청주 시민들을 위한 공간이다. 원래는 연초제조창의 재료 보관 창고였던 건물 7개 동을 2013년 청주시가 매입하여 리모델링했다. 카페, 공연 연습, 예술 교육, 생활 문화 클래스, 동아리 활동 등 시민 예술을 위한 공간으로 사용 중이다. 34동과 36동에는 홈페이지에서 대관 신청을 하면 언제든 활용할 수 있는 공간이 있다.

동부창고 건물들 중 청주생활문화센터로 활용되는 36동이 가장 인상 깊었다. 36동의 내부는 목조 트러스를 노출시키고 광창을 만들어서 자연광이 들어올 수 있도록 했다. 음악 소리를 따라 들어가니 기타를 치며 설운도의 「누이」를 부르는 중년 여성들의 목소리가 넓은 공간을 채우고 있었다. 벽에는 현재 활동 중인 동아리들이 소개되어 있다. 공예 모임, 청주 클래식 기타 모임, 힐링 댄스 동호회……. 대전 충청권의 직장인 밴드여서 '대충밴드'인 모임의 이름을 보고 웃음이 새어나왔다. 매일 거대한 축제가 벌어지지 않더라도, 언제든 와서 쉴 수 있는 공간이 있다는 것. 마음만 먹으면 첫걸음을 뗄 수 있도록 공간과 교육을 제공하는 곳이 동네에 있다는 것은 얼마나 기쁜 일인가. 근대 건물을 활용할 때 관광객 유치를 위해 상업적인 시설로 바꾸거나 일회성 대형 행사를 성대하게 치르기 위해 리모델링하는 사례가 많은데, 도시에서 일상을 향유하는 시민들을 위한 공간으로 활용하고 있다는 것이 새롭게 다가왔다.

건물 주변으로는 정원이 잘 조성되어 있어서 조용히 산책할 수 있다. 조경 회사 스튜디오일공일이 작업한 '씨앗숲

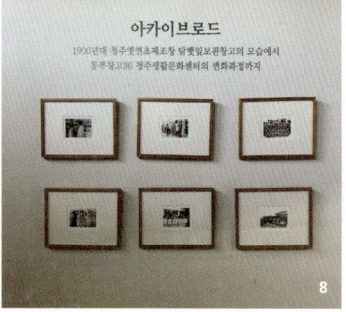

4 5 동부창고 전경
6 조경 작품
7 36동 내부
8 36동 내부에 전시된 연초제조창 옛 사진

the origin of forest: 깊은 자연과의 조우' 작품을 들여다본다. 자잘하게 쪼개지고 들춰진 조형물 사이로 식물들이 심어져 있다. 콘크리트로 가득한 도시 안에 숨겨져 있던 생명의 움직임으로 크고 작은 틈이 생겨 들썩이는 모습을 담았다는 설명이 도시 안에서 시민들이 모여 작은 공동체를 만들어나가는 모습과 닮은 듯했다.

우리가 발 딛고 사는 곳에는 어떤 이야기가 깃들어 있을까. 어떤 것을 미래유산으로 가꿔나갈 수 있을까. 일상 같은 여행, 여행 같은 일상에서 이 질문들을 상기한다면 더 다양한 이야기로 가득 찬 미래를 마주할 수 있을 것이다.

공주

도심을 내려다보는 두 개의 언덕
- 28 중동성당
- 29 충청남도역사박물관(구 국립공주박물관)

구도심에서 열린 문화유산 야행
- 30 구 공주읍사무소
- 31 중학동 구 선교사 가옥

골목길 건축 여행
- 32 건축 여행자를 위한 카페, 식당, 숙소
- 33 나태주풀꽃문학관
- 34 공주제일감리교회 기독교박물관

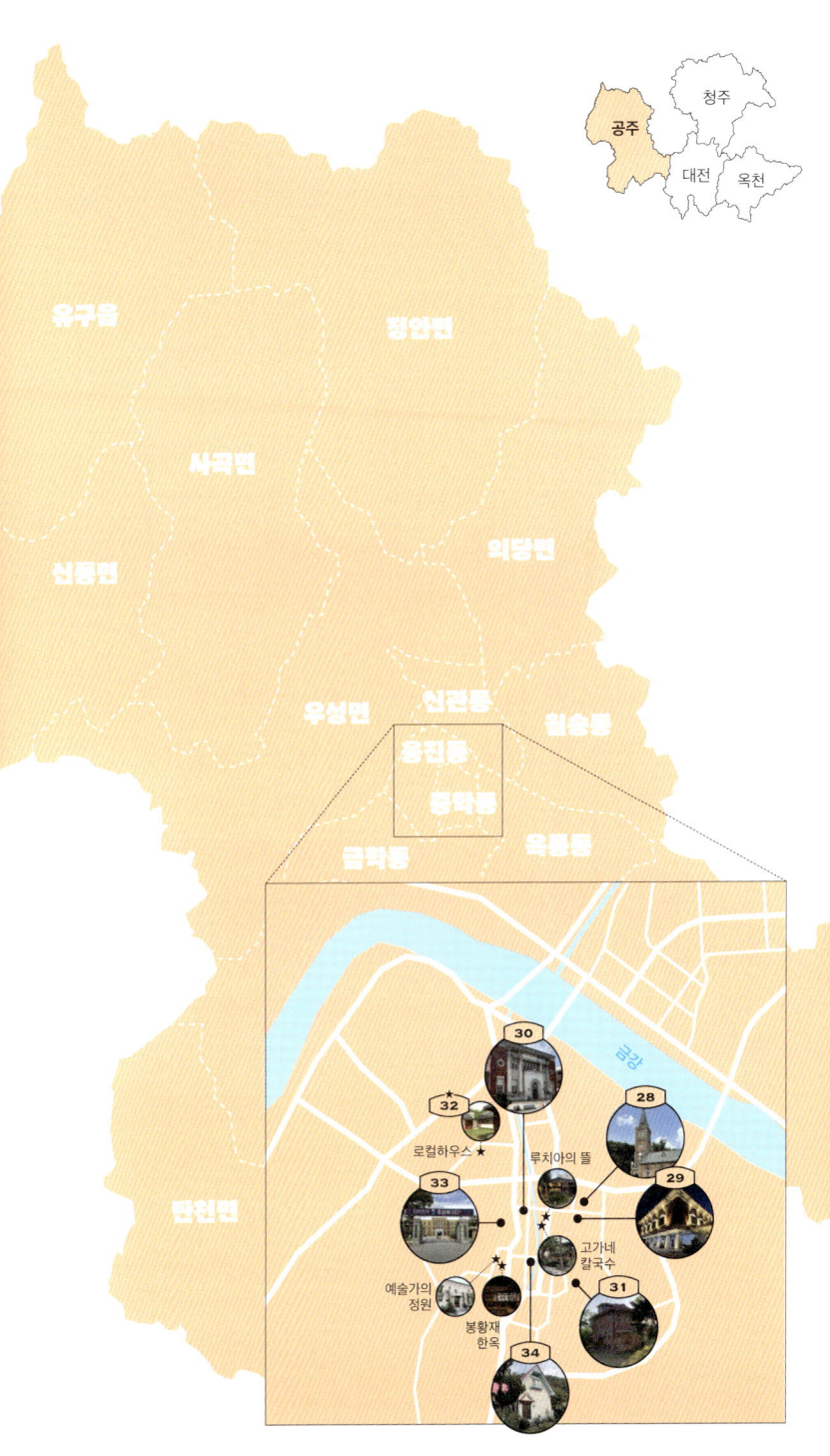

1 중동성당(1937)

28 중동성당

성당길 6

공주 구시가지에서 가장 먼저 만나는 건물

여행이 시작되었음을 실감하는 순간이 있다. 공주에서는 금강에 놓인 금강철교가 보일 때 무사히 공주에 도착했다는 안도감과 함께 가슴이 설레기 시작한다. 공주역은 도심에서 멀리 떨어져 있다. 신시가지의 시외버스터미널에 내려도 무령왕릉과 근현대 건축물들이 모여있는 구시가지로 진입하려면 금강을 지나야 한다. 구시가지로 진입하는 다리는 금강철교, 공주대교, 백제큰다리 총 세 개다. 그중 금강철교는 가장 오래된 다리다. 1932년 일제 강점기에 충남도청이 공주에서 대전으로 이전되면서 보상으로 지어졌다.

철교를 바라보며 여행을 시작하고 싶어서 버스터미널에서 택시를 타고 기사님께 백제큰다리로 가달라는 부탁을 드렸다. 시원하게 흐르는 금강에 놓인 철교를 보면서 대전과 청주에 이어 여행할 도시인 공주에 대해 생각한다. 대전과 청주는 각각 충남과 충북을 대표하는 도시다. 이 관계와 비

2 중동성당
3 사제관

교하면 대전과 공주는 조금 더 가깝고 긴밀하다. 행정적인 중심이 공주에서 대전으로 이전되기는 했지만 두 도시 모두 같은 충남권이고, 지리적으로도 가깝다. 공주에서 대전으로, 대전에서 공주로 학업을 위해 이동하는 경우도 많다. 대전이 신도시이자 행정 도시의 역할을 한다면, 공주는 백제 문화의 발상지라는 의미를 갖고 있다. 농업을 중심으로 하는 공주에서 난 작물들이 상업 도시인 대전에서 소비되므로 공생 관계라고도 할 수 있다.

금강을 건너니 공산성 입구 로터리가 나온다. 보통 공산성부터 여행을 시작하겠지만 근현대 건축물을 따라 여행하는 나는 길을 따라 쭉 걸어들어온다. 왼쪽으로 근대 건축물인 중동성당과 충남역사박물관이 나란히 서있는 것이 보인다. 두 건물이 마치 공주를 지키는 수문장 같다. 두 건물 중 공주 구시가지 어디서든 보이는 십자가를 따라 대전교구 소속 공주 중동성당 쪽으로 발길을 옮긴다.

사계절이 아름다운 성당

중동성당 건물은 1937년에 지어졌다. 최종철 마르코 신부가 계획해 지은 고딕 양식 건물로 고전적인 느낌을 풍긴다. 중동성당은 1889년에 설립된 공주 최초의 성당으로, 설립 당시에는 한옥 건물이었다. 현재 중동성당 입구에는 아치

4 성당 입구 계단의 성화
5 사제관 앞의 배롱나무
6 늦은 오후 시간
7 저녁

모양의 조형물이 있다. 이 조형물을 통과하면 성당으로 가는 계단이 있다. 계단 중간쯤 앉아서 쉴 수 있는 공간이 나오는데, 성화가 그려진 액자가 울타리에 붙어있는 게 눈에 들어온다. 타일 형태의 그림을 자세히 보니 청주 운보의 집에서 보았던 운보 김기창 작품「예수의 생애」다.

계단을 끝까지 오르면 왼쪽으로는 성당 건물, 오른쪽으로는 사제관이 놓여있다. 사제관은 좌우 대칭 형태인 지상 2층 건물로 1989년 한옥 성당이 지어질 때 함께 건축되었다. 여전히 사제관으로 사용 중인 단정한 건물 아래로 배롱나무 꽃이 흐드러지게 피어있었다.

단단하게 축성된 건물과 자연이 어우러지면서 숲속 성당 같은 풍경을 만든다. 시민들에게 촬영 장소로 사랑받는 이유다. 출사를 다니는 사람들에게도 인기가 많고, 커플 또는 우정 스냅을 찍는 사람들도 여럿이다. 노을 질 때 오면 나무들이 만들어내는 그림자가 성당 입면에 떨어지면서 마치 물그림자 같은 자국을 만들어낸다. 밤에는 건물에 불이 켜져서 밤 산책을 하기에도 좋다. 사제관 건너편으로 밝게 빛나고 있는 충남역사박물관도 볼 수 있다.

건물 정문은 닫혀있지만 오른쪽 쪽문이 열려있어서 내부를 구경할 수 있다. 고전적인 건물 외관에 반해 내부의 스테인드글라스는 현대적이다. 전면과 양옆의 스테인드글라스

8   이남규 작품이 설치된 성당 전면
9   김인중 작품이 설치된 성당 후면
10 김인중 작품

는 명동성당, 약현성당, 혜화동성당의 스테인드글라스를 작업한 이남규 작품이다. 특히 종탑 부분의 창문이 아름답다. 낮에 밖에서 보면 무늬가 보이지 않지만, 해가 떨어진 후 실내에 불이 켜지면 모습을 드러낸다.

내부에서는 2층 창문과 1층 문에 빨간 물감이 번진 듯한 유리창을 볼 수 있다. 이남규 작품에 비해 훨씬 더 현대적이고 추상적인 느낌을 풍기는 이 작품은 2024년 새로 설치된 세계적인 화가, 김인중 신부의 작품이다. 그의 작품은 예수님의 피와 성령을 상징하는 붉은색, 성모님의 순결과 소망을 상징하는 푸른색이 여러 색과 어우러져 독특한 아름다움을 선사하는 것이 특징이다. 만드는 과정도 보통 스테인드글라스와 다르다. 채색된 유리 조각을 이어붙이는 게 아니라 서양의 나이프와 동양의 붓을 동시에 사용해 특수 안료로 유리 원판에 직접 그린다. 그 후 유리판을 790도에서 2시간 이상 구워낸다. 그야말로 하나의 회화 작품이다.

김인중 신부는 부여 출생으로 서울대학교 회화과를 졸업한 후 서울 종로구 소신학교에서 미술 교사를 했다. 이때 서울 혜화동성당에서 1년 동안 매일 아침 미사를 드리면서 수도원에 가기로 마음을 먹고 유럽으로 떠났다고 한다. 혜화동성당에 이남규의 스테인드글라스가 설치되어 있었는데, 오늘날 중동성당에 두 예술가 작품이 모여있게 되었으니 기막

11 배티성지
12 최양업 신부 탄생 175주년 기념 성당 내 스테인드글라스
13 최양업 신부 박물관 내부 신해박해에 관한 설명

힌 인연이다.

김인중 신부의 작품은 충청도에서는 공주 빛섬갤러리 트윈, 대전 카이스트 학술문화관 4층 천장에서도 볼 수 있다. 빛섬갤러리 트윈은 김인중이 남동생인 김억중 건축가와 함께 공주에 세운 미술관이다. 12세기에 지어진 프랑스의 생마르시알 성당에도 김인중의 작품이 설치되어 있다.

함께 가보면 좋을 곳: 충청도 성당 여행

진천 배티성지

충청도는 천주교와 관련이 깊다. 신유박해, 병인박해 시기 지리적으로 서울과 멀지 않으면서 산간 지형이 있는 충청도는 천주교 신자들의 피난처가 되었다. 대표적인 곳이 충북 진천 배티성지다. 대중교통으로는 절대 갈 수 없을 만큼 구불구불한 산길을 따라가야 하는데, 산골짜기로 숨어든 천주교 신자들의 비밀 신앙 공동체가 있던 곳을 성지로 개발했다. 배티성지에는 성당, 최양업 신부 박물관, 순교자들의 무덤이 있다. 최양업 신부는 우리나라의 두 번째 사제다. 성지 박물관은 신유박해의 역사부터 가톨릭 미술 작가들의 작품까지 꽤 방대한 내용과 볼거리를 제공한다. 한국 근대사의 한 장면이 살아 숨쉬는 곳인 만큼 천주교 신자가 아니더라

14 솔뫼성지 김대건 생가
15 생가 뒤 소나무 숲과 김대건 신부 성상
16 솔뫼아레나 김대건 신부 성상
17 솔뫼아레나 무대 위 작품

도 가보면 후회하지 않을 여행지다.

당진 솔뫼성지

공주 중동성당은 프랑스 선교사가 세운 성당이다. 19세기에 프랑스 선교사가 공주에 성당을 세울 수 있었던 건 충청도가 프랑스 선교사들의 거점 역할을 했기 때문이다. 이런 배경을 바탕으로 충북 당진에서 우리나라 최초의 사제인 김대건이 탄생했다. 소나무 산이라는 뜻인 '솔뫼'로 불리던 마을 안 김대건 신부 생가를 중심으로 성지가 조성되어 있다. 김대건 신부 생가 뒤로는 빽빽한 소나무 숲과 동상이 있다. 그 옆으로 솔뫼아레나(무대)와 김대건 기념관이 있다. 특히 솔뫼아레나 무대에는 커다란 타일 작품이 걸려있는데, 한국적으로 해석한 예수 십자가 장면 같기도 하고 김대건 신부의 순교를 의미하는 것 같기도 해서 인상적이다. 그 옆에는 십자가를 이고 있는 김대건 신부의 성상도 있다.

솔뫼성지는 1785년 천주교 신앙을 받아들인 김대건 신부의 집안이 증조할아버지, 작은아버지, 아버지, 그리고 아들 김대건 신부까지 4대에 걸쳐 신앙을 지킨 장소다. 가족이 모두 순교하고 사라진 생가 건물 중 안채만 복원되어 남아있다. 아담한 한옥집을 관통하는 것은 몰락한 양반, 천주교 집안, 최초의 사제, 순교라는 굵직한 단어들이다. 2014년 프란

18 아산 공세리성당
19 공세리성당 사제관
20 합덕성당으로 가는 길
21 합덕성당
22 합덕성당 내부

치스코 교황이 방한했을 때 방문하여 기도를 올린 곳으로도 유명하다. 『대전 건축 여행』 중이니 덧붙이자면 당시 교황의 식사 빵은 성심당이 만들었다.

2023년 바티칸 시국 성 베드로 대성당에는 갓을 쓰고 도포를 입은 김대건 신부의 성상이 세워졌다. 동양인 성인의 성상이 성 베드로 대성당에 설치된 것은 처음이었다. 교황청의 공식 초청으로 충남 당진시 시장이 성상 설치 제막식에 참석하기도 했다. 그와 똑같이 갓을 쓰고 도포를 입은 채 양팔을 벌리고 있는 성상이 솔뫼성지에도 설치될 예정이다. 우리 땅에 서린 이야기를 따라 걸으며 유럽 성당 여행 못지 않은 성스러움을 느낄 수 있을 것이다.

천안, 음성, 당진의 성당들

충청남도에서 가장 먼저 지어진 성당은 아산의 공세리성당이다. 충청도와 경기도의 경계에 있고 수로 교통이 편리해서 일찍이 1890년 성당이 세워졌다. 현재 건물은 서양인 신부가 직접 설계하고, 중국인 건축 기술자들이 쌓아 올려 1922년도에 완공되었다. 충청남도 대전교구 최초의 서양식 성당인 만큼 이후에 지어진 합덕성당(1929), 공주 중동성당의 형태에도 영향을 주었다. 330년이 넘은 팽나무를 비롯해 다섯 그루의 보호수로 둘러싸여 있어서 계절감이 아름다

23 24 25   음성 감곡 매괴성당
26   매괴성당 사제관. 화강암으로 지어졌다.

운 곳이다.

그와 함께 충청남도에서 가장 오래된 성당으로 꼽히는 곳이 합덕성당이다. 1890년에 설립되었고, 현재 위치로 1899년에 이전한 뒤 1929년에 현재의 건물이 지어졌다. 합덕성당에서 가장 아름다운 부분은 잘 보존되어 지금도 사용 중인 입구다. 언덕 아래에서 성당 안으로 들어오기까지 꺾임 없이 직진으로 걸어들어오게 되어있다. 계단을 오르며 조금씩 건물이 보이다가 성당 안으로 들어갔을 때 전면으로 보이는 십자가까지 기승전결이 느껴지는 동선이 인상적이다. 언덕 위에 세워진 다른 성당이나 교회에도 이런 입구가 있지만 길을 내거나 주차장을 만들면서 동선이 달라진 경우가 많다. 건물의 부지와 내부로 들어가는 동선도 건축의 영역이라 아쉬운 마음이 있었는데, 합덕성당에서는 지어졌을 당시의 동선을 그대로 경험할 수 있었다. 조경도 잘 되어있다.

충청북도에서 가장 좋아하는 성당은 경기도 이천 장호원과 다리 하나를 두고 맞닿아있는 음성군 감곡면 매괴성당이다. 명성황후의 육촌 오빠인 민응식의 집터이자 1882년 임오군란 때 명성황후가 피신해 온 곳이다. 매괴성당은 이후 1896년에 설립되었는데 현재 건물은 1930년에 지어졌다. 1934년에 화강암으로 지은 사제관이 독특하다. 옛 입구인 언덕길과 성당 건물 주변에 벚나무들이 있어서 봄에 가면 특히 아름답다.

29 충청남도역사박물관
(구 국립공주박물관)

국고개길 24

건축가 이희태가 말하는 전통

1971년 공주 송산리 고분군의 5호분, 6호분 침수 공사 중 무령왕릉이 발굴되었다. 출토되는 각종 부장품을 수장하고 전시하기 위해 박물관이 만들어졌다. 서울 혜화동성당(1960), 메트로호텔(1960), 국립극장(1973) 등을 설계한 건축가 이희태가 설계를 맡았다.

유학을 하지 않고 국내에서 건축을 공부한 이희태는 독자적인 언어로 전통을 현대적으로 구현한다는 평가를 받는 건축가였다. 혜화동성당에서 예술가들과 협업해 본 경험도 있었다. 건축가는 창, 벽돌 패턴, 기둥, 지붕 등에 한국적인 요소와 무령왕릉에서 가져온 상징을 적극적으로 반영했다.

현재는 철거되었지만 설계 당시 박물관 부지에는 충청도 관찰사가 집무를 보던 건물인 선화당이 있었다. 충청감영 자리(현 공주대학교 사범대학 부설 고등학교)에 있던 건물이나, 1932년 충남도청이 대전으로 이전하면서 기능을 상실하

1 충청남도역사박물관

고 1937년 박물관 부지로 옮겨졌다. 이희태는 박물관 역할을 해온 선화당과의 연관성을 고려해 같은 폭으로 새 건물을 설계했다. 그렇게 1973년에 공주 중동성당 건너편, 시가지가 한눈에 보이는 언덕 위에 국립공주박물관이 개관했다.

국립공주박물관은 2004년 무령왕릉 옆에 건물을 신축해 이전하고, 이희태가 설계한 구 국립공주박물관 건물은 현재 충청남도역사박물관으로 활용되고 있다. 2024년 4월 리모델링 후 재개관하면서 내부에서 옛 모습을 찾아보기는 쉽지 않아졌다. 건물 명칭이 달라져서인지 박물관 안내지나 홈페이지에서도 건축가의 이름이 사라졌다. 그럼에도 외관은 옛 모습 그대로다. '전통이란 무엇인가'에 대한 이희태만의 답을 찾아볼 수 있는 주요 건축물이다.

두 개의 언덕 위 건물

중동성당에서 내려오면 길 건너편에 구 국립공주박물관(이하 충청남도역사박물관)으로 올라갈 수 있는 계단이 있다. 하지만 나는 영명중학교로 가는 언덕 방향으로 올라서 박물관 뒤편으로 가본다. 가파른 길을 따라 걷다 보니 박물관이 위치한 땅 구조가 제대로 그려진다. 박물관 부지는 북쪽이 낮고, 남쪽이 높은 언덕 형태다. 이 점을 보완하기 위해 건축가는 필로티 구조를 적용했다.* 위쪽으로 갈수록 좁아지는 사각

2 3 충청남도역사박물관
4 5 서울 절두산성지 한국천주교순교자박물관

형태의 필로티 기둥은 전통 한옥 건축의 누마루나 누각을 연상시킨다.

건축가 이희태는 이런 형태의 기둥을 국립극장, 국립경주박물관(1975) 등 다양한 설계작에 적용했다. 특히 서울 한국천주교순교자박물관(1967)에서는 충청남도역사박물관에서처럼 지형을 극복하는 방법으로 활용했다. 천주교인들이 순교한 곳이라 붙여진 이름인 양화진 절두산에 병인박해 100주년을 맞아 세운 박물관과 성당이다. 지금은 주변에 공원이 조성되어 한강과 조화를 이루고 있지만, 건물이 세워질 당시만 해도 허허벌판이었다. 언덕 위에 아슬아슬하게 놓인 콘크리트 건물은 순교자를 상징하는 갓과 칼의 형태로 설계되었다. 절두산 순교성지에도 혜화동성당처럼 조각가 김세중, 스테인드글라스 작가 이남규 등 여러 예술가들이 참여했다. 공주를 여행하기 전 미리 가보면 좋을 곳이다.

중동성당은 시내를 향해 서있고, 충청남도역사박물관은 그와 반대로 시내를 등지고 있다. 성당이 시내를 향해 팔을 벌린 신의 은총처럼 도시를 감싸안고 있다면, 박물관은 보물을 지키려는 듯 등을 돌린 형태다. 이처럼 대비되는 두 건물은 각각 언덕 위에 자리 잡고 있어 공주 구 시가지 어디에서나 잘 보인다. 마치 그리스 아테네 어디서든 파르테논 신전을 볼 수 있는 것처럼. 오랜 역사를 간직한 성당과 1500년 동

- 송인호, 「공주 박물관의 형태분석」, 『대한건축학회 논문집』, 1994.

6 무령왕릉 벽돌방무덤
7 충청남도역사박물관 1층 외벽

안 도굴되지 않은 보물들을 품고 있던 박물관이 공주 시민들에게 어떤 의미였을지 더욱 깊이 느껴진다.

백제다움을 알아차리는 법

건물은 2층 구조로 1층에는 쉼터 공간과 사무실, 화장실, 기획전시실이 있다. 상설전시실은 필로티가 받치고 있는 2층에 위치한다. 밖에서 보면 2층 전체를 길쭉한 반원 형태의 창문들이 둘러싸고 있다. 창문은 돌출되어 있는데, 전면은 막혀있고 측면에 유리창이 있어 조형물 같은 느낌을 준다. 무령왕릉 내부에서 따온 형태다.

박물관 1층 외벽에는 크기가 각각 다른 회색 돌이 조적되어 있다. 이것 역시 무령왕릉 입구에 쌓인 돌과 비슷하다. 건물 외벽을 따라 동쪽으로 걸어가니 문인석•과 각종 석물이 놓인 정원이 나온다. 정원을 바라보는 박물관 출입구는 곡선 아치 형태를 띠고 있다. 콘크리트로 올린 기와지붕과 서까래가 현대인인 내 눈에는 투박한 디자인처럼 느껴진다. 요즘은 장식 요소를 덜어낸 건축물이 많아 전통을 표현한 1세대 건축가들의 작업이 때로는 직설적으로 보인다. 그럼에도 가치 있다고 생각하는 건 근대와 현대 사이에서 어떻게 전통을 이을지 고민한 흔적이기 때문이다.

이 건물에서 가장 좋아하는 부분은 2층 외벽이다. 길쭉

• 능묘 앞에 세우는 사람 형상의 석조물

8 2층 외벽
9 중앙 계단 벽
10 무령왕릉 내부의 꽃봉오리 모양 등 자리
11 전시실 내부

한 벽돌을 가로로 네 줄, 세로로 한 줄씩 교차해 쌓았다. 무령왕릉 벽돌방무덤을 차용한 형태다. 내부에서도 이런 벽돌 쌓기를 볼 수 있다. 건물은 좌우 대칭을 이루는데, 아치형 현관 안으로 들어가자마자 중앙 계단이 나온다. 계단 위에는 거대한 벽이 있고, 양옆으로 계단이 갈라진다. 이 벽은 무령왕릉 내부의 벽돌 모양과 쌓기는 물론 꽃봉오리 모양의 등불 자리 장식까지 그대로 가져왔다. '백제다움'을 명확히 드러내는 부분이다.

다른 도시였다면 단순히 벽돌로 멋을 냈다고 생각할 수 있겠지만, 공주라는 지역의 역사와 맥락을 생각하면 예사로 느껴지지 않는 건축 언어다. 공주와의 연결고리가 단단한 건물이기에 공주박물관에서 충남역사박물관으로 용도가 바뀌었음에도 이질감 없이 도시와 잘 어우러지고 있다.

안내판이나 인터넷에서 찾을 수 있는 단순한 정보에서 끝나면 관광이다. 누가 지었는지, 건축물이 지역과 어떤 관계를 맺고 있는지 궁금해할 때 건축 여행은 더 풍성해진다. 여기서 한발 더 나아가 도시와 건물의 관계를 파악한 내용을 토대로 내 마음에 드는 요소와 해석을 덧입히면 비로소 도시와 건물, 그리고 내가 연결되는 경험을 할 수 있다.

박물관 1층에서는 충남 지역 인물들을 중심으로 한 조선시대 초상화 전시, 2층에서는 공주와 충남 지역의 역사를 소장품과 함께 보여주는 상설 전시가 진행 중이었다. 창문을 활용한 공간이 인상적이었다. 창문과 그 앞에 놓인 가마가 서로 겹쳐 보이면서 한국적인 분위기를 자아내고 있었다. 무령왕릉에서 따온 박물관 창문의 곡선은 호롱불 같기도 하고, 달항아리처럼 넉넉한 한복 치맛자락 같기도 했다. 이 모습이 '한국적'이라는 것을 알아차린 것은 내가 한국인이기 때문이다. 자연스럽게 모국어를 배우고 익힌 아이처럼. 날 때부터 배운 언어와 문화를 통해 사소한 점도 본능적으로 알아차리고, 깊이 통찰할 수 있다는 건 얼마나 즐거운 일인가.

건물을 나와 정원을 한 바퀴 둘러보았다. 이곳에서 바라본 건너편 중동성당은 또 다른 모습을 하고 있었다. 정원 한편에 앉아 충청남도역사박물관을 바라본다. 국립경주박물관, 부산박물관……. 건축가 이희태의 다른 박물관도 궁금해진다. 이렇게 건축 여행지가 또 하나 추가된다.

30 구 공주읍사무소

우체국길 8

공주 구도심의 상징적인 건물

중동성당과 충남역사박물관 사이 길을 따라 쭉 내려와서 제민천을 지나면 옛 공주읍사무소가 나온다. 2층 약 50평 규모로 고전적인 외관의 건물이다. 묵직한 원기둥과 붉은 벽돌이 존재감을 드러내고, 좌우 대칭을 맞춘 형태가 으리으리하다. 이 건물은 1923년 충남금융조합연합회 회관으로 지어졌다. 건물이 자리한 공주 반죽동은 예로부터 충남감영(충남도청)이 있던 중심 시가지다. 충남도청이 대전으로 이전하기 전 1920년대만 해도 법원, 경찰서, 우편국, 영화관 등 각종 시설들이 밀집해 있었다. 지금은 도시 중심지가 금강 건너편으로 이동해 구도심으로 불리지만, 남아있는 건물이 동네의 역사를 보여주고 있다.

공주에 지방금융조합이 설립된 건 1907년이었다. 충남도청 소재지인 데다 지역 유지들, 늘어가는 일본 상인들로 인해 공주에는 자본이 모이기 시작했다. 공주뿐만 아니라 충

1 2 구 공주읍사무소

남 지역에 점점 늘어나는 금융 조합을 관리하는 상부 기관이 필요했다. 그것이 1918년 설립된 충남금융조합연합회다. 이 건물은 정기 총회나 강습회가 열리는 회관 역할을 했다. 건물은 1934년부터는 공주읍사무소로, 1986년부터 4년 동안은 공주시청으로 사용되었다. 이후 개인 소유였던 20년간은 미술학원 등으로 쓰였다. 2008년에 공주시가 다시 매입한 이후 공주역사영상관(2014년 개관)을 거쳐 현재는 '구 공주읍사무소'라는 명칭으로 공주 역사를 소개하는 복합 문화 공간으로 활용되고 있다.

구 공주읍사무소 1층은 상설 전시실로 공주 역사 관련 자료와 사진을 볼 수 있다. 2층은 기획 전시실 겸 다목적 공간으로 꾸며져 있다. 건물 뒤의 넓은 공간은 공주 구시가지에서 진행되는 각종 축제의 무대이자 광장 역할을 한다. 2024년 공주 문화유산 야행 행사에서 이런 활용 방식을 경험해 볼 수 있었다.

밤에 떠나는 건축 여행

오래된 건물이 남아있는 구도심에서 야간 축제를 여는 지역은 여럿이다. 대전시는 매년 8월 대전역에서 옛 충남도청사를 잇는 거리에서 '0시 축제'를 연다. 청주시도 원도심에서 청주 문화유산 야행을 진행한다. 공주시는 2024년 9월

구 공주읍사무소 일대를 중심으로 열린 '공주 문화유산 야행' 행사에서 시간 여행이라는 콘셉트를 내걸었다.

축제는 해질 무렵인 저녁 6시에 시작되어 11시까지 진행됐다. 제민천 일대에 전구가 달리고, 거리 곳곳에서 공연과 야시장이 열린다. 계획 없이 그냥 가도 좋지만, 미리 프로그램 몇 개를 신청했다. 그중 하나가 구 공주읍사무소에서 집결해 반죽동 당간지주, 공주 제일교회, 영명학교를 둘러보며 해설을 듣는 프로그램이었다. 시간에 맞춰 도착하니 벌써 해가 뉘엿뉘엿 지고 있었다. 건물 주변에는 마치 영화 속에서 나온 것 같은 근대 복장을 입은 사람들이 사진을 찍고 있었다. 뒤편 공주시청소년문화센터에 설치된 근대 의상소에서 무료로 빌려주는 한복과 근대 양장을 입은 시민들이었다. 들뜬 마음으로 구경하고 있는데, 사진을 찍는 사람들 사이로 "호외요, 호외!"를 외치며 신문을 들고 뛰어다니는 신문 배달원이 지나갔다.

시간이 되니 근대 양장을 차려 입은 해설사와 함께 연기자가 등장했다. 흰색 셔츠와 검정 바지를 입은 옛 공주읍사무소 직원이었다. 행사 기간 동안 공주 시민들이 행사장 곳곳에서 근대 복장을 한 연기자로 등장해 근대 건축물에 얽힌 역사적 사건을 소개하고 있었다. 해가 지고 본격적으로 축제가 시작되자 도시 전체가 이머시브 시어터 immersive theater

처럼 지붕 없는 거대한 연극 무대가 되었다. 안내를 따라 2층으로 올라가니 직원분들이 차를 내어주며 건물을 설명해 주셨다. 설명을 듣고 잠깐 머무르다 다른 문화유산을 보기 위해 함께 이동했다. 건물을 천천히 보지 못해 아쉬울 것은 없었다. 도심 속 야행 행사 기간에는 대체로 밤에도 건물을 구경할 수 있다. 프로그램을 마치고 다시 와보니 여전히 문이 열려 있었다.

    느긋한 마음으로 1층부터 둘러보았다. 리모델링 과정에서 건물 내벽과 천장이 철거되어 골조를 그대로 볼 수 있었다. 공주읍사무소로 사용되던 시절의 건물 사진, 1980년대 공무원증, 당시 사용했던 포스터, 일제 강점기 일본인과 조선인의 종교와 직업 분포도 같은 자료들이 있었다. 1926년의 공주 시가도도 볼 수 있었다. 옛 지도에 사진 자료도 첨부되어 있어 흥미롭다. 이를 바탕으로 만든 옛 공주 시내의 모형도 있었다. 현재 공주사대부고 정문으로 사용 중인 옛 충청감영의 정문 '포정사 문루' 위치에 '충남도청'이라고 적혀 있는 것이 인상적이었다. 충남도청이 대전으로 이전하기 전까지 충청감영은 충남관찰부(충남도청)로 운영되었다. 공주가 어떤 기억을 남기고 싶어하는지가 보이는 대목이다.

    대전 충남도청 이전에 공주 충청감영이 있었기에 충청감영의 정문, 포정사 문루는 충청남도 안에서도 상징적인 곳

3 1층 내부
4 2층 내부
5 공주 문화유산 야행 행사 중

이다. 공주에서 대전으로 행정 중심이 이동하며 근대가 시작되었음을 알려주는 뼈아픈 흔적이기도 하다. 포정사 문루는 1928년 일본인에게 매각되어 절이 되었다가 공주군청 구내로 옮겨져 사무실과 교회 등 다양한 용도로 사용되었다. 충남도청이 이전한 뒤, 충청감영 건물들은 여러 곳으로 흩어졌다. 선화당이 충남역사박물관 부지로 옮겨갔던 것처럼, 포정사도 옛 공주군청 부근으로 이전되었다가 1993년 웅진동에 선화당과 함께 복원되었다. 원래 위치에 복원된 문은 2018년에 새로 재현한 건물이다. 일제 강점기에 찍힌 포정사 사진을 보면 2층에 유리창이 달린 모습을 볼 수 있다. 그 모습을 지운 채 조선시대 한옥 형태로 복원한 점이 조금 아쉽다. 2층 한옥에 유리창이 붙어있던 모습도 포정사가 거쳐온 시간인데 말이다. 구 공주읍사무소 건물을 둘러보고 나오며 1층에서 배포하고 있는 사진 자료집을 하나 챙겼다. 건물의 역사뿐만 아니라 공주시에 있던 근현대 건축물들을 사진 자료와 함께 설명하는 귀한 책이다.

 나무로 된 계단 손잡이를 잡고 2층으로 올라가니 창밖으로 건물 뒤 무대를 둘러싸고 앉아있는 사람들이 보였다. 매일 볼 수 있는 시점이 아니라고 생각하니 과거 어느 날에 떨어진 시간 여행자가 된 것만 같았다. 충남도청이 이전하기 전날, 1945년 광복을 맞은 날, 전쟁을 겪고 휴전이 된 첫날,

6 공주 옛 시가지 모형
7 1990년대 미술학원으로 사용되던 당시 모습(공주읍사무소 전시품)
8 계단 손잡이

동네 잔치가 열리던 어느 날까지 숱한 나날들. 건물이 100년 동안 이 자리에서 본 밤 풍경 중에 오늘과 비슷한 날이 하루쯤은 있지 않았을까. 그렇게 생각하니 창문을 통해 과거를 본 것처럼 오싹하고 짜릿해졌다. 무대에서는 역사 강사 최태성 선생님이 근대 공주의 여성 독립운동가들을 주제로 강연하고 있었다.

얼른 나가서 빈 자리를 찾다가 분수대에 놓인 돌에 철푸덕 앉았다. 일요일 밤이라 그런지 여행객보다는 동네 아이들, 어른들이 삼삼오오 모여 앉아 옛날 이야기를 듣는 따뜻한 분위기였다. 단체 티셔츠, 단체 운동회, 단체 회식……. 단체라는 말만 붙으면 도망치고 싶어졌던 나인데, 이 자리에서는 '모여있다'는 감각이 소중했다. 공주 출신 독립운동가들의 이름과 이야기를 들으며 함께 웃고, 탄식하니 묘하게 기분이 들떴다. 가을 밤 공기 탓일까, 공주 야경이 아름다워서일까, 아니면 옛 건물을 통해 시간 여행을 한 기분 때문이었을까. 전부 다일지도 모르겠다.

1 2024년 공주 문화유산 야행 행사 '사애리시의 응접실'
2 3 중학동 구 선교사 가옥

31 중학동 구 선교사 가옥 쪽지골길 18-13

언덕 위 선교사의 집

공주 문화유산 야행에 참여한 것은 '사애리시의 응접실'이라는 프로그램이 궁금해서였다. 외국인 선교사가 지은 3층 규모의 1920년대 가옥에서 펼쳐지는 행사라니. 여성 선교사인 사애리시를 중심으로 기획된 프로그램이라 더욱 흥미롭고 신선했다.

사애리시Alice Sharp는 남편 로버트 샤프Robert Sharp와 함께 1904년 공주에 파견되었다. 어학당에서 일하다 사랑에 빠져 서울에서 결혼식을 올린 이 신혼부부는 공주에 내려온 지 1년 만인 1905년 명선학당과 명선여학당을 세웠다. 그러다 얼마 후 로버트 샤프 선교사가 장티푸스에 감염되어 세상을 떠났다. 잠시 문을 닫았던 학교는 우리암Frank Williams 선교사가 남학교를 맡으면서 다시 영명학교, 영명여학교로 문을 열었다. 사애리시는 영명여학교를 맡아 1940년 일제에 의해 강제 출국당하기 전까지 공주에서 조선 여학생들을 가르쳤다. 그 학생들 중에는 독립운동가 유관순도 있었다.

사애리시 선교사는 남편이 살아있던 1905년경 신혼집을 지었다. 그때부터 이 일대는 청주 탑동처럼 공주 선교사들의 집과 학교, 교회가 모여있는 동네가 되었다. 1907년에는 우리암 선교사 주택, 1910년 전후에는 영명학교, 교회 등이 지어졌다. 안타깝게도 이 주택들은 대부분 소실되었다. 1940년대에 신사 참배를 거부했다는 이유로 선교사들이 추방당하며 집들이 일제에 몰수되고, 그 상태에서 해방과 전쟁을 겪었던 탓이다. 현재 '중학동 구 선교사 가옥'이라는 이름으로 유일하게 남은 건물은 사애리시 선교사가 1920년대에 이사해 살았던 집이다.

이 집의 정체를 밝히는 데에도 여러 혼란과 오류가 있었다. 사애리시 선교사의 1900년대 신혼집으로 잘못 알려지기도 했고, 안명도Charles Amendt 선교사가 거주한 공간으로 추정되기도 했다. 그러나 사애리시 선교사 제자의 증언과 1930년대 우리암 선교사가 쓴 편지 등을 바탕으로 사애리시 선교사가 1920년대 후반부터 은퇴한 해인 1939년까지 거주하며 선교 활동을 했던 시설로 밝혀졌다.• 건물이 지어진 연도는 1921년이다. 해방 이후에는 공주사대 기숙사로 사용되기도 했다. 건축사적, 종교사적 가치가 있다고 평가받는 건물이다.

• 서만철, 김성배, 「등록문화재 제233호 '공주 중학동 구 선교사가옥'의 유래와 보존현황」, 『보존과학회지』, 2018.

마당에서 펼쳐지는 역사 속 시간

집은 언덕 위 숲속에 있다. 동네 어귀에 내려서 숲길을 따라 오르막길을 오르면 벽돌로 지어진 주택이 보인다. 공주 문화유산 야행 행사 때는 마당을 감싼 나무 위에 알전구가 별처럼 반짝이고 있었다. 그 아래로 첼로와 바이올린 연주자들이 둥근 테이블과 의자 앞에서 연주를 하고 있다. 양복에 멜빵 차림을 한 직원들은 손님들을 맞기 위해 사뿐히 걸어다닌다. 100년 넘은 벽돌 건물을 마주보고 자리에 앉자 다과상이 차려졌다. 공주 밤을 넣고 끓인 쌍화차, 가지런한 솔잎 위에 놓인 밤송편, 약과, 밤양갱 등이다. 따뜻한 차를 마시며 한숨 돌리니 그제야 주위 풍경이 눈에 들어왔다. 지금은 신식으로 수리되었지만 사애리시가 이 집으로 이사왔을 때는 아마도 기와가 올려져 있었을 지붕, 적벽돌 몸통, 포치 형식으로 돌출된 입구가 달린 지하실과 현관문까지. 행사 준비를 위해 집도 단장을 한 것일까. 2020년에도 와본 적이 있는데, 100년이 넘은 집은 그때보다 말끔해져 있었다.

행사가 시작되자 배우들이 등장했다. 사애리시, 유관순과 그의 오빠, 사애리시를 취재하러 온 기자 등이 차를 마시며 나누는 대화를 듣는 형식이었다. 사애리시 선교사가 어떻게 조선에 오게 되었는지, 유관순과 어떻게 만나게 되었는지를 건물 앞에서 들으니 아이맥스 영화만큼 생생하게 느

4 사애리시 묘비와 남편 로버트 샤프의 묘지
5 영명중학교 본관. '영명학교' 글자 위에 유관순 동상이 세워져 있다.

꺼졌다. 왜 남편을 잃고도 조선에 남아 소녀들을 가르쳤는지, 그 과정이 얼마나 힘들었는지, 그리고 교육을 통해 역사에 기록된 소녀들을 어떻게 기억하는지. 제자들의 이야기만큼 잘 알려져 있지는 않지만, 그만큼 치열했던 삶이 여기에 있었다.

이 집 뒤편에 있는 외국인 선교사 묘지에도 이런 마음이 닿았을 것이다. 이곳에는 로버트 샤프 선교사의 묘지와 사애리시 선교사의 묘비가 있다. 사애리시 선교사의 묘지는 미국에 있지만 남편이 한국 땅에 묻힌 만큼 이곳에도 묘비를 조성했다고 한다. 그 옆에는 샤프 부부 기념비와 동상도 세워져 있다. 강제 추방되기 전까지 조선에서 29년 동안 교육자와 선교사로서 했던 일들, 특히 여성 교육을 위해 충청 지역에만 20여 개의 교육 기관을 설립한 업적이 제자들의 이름과 함께 적혀있다. 한국 최초의 여성 경찰서장 노마리아, 한국 감리교 최초의 여성 목사 전밀라, 철도 간호학교 설립자 박한나 그리고 유관순. 이런 업적으로 사애리시 선교사에게는 문체부 국민훈장 동백장이 추서되었다. 대전 목원대학교는 2022년 사애리시 기념관을 개관하여 업적을 기리고 있다.

역사를 두려워할 용기

중학동 구 선교사 가옥에 이어 옛 영명학원을 둘러보아

도 좋겠다. 충남역사박물관 뒤에 있는 영명중고등학교의 전신은 사애리시 선교사가 세운 영명학교와 영명여학교다. 영명중학교 본관 위에는 유관순 동상이 서있다. 유관순은 천안 출신으로 공주 제일교회에 출석하며 영명학교를 다녔기 때문이다. 영명여학교 시절, 유관순의 재능을 알아본 사애리시는 그녀를 양자로 삼았다. 덕분에 선교사 자녀 전형 장학생으로 이화학당에 유학을 갈 수 있었다. 몇 년 뒤 유관순은 이화학당을 다니다 3.1 운동에 참여한 후 고향으로 내려와 천안 아우내 장터에서 만세 운동을 주도하며 투옥되었다. 유관순은 다음 해인 1920년, 감옥에서 순국한 뒤에야 이화학당으로 돌아올 수 있었다. 장례는 서울 정동길에 있는 감리교 소속 정동교회에서 치러졌다.

남편에 이어 사랑하는 제자이자 양자를 잃은 사애리시 선교사의 마음은 어땠을까. 유관순은 영특하면서도 장난기 넘치는 학생이었다. 학창 시절, 기숙사에서 취침 전 기도 시간에 그날 맛있게 먹은 명태 반찬을 떠올리며 "명태의 이름으로 기도드립니다. 아멘"이라고 해서 사감 선생님께 감점을 받았다는 일화가 전해진다. 자랑스럽고 사랑스러운 제자를 잃은 스승의 마음을 중학동 구 선교사 가옥 앞에서 감히 떠올려 보았다. 제자를 서울로 보낸 자신이 미웠을까. 아니면 신이 원망스러웠을까. 알 수 없지만 결국 자신의 고통보다 역사의 기록을 두려워하기로 선택한 용기에 경의를 표하며 두 손을 모으고 머리를 숙일 수밖에 없었을 것 같다.

영명중학교 본관 앞에 있는 공주 역사 전망대에 올라 공주 구 시가지를 내려다본다. 역사 앞에서 우리는 무엇을 남기고 살 것인가.

함께 가보면 좋을 곳: 서울 정동길

서울 정동길은 사애리시 선교사가 속한 감리교 선교사들의 흔적이 많이 남아있는 지역이다. 최근 이회영기념관으로 문을 연 배화여고 설립자 조세핀 캠벨Josephine Campbell 선교사의 주택(서울 종로구 사직로6길 15), 메리 스크랜튼Mary Scranton이 설립한 보구녀관과 이화학당(서울 종로구 정동길 26), 헨리 아펜젤러Henry Appenzeller가 설립한 배재학당(서울 중구 서소문로11길 19)과 정동교회(서울 종로구 정동길 46) 등이다. 이화여자고등학교 안 이화박물관 뒤에는 유관순 열사의 동상이 있다.

공주 영명학원과 중학동 구 선교사 가옥에서 어린이의 모습이었던 유관순 동상은 서울 이화여고에서 청소년이 되어있다. 건물을 따라 걸었는데 유관순 일생의 한 부분을 본 느낌이다. 익히 알던 이름이고 자주 보던 동상이지만 공주를 다녀온 후 감상이 달라졌다. 공주와 서울은 서로 다른 도

6   공주 영명고등학교 앞에 있는 유관순과 사애리시 선교사 동상
7   공주 문화유산 야행 행사. 사애리시 선교사와 유관순 역할을 하고 있는 연기자들.
8   서울 이화여고 유관순 동상
9   이화박물관 앞에서 안내지를 들고.

시다. 사애리시와 유관순이 살던 때와 지금은 다른 시대다. 그럼에도 우리는 단단히 맞잡은 손처럼 서로 이어져 있음을 깨닫는다.

1 카페 예술가의 정원
2 현관문을 열고 들어서면 보이는 복도
3 중동성당과 관련된 책자 하나를 골라 읽었다.

32. 건축 여행자를 위한 카페, 식당, 숙소

[카페] **예술가의 정원** 큰샘2길 10-5

건축 여행자에게도 커피나 차를 마시며 쉬어갈 카페, 체력을 충전할 식당과 숙소가 필요하다. 커피는 하루에 한 잔만 마시기 때문에 카페를 신중하게 고른다. 맛도 있어야 하지만, 오래된 건물을 개조한 곳이면 더 좋다. 오래되었다고 다 좋은 건 아니다. 구태여 오래된 건물을 고치는 수고를 들인 만큼 원래의 분위기를 해치지 않는 자연스러운 모습이어야 한다. 이런 기준으로 공주 카페 중에서 가장 먼저 추천하고 싶은 곳이 예술가의 정원이다.

건물은 좌우 대칭을 이루는 단층 구조다. 현관 입구 위에 둥근 포치와 기둥이 있다. 지붕이 평평한 모양인 것이 특이하다. 문을 열고 들어서면 긴 복도가 나온다. 벽에는 그림이 걸려있고, 복도에 놓은 의자에는 이곳에서 열리는 전시나 강의 포스터가 비치되어 있다.

복도를 따라 들어오면 왼쪽에 커피 카운터가 있다. 천장

4 골목에서 본 루치아의 뜰 입구
5 마당
6 내부

을 다 터서 층고가 더 높아 보인다. 평범한 집 같지 않은 이곳은 1936년에 일본인 지주의 집이자 사무실로 지어졌다. 사무실 겸 응접실 공간은 카페가 되었고, 카페 공간 뒤로 붙은 옛 생활 공간은 사장님의 개인 공간으로 활용되고 있다. 방에 달려있던 문은 철거되었지만, 골조와 기둥 사이마다 난 구멍과 미닫이문 흔적을 들여다보며 옛 모습을 상상한다.

가장 좋아하는 자리는 들어가서 오른쪽으로 보이는 공간이다. 한쪽 벽이 책으로 가득 차있는데 커피 한 잔과 함께 책을 골라 창문을 바라보고 앉으면 사색의 시간이 시작된다. 카페 뒤에 작은 정원이 있어서 커피를 마시고 잠깐 볕을 쬐어도 좋다.

카페 **루치아의 뜰** 웅진로 145-8

커피보다 차를 좋아한다면 찻집 루치아의 뜰도 좋은 선택지다. 공주 중동초등학교 길 건너편 골목, 서점 '책방잇다'와 직조 공장을 개조한 '커피창고 사진 스튜디오'를 지나면 길 끝 코너에 파란 대문을 활짝 연 작은 한옥 한 채가 있다.

이 집은 1964년에 지어진 한옥이다. 가온건축(대표 임형남, 노은주)이 대수선을 맡았다. 현관 옆에는 2014년 수상한 대한민국 공간문화대상 현판과 함께 건축가가 쓴 집의 연혁이 있다. 부부와 아이 셋이 짓고 살던 집인데 집을 지은 지

7 정원에서 본 고가네 칼국수
8 내부에서 올려다본 천장 트러스
9 밖에서 본 지붕

얼마 안 되어 남편이 죽고, 아내가 이곳에서 아이들을 혼자 키웠다는 이야기다. 천주교 신자이던 집 주인 스텔라가 세상을 떠나고 방치된 집을 같은 성당을 다니던 현재 카페 사장님이 매입하면서 그녀의 세례명을 따 '루치아의 뜰'이 되었다고 한다. 이 글을 읽고 마당으로 들어서면 정성스럽게 가꾼 뜰이 사랑스러워 보인다.

마당에서는 유리창으로 집 내부가 시원하게 들여다보인다. 대수선 과정에서 집 옆면을 터서 정면으로 만들었기 때문이다. 1층에서는 루치아 사장님이 차를 내리고 있다. 2층은 손님들이 앉을 수 있는 작은 다락방 자리다.

2층 다락방으로 올라가면 나무 뿌리 같기도 하고 고래 등뼈 같기도 한 서까래와 가까이 앉을 수 있다. 밀크티와 스콘을 마시며 '루치아의 뜰'을 바라본다. 집의 마당도, 옛것으로 사랑스럽게 채워둔 내부도 사장님이 가꿔낸 뜰이다.

식당 고가네 칼국수 제민천3길 56

공주 구시가지는 오밀조밀해서 어디든 걸어서 가기 편하다. '휴먼 스케일'이라는 건축 용어가 떠오르는 동네다. 한두 걸음 사이로 유서 깊은 건물이 놓여있고, 도심은 한눈에 들어온다. 특히 노을이 질 무렵 제민천은 더욱 아늑하다.

물길을 따라 걷다가 짭쪼름하고 구수한 육수 향을 따

10 밤에 마당에서 본 봉황재 한옥
11 알록달록한 타일과 테라조 바닥
12 부엌으로 이어진 문

라 한 음식점으로 들어갔다. '고가네 칼국수'라고 쓰인 커다란 간판이 붙은 곳이다. 사실 간판보다 나지막한 뾰족 지붕에 끌렸다. 정원에는 가을이 진하게 익어있었다. 대문 옆에는 주방으로 이어지는 문과 내부로 들어가는 현관이 나란히 있다. '오래된 건물인가?' 생각하는 찰나 안내문이 눈에 들어온다. 공주시 근대건조물로 지정된 건물로, 섬유 산업이 발전한 1960년대에 방직 공장과 창고로 지어졌다는 내용이다. 1994년부터 칼국수집으로 운영되며 내부, 외부를 수리하기는 했지만 벽체와 내부 천장의 목조 트러스는 그대로다.

'방직 공장'이라고 설명하는 대목에서 이미 마음 속 합격 부저가 울렸다. 칼국수집은 많지만, 선대가 운영하던 방직 공장을 이어받아 사용하는 칼국수집은 이곳 하나이니 말이다. 식사를 할 때도 도시의 역사 한편을 여행하는 느낌이 드는 곳을 찾아보면 어떨까.

[숙소] **봉황재 한옥** 큰샘3길 8

옛 충청감영 위치에 있는 포정사 문루를 지나 주택가로 들어서면 담장이 높은 한옥이 나온다. 1960년대 한옥을 개조한 숙소, '봉황재'다. 방 한 칸씩 손님을 받는 공용 숙소인데, 일요일 밤이어서인지 운 좋게 혼자 묵었다.

집은 ㄱ자 구조다. 중앙으로 들어가자마자 거실 같은 대청이 나온다. 양옆으로 방들이 놓여있고, 코너를 돌아 돌출된 곳이 주방이다. 각 방마다 개조해 넣은 욕실 외에 집 내외부를 크게 변형하지 않아서 1960년대 한옥의 특징을 고스란히 볼 수 있다. 도시형 한옥답게 전통 한지 창호가 아니라 유리 창문이 달려있다. 무늬 타일, 무늬 유리, 테라조 등 근대적인 재료도 눈에 띈다. 비슷한 시기에 지어진 청주의 옛 시장 관사를 개조한 카페 고트를 떠올리며 공통점을 찾아본다.

칠흑 같은 어둠이 찾아오면 대문 밖 가로등이 마당을 주황빛으로 물들인다. 아파트와 빌라에서는 집끼리 다닥다닥 붙어있으면 장마철 만석인 버스 안처럼 끈적거리는 기분이었는데, 어쩐지 옆집과 맞닿은 이 집 담장 안에는 선선한 바람이 드나드는 듯하다. 오롯이 이 집만이 누릴 수 있는 마당 때문일까. 씻고 대청에 앉아 편의점에서 사온 요거트를 까먹으며 마당을 한참 바라보았다. 집안 반상에 놓인 방명록도 열어본다. 부모님과 여행을 왔다는 사람, 한 페이지에 사이좋게 글과 그림을 남겨둔 세 친구, 작은 손으로 겨우 펜을 쥐고 쓱쓱 낙서 같은 흔적을 남긴 어린아이……. 그 틈에 나도 뭐라도 남겨볼까 싶어 종이를 한 장 넘기고 손바닥으로 쓱 쓰다듬어 본다.

숙소 로컬하우스 향교1길 16-8

마당이 있는 집에서 동네 주민처럼 머물고 싶다면 로컬하우스가 제격이다. 구도심과도 그리 멀지 않아 도보 15분에서 20분 안으로 여행이 가능하다. 게다가 숙소 주변에 투숙객 할인을 받을 수 있는 카페와 공방, 식당이 모여있다.

숙소 주변은 나지막한 단층 집들이 모여있어 고즈넉하다. 무령왕릉과 가까운 이 동네는 백제 고도古都 지구다. 2012년 국가유산청은 한국을 대표하는 4대 고도로 경주·공주·부여·익산을 선정하고 역사문화도시 조성을 계획했다. 도시재생의 일환으로 50년 이상 된 건물을 활용할 경우 수선, 대수선 비용을 지원했다. 그 덕에 한옥이 모여있는 마을이 만들어졌다.

로컬하우스 대문으로 들어가면 규모와 숙박비에 따라 서로 다른 네 채의 집들이 마당 하나를 둘러싸고 있다. 80년 된 옛 집을 대수선해 숙소로 만든 곳이다. 집 곳곳에는 옛 집을 수선하며 나온 문들이 놓여있다. 그중 '여기는 공주입니다'라고 적힌 문 옆에서 인증 사진을 찍고 집 안으로 들어간다.

내가 묵은 집은 대문 바로 앞 집인 로컬 01이었다. 문을 열자마자 복도가 있고 오른쪽에는 TV가 있는 침실, 왼쪽에는 식탁이 놓여진 주방과 화장실이 있다. 하얀 벽에 현대식으로 꾸며진 집은 군더더기가 없었다. 나무 결이 드러난 서

13 로컬하우스 마당. 네 채 집들이 모여 마을을 이루는 느낌이다.
14 숙소 내부
15 숙소 내 천장. 현대적인 조명과 서까래가 조화롭다.
16 숙소는 1940년대에 지어진 한옥 카페 '로컬 커피'로 이어진다.
17 '여기는 공주입니다'라고 써놓은 옛 집의 문.

까래와 지붕을 그대로 살렸는데 현대적인 인테리어와 잘 어우러졌다. 가장 좋은 건 주방 작은 창으로 보이는 마을 풍경이었다. 한옥이 오밀조밀하게 모여있는 모습이 좋아서 자꾸 싱크대 앞에 서있게 되었다. '한옥에 살면 어떨까?'라는 막연한 상상에 대한 현실적인 절충안을 얻을 수 있었던 집이다.

1 2 나태주 골목
3 4 나태주풀꽃문학관

㉝ 나태주풀꽃문학관   봉황로 85-12

천천히 걸어야 아름다운 골목

나태주 시인의「시」를 좋아한다. "그냥 줍는 것이다// 길거리나 사람들 사이에/ 버려진 채 빛나는/ 마음의 보석들"이 전문인 짧은 작품이다. 이 문장을 읽을 때마다 담장 안에 석류가 주렁주렁 열린 집들과 제민천이 조용히 흐르는 공주가 떠오른다. 음악이 시작되는 전주처럼, 소설 속 도입부처럼 평화롭고 잔잔한 풍경이다. 제민천변에서 공주 풀꽃문학관으로 가는 길에는 나태주 골목길이 있다. 담장 가득 시인의 작품과 함께 벽화가 그려져 있다. 제민천 옆 하숙 골목, 영명중고등학교 근처 골목길 곳곳에도 벽화와 시가 있다. 사람 사는 집과 골목에 벽화를 그려놓는 것을 좋아하지 않지만 공주에서만큼은 팔짱을 풀게 된다. 그러고 나면 자세히 보아야 예쁘고, 오래 보아야 사랑스러운 풀꽃 같은 풍경이 눈에 들어오기 시작한다.

벽화는 나태주풀꽃문학관으로 가는 길을 알려주는 이정

표다. 시집을 읽듯 천천히 걷다 보니 공주사대부고 옆 언덕 위에 있는 문학관에 도착했다. 풀꽃문학관 건물은 1930년 일본 헌병대장 관사로 지어진 집으로 해방 후 개인 주택으로 사용되었다. 공주시가 매입하면서 2014년 문학관으로 개관했다. 나태주 시인의 작업실이자 문학 행사가 열리는 장소로 사용되고 있다. 짙은 고동색 비늘판으로 둘러진 몸체, 직선 형태로 뻗은 지붕이 한눈에 봐도 일본식 집이다. 시인의 작품 제목 '풀꽃'을 붙인 문학관은 마당에 자연스럽게 핀 꽃들과 어우러진다. 흙바닥에 박힌 널판석을 따라 들어가니 수돗가와 함께 모퉁이 옆 벽에 하늘색 자전거 한 대가 기대어 있다. 운전을 하지 않는 나태주 시인이 평소에 골목 이곳 저곳을 누빌 때 쓰는 교통 수단이다.

문을 열고 들어가니 현관 바닥에 알록달록한 작은 타일들이 깔려있다. 도시형 한옥에서도 자주 보이는 타일인데, 해방 이후에 가정집으로 사용될 당시 개조된 것으로 추측한다. 신발을 벗고 더 들어가면 나무 마루가 깔린 복도가 나온다. 천장도 짙은 색의 나무인 데다 일식 미닫이 문이 양쪽으로 붙어있어서 폭이 좁은 복도가 더욱 좁다란 골목처럼 느껴진다. 행여 문에 부딪힐까 조심스럽게 어깨를 움츠리며 왼쪽 끝 방으로 들어간다. 이 작은 방에는 창문을 바라보고 앉을 수 있는 자리가 있고, 나태주 시인의 삶과 작품 활동을 정리한 설명문이 걸려있다. 방문객들을 위해 정돈된 모습인데, 2020년에 갔을 때만 해도 시인이 막 외출한 방에 들어선 듯 생활감으로 가득한 공간이었다. 구석에는 커다란 나팔관이 달린 축음기가 있고, 동그란 작은 탁자 위에는 시인이 방금 전에 벗어두고 나간 듯한 안경과 필기구가 놓여있었다. 벽에 붙은 기다란 좌식 책상에는 시인이 그간 펴낸 시집들이 올려져 있었다.

현관 바로 앞의 커다란 방은 각종 책과 액자로 빼곡하다. 시와 그림이 적힌 병풍도 펼쳐져 있다. 문학 관련 행사를 하는 공간이자 문학도들이 와서 작업을 하는 곳이라 그런지 작업실이나 도서관 같은 느낌이 들었다. 물건들이 빼곡히 놓인 모습이 조금은 낯설기도 했다. 문학관이라는 말에 시인에 관한 전시 공간이 따로 마련되어 있고, 조용히 시집 하나를 뽑아들고 툇마루에 앉아 읽을 수도 있는 곳을 떠올렸기 때문이다. 그러나 생활감이 가득한 작업실 같은 모습은 풀꽃문학관만의 개성이다. 활동 중인 문인이 오가면서 글을 쓰고, 방문객을 맞아주기도 하는 문학관이 또 있을까.

시인이 도시에 살며 글을 짓고 있다는 것이 공주 시민들에게는 어떤 의미일까. 건축 여행자를 위한 카페로 소개한 루치아의 뜰에 갔을 때 사장님이 직접 쓴 시와 함께 공주 시민들이 지은 작품이 실린 '풀꽃시문집'을 선물로 주셨다. 책

5 복도
6 2020년 촬영한 작은 방
7 큰 방의 병풍
8 자전거가 있는 문학관 풍경

을 들고 나오면서 나태주 시인의 작품이 새겨진 돌이 눈에 들어왔다. 시인과 같은 동네에서 살면서 사람도, 동네도 온통 시가 되어가고 있는 듯했다. 역사적인 의미와 예술적인 아름다움을 갖춘 건축물이 인문서라면, 일상이 깃든 동네는 문학이라고 할 수 있지 않을까.

풀꽃문학관 옆에는 나태주 문학창작 플랫폼이라는 새로운 건물을 신축하고 있다. 문학 교육, 지역 문인을 위한 활동 공간, 자료 수집 및 전시, 대관 업무 등 다양한 용도로 활용하기 위해서다. 지하 1층, 지하 2층 규모로 지어질 이곳을 거점으로 공주가 얼마나 더 시적인 마을이 될지 궁금하다.

공주에서 나만의 비경 찾기

나태주 시인은 한 인터뷰•에서 공주에서 가장 좋은 비경은 어디냐는 질문에 공주에는 비경이 참 많지만 진짜 비경은 내가 찾은 것이어야 하니 비밀이라며 호탕한 웃음을 지어보였다. 내가 찾은 공주 속 비경은 어디일까?

건축 여행자의 마음을 뒤흔든 곳이 몇 군데 떠오른다. 우선 겹겹이 쌓인 공포가 화려하고 아름다운 공주 마곡사다. 명성황후 시해 당시 분노한 청년 백범 김구가 황해도에서 일본군을 살해하고 숨어든 절로 알려져 있다. 1949년 백범 김구의 49재가 엄수된 절이기도 하다. 마곡사 안에는 김구

• 공주문화재단 유튜브

9   공주 마곡사 내 백범당
10 1946년 마곡사를 다시 찾은 김구의 사진이 걸려있다.
11 대통길 작은 갤러리

가 묵었다는 백범당이라는 작은 집이 있다. 이곳에는 1946년 마곡사 대웅보전 앞에서 찍은 김구의 사진도 걸려있다. 김구가 38선 이남 지방을 순회하며 공주 마곡사를 다시 찾았을 때 찍은 사진이다.

역사적인 의미를 고려한다면 1990년대에 계룡산 아래에 조성된 도자예술촌도 비경이다. 조선시대 정유재란 때 끌려간 도공 중 일본 도자기의 신이라고 불리게 된 장인 이삼평의 고향에 지어진 도예촌이기 때문이다.

구도심 마을과 골목길 풍경도 아기자기한 매력이 있는 비경이다. 공주는 시인이 사는 도시이기도 하지만, 갤러리의 도시이기도 하다. 구 공주읍사무소 뒤에는 아기자기한 갤러리들이 모여있다. 이곳을 중심으로 공주시는 2021년부터 매년 '그림상점로'라는 아트 페어를 열고 있다. 다른 아트 페어와 달리 공주에서 활동하는 예술가들의 작품을 사고 파는 직거래 형태라 더 친근한 느낌이 든다. 행사를 위해 일부러 갤러리들을 모은 것이 아니라 자연스럽게 형성된 갤러리를 활용한 문화 사업이고, 공주를 기반으로 활동하는 작가들을 독려하는 성격을 띠고 있어서 눈길이 간다. 이러한 예술적인 분위기를 알고 보면 공주가 '대전 옆 도시'가 아니라 역사적인 배경에 문학, 도예, 회화가 밀도 있게 쌓인 거대한 예술관처럼 느껴진다.

12 제민천 하숙거리
13 담장에 붙어있는 옛 사진
14 하숙마을 옛 담장
15 하숙마을 마당
16 옛 호서극장 건물

갤러리 골목을 지나면 백제 최초의 사찰로 전해지는 대통사 터에 있는 반죽동 당간지주가 나온다. 그 건너편 제민천 옆으로는 공주하숙마을이 있다. 공주 도심에는 공주대, 공주교대를 비롯해 공주사대부고, 공주고, 공주여고, 금성여고, 영명고 등 10개 학교가 모여있다. 1970년대만 해도 인구의 절반이 학생이라는 말이 있을 정도로 각 지역에서 모여든 학생들이 많았다. 자연스럽게 도심에는 하숙촌이 형성되었다. 공주하숙마을은 이런 역사를 담아 공주시에서 조성한 복합 문화 공간이자 숙박 시설이다. 공연, 전시 공간과 숙박 용도로 사용하고 있다. 마당에는 옛 수도 펌프가 설치되어 있고, 주변으로 낮은 건물 여러 채가 있다. 하숙마을 건물 앞에는 옛 담장 일부를 남겨 두었다. 제민천을 따라 가가호호 놓인 집들 담장에 교복 입은 학생들이 그려진 벽화, 옛 마을 풍경 사진이 정답다. 골목에서 '원룸', '하숙' 간판이 붙어 있는 집들을 보물찾기하듯 찾으며 걸어본다.

느릿느릿 걷다 보면 이차선 도로 옆에 있는 곡선 형태의 건물이 눈에 들어온다. 1967년 개관한 호서극장 건물(공주시 감영길 21)이다. 하숙거리 근처의 이 영화관에 까까머리와 양 갈래 머리를 한 소년 소녀들이 얼마나 많이 드나들었을까. 여러 업종이 거쳐가고 오랜 시간 방치되어 있던 건물은 시민 플랫폼 조성 사업으로 리모델링 공사를 하고 있다.

수많은 이야기가 담긴 도시의 풍경과 작은 골목 속, 당신이 발견한 비경은 어디인가. 자세히 볼 준비가 되어있다면, 오랜 시간 품어온 이야기들을 속삭이는 공주의 목소리를 들을 수 있다.

34. 공주제일감리교회 기독교박물관

제민1길 18

인물 박물관 같은 교회

공주제일감리교회 옆에 벽돌로 지어진 오래된 건물 한 채가 있다. 초가집에서 시작한 교회의 교인이 늘어나며 1931년 지은 건물이다. 이 건물은 6.25 전쟁 당시 폭격을 맞아 파괴되기도 했다. 현재 모습으로 재건된 것은 1955년이다. 건물 왼편 모서리에 '1930, 1955 개축'이라고 새긴 코너스톤이 있다. 건물은 전쟁 당시 파손되긴 했지만 벽체, 굴뚝 등은 그대로 보존되어 등록문화재로 지정되었다. 현재 기독교박물관으로 사용하고 있다.

이곳은 공주를 살았던 근현대 인물들의 이름이 관통하는 '인물 박물관' 같다. 건물 주변에는 수많은 이름과 이야기가 벽화와 동상, 안내판으로 남아있다. 교회를 세운 것은 공주 최초의 주재 선교사인 윌리엄 맥길William McGill 선교사다. 중학동 구 선교사 사택 편에서 다룬, 명선학당을 세운 샤프 선교사 부부도 이 교회를 중심으로 활동했다. 로버트 샤프 선

1 공주제일감리교회 기독교박물관

교사 사후 명선학당을 재건해 영명학교를 세운 우리암 선교사, 공주기독의료원을 설립한 방은두Norman Found 선교사도 마찬가지다. 영명여학교 출신인 유관순과 유관순의 오빠 유우석 등 영명학교 학생들이 출석하던 교회이기도 하다. 영명학교 출신들은 1919년 4월 1일 공주 장터에서 일어난 만세운동을 주도했다.

작곡가 구두회, 작사가 이유선 등 음악가들도 이 교회를 거쳐갔다. 공주 출신으로 대전에서 유년기를 보낸 작곡가 구두회의 아버지는 이 교회에서 일했던 것으로 추정된다. 교회 성도들 이름을 읽다 보니 공주의 근대 역사가 저절로 그려진다. 각 지역에 오래된 교회는 많지만, 이토록 촘촘하게 도시와 인물이 얽힌 교회는 드물다. 교회가 교육, 의료, 독립운동 등 여러 분야에서 구심점 역할을 한 결과다.

박물관에 도착하면 건물 옆 벽에 초가집 예배당 앞에서 찍은 단체 사진이 걸려있다. 그 옆으로는 사애리시 선교사와 어린 유관순의 그림이 보인다. 박물관 뒤로는 사애리시 선교사의 남편인 로버트 샤프 선교사의 동상이 있다. 그 옆으로는 일제 강점기에 교회에 토지를 기부한 양두현과 지누두 부부, 홍누두 기념비도 있다.

교회에 들어서기 전 담장에는 1952년의 영명동산 사진이 붙어있다. 중학동 구 선교사 가옥 편에서 소개했듯이 외

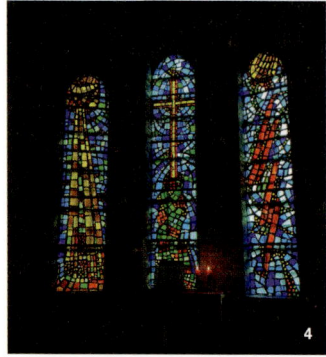

2 민족대표이자 담임목사였던 독립운동가 신홍식
3 코너스톤
4 5 6 이남규 작가의 스테인드글라스 작품

국인 선교사들이 지었던 서양식 벽돌집과 학교가 모여있는 모습이다. 담장을 지나 입구로 향하면 안경 쓴 남자의 동상이 서있다. 1916년 이 교회에 담임목사로 부임했던 신홍식으로, 기미독립선언서에 선언한 민족대표 33인 중 한 명이다. 청주로 흡수된 충청북도 청원군 출신 인물이다.

일제 강점기, 교회에서 열린 결혼식

교회 안에는 이남규 작가가 작업한 스테인드글라스 작품이 있다. 1979년 건물을 개축하면서 설치되었는데, 성당이 아닌 교회의 스테인드글라스 작품이라 더욱 특별하다. 본당으로 들어가기 전 현관에서 창문을 자세히 관찰해 본다. 원석이 거칠게 세공된 형태가 이남규 작가 작품 중 절두산 순교성지의 스테인드글라스를 연상케 한다. 문을 열고 내부로 들어가면 정면 강대상 쪽에 스테인드글라스가 반짝이고 있다. 서울 약현성당, 혜화동성당, 예수성심성당 등 굵직한 종교 건축물에 작품을 남긴 이남규 작가의 초기작이다.

이남규는 대전 출신으로 공주사범대학교 국문학과에 입학했던 이력이 있다. 이후 서울대학교에 재입학해 회화를 전공했지만, 공주사범대 미술과 교수를 역임하며 다시 공주로 돌아왔다. 글을 쓰는 작가든, 노래를 부르는 가수든 무언가를 표현하는 사람은 자기가 나고 자란 땅에 기대어 살 수밖

7 8 전시실

에 없다. 이 도시에 작품을 남긴 예술가들을 알게 되니 창작의 원천이 되어준 공주가 새롭게 보인다.

내부는 목조 트러스와 나무 바닥, 벽돌 벽이 그대로 노출되어 있다. 벽 쪽에는 교회 역사와 공주 선교사들 이야기가 적혀있다. 가운데 통로를 두고 양옆으로 긴 교회 의자가 놓여있었을 자리에는 옛 교회 명부, 성경책 등을 전시하고 있다. 그중 교회 모형에 눈길이 간다. 현관 입구가 지금과 다르게 두 개로 나뉘어 있다. 이 건물과 같은 해인 1931년에 지어진 서울 체부동 성결교회 건물처럼 남자와 여자 출입구를 구분한 게 아닌지 추측해 본다. 건물 밑단은 돌로 쌓고 계단 위부터 벽돌로 쌓았는데, 계단 윗부분은 십자 모양을 내어 쌓았다. 서울의 딜쿠샤, 홍난파 가옥, 벽수산장 부속 윤씨가옥 담장 등 근대 건축물에서 자주 볼 수 있는 쌓기 무늬다.

이곳은 청록파 시인 박목월이 결혼식을 올린 장소이기도 하다. 전시관에는 박목월이 영명여학교 출신 유익순 여사와 만나 부부의 연을 맺기까지 이야기가 기록되어 있었다. 박목월은 1937년 크리스마스 날 기차에서 우연히 한 여인과 동석했다가 헤어졌다. 다음 날 꿈에 한 노인이 나와서 아내 될 사람 성이 유씨라고 말했다고 한다. 이듬해 봄, 불국사 경내를 산책하다가 우연히 가족들과 불국사에 온 직장 동료를 만났는데 일행 중 직장 동료의 처제가 있었다. 바로 기차에서 만났던 여인, 유익순이었다. '공주의 사위'가 된 박목월은 공주와 연이 깊다. 풀꽃문학관의 시인 나태주가 1971년 신춘문예로 등단했을 때 심사위원이 바로 그였다. 1973년 나태주가 결혼할 때는 주례를 서기도 했다고 한다.

「빼앗긴 들에도 봄은 오는가」를 지은 저항 시인 이상화도 이곳에서 결혼식을 올렸다. 이상화는 대구 출신인데, 부인 서온순이 영명여학교 출신이었다. 영명여학교를 다니던 시절, 서온순은 유관순과 동급생이었다. 교회 건너편에 그의 오빠, 서덕순이 거주하던 한옥집이 있었다고 한다. 서덕순은 공주에서 일어난 만세 운동을 지원하고 항일 단체인 신간회에 참여한 인물이다. 임시정부 밀사들이 드나들었다는 한옥집 터는 안내판도 없이 주차장으로 남아있다. 6.25 전쟁 때 불에 타지 않았더라면 이 주변 풍경이 어땠을까. 전시관 안에 있는 이상화와 서온순의 사진을 보며 상상해 본다.

이곳에서 결혼식을 올렸던 신혼 부부, 그 행사에 참여했던 화동과 신랑 신부 친구의 눈으로 전시관을 둘러본다. 건물 구석구석에 수많은 사람들의 감정이 쌓여있다고 생각하니 건물을 구경한다기보다 찬찬히 읽는 기분이다.

공주 출신 근대 건축가

공주제일교회를 시작으로 한 다리만 건너면 우리는 공주

에서 근현대를 살았던 모든 인물들과 연결될 수 있다. 그중 공주 출신 근대 건축가, 강윤을 소개하고 싶다. 영명학교 출신으로 1919년 만세 운동을 준비할 때 유관순의 오빠 유우석과 함께한 인물이다.

건축가 강윤의 대표작은 지금은 남아있지 않은 태화기독교사회관(1939)이다. 서울 종로구 인사동 태화빌딩 1층에서 이 건물의 사진을 볼 수 있다. 태화빌딩 자리는 1919년 3.1운동 당시 민족대표 33인이 독립선언을 낭독한 태화관이 있던 곳이다. 1920년대에 이 건물을 남감리회에서 인수해 여성 교육과 복지 사업을 위한 공간으로 활용했는데, 사업이 확대되면서 강윤이 건물 신축을 맡았다. 1939년 지하 1층, 지상 2층 규모의 한양 절충식 건물이 지어졌다. 건물은 1979년 철거되었다.

강윤은 일본 유학 후 미국인 건축가이자 선교사인 윌리엄 보리스William Vories의 설계사무소에서 실무 경험을 쌓았다. 1930년대 전후로 윌리엄 보리스 사무소에서 설계한 건물은 이화여자대학교 내 파이퍼홀과 토마스홀 등 5개 건물을 비롯해 대구 계성학교 핸더슨관, 안동교회 본당 등 140여 개가 넘었다. 그 건물들이 세워지기까지 설계 도면 앞에서 씨름하고 있는 강윤을 떠올리면 건물 하나하나가 애틋하다. 건축가 강윤 이름으로 제대로 남아있는 작품이 없기 때문에 더욱

9 10 철원제일감리교회

그렇다.

　강윤의 이름을 따라 보리스 설계사무소에서 작업한 철원 제일감리교회를 가본 적 있다. 강윤이 보리스 설계사무소를 다닐 당시인 1936년 신축된 건물로 지하 1층, 지상 3층 규모였다. 6.25 전쟁으로 파괴된 흔적이 그대로 남아있다. 공주제일교회처럼 3.1운동, 신사 참배 거부, 반공 운동 등의 구심점 역할을 했던 곳이기도 하다. 한탄강변에서 가져온 돌로 지어서일까. 파괴된 벽면에는 현무암과 화강암이 그대로 노출되어 있었다. 성도가 600명이었다는 교회 옆에는 새로운 교회 건물이 지어졌다.

　건축가 강윤은 서울역에서 기차를 타고 철원역에 내려서 이 공사 현장에 왔을 것이다. 1937년 이용객만 26만 명이었다는 철원역은 폭격을 맞아 사라졌다. 그 터마저도 민간인통제구역에 속해 있어서 쉽게 들어가 볼 수 없다. 과거 속 인물들을 따라가다 보면 궁금하지만 더 다가갈 수 없는 지점을 만나곤 한다. 남아있는 건물이 없어 더 들여다볼 수 없는 건축가 강윤의 이야기처럼.

옥천

시인의 고향
- 35 정지용문학관
- 36 죽향초등학교와 향수길 산책
- 37 구 옥천여중 교무실
- 38 옥천성당

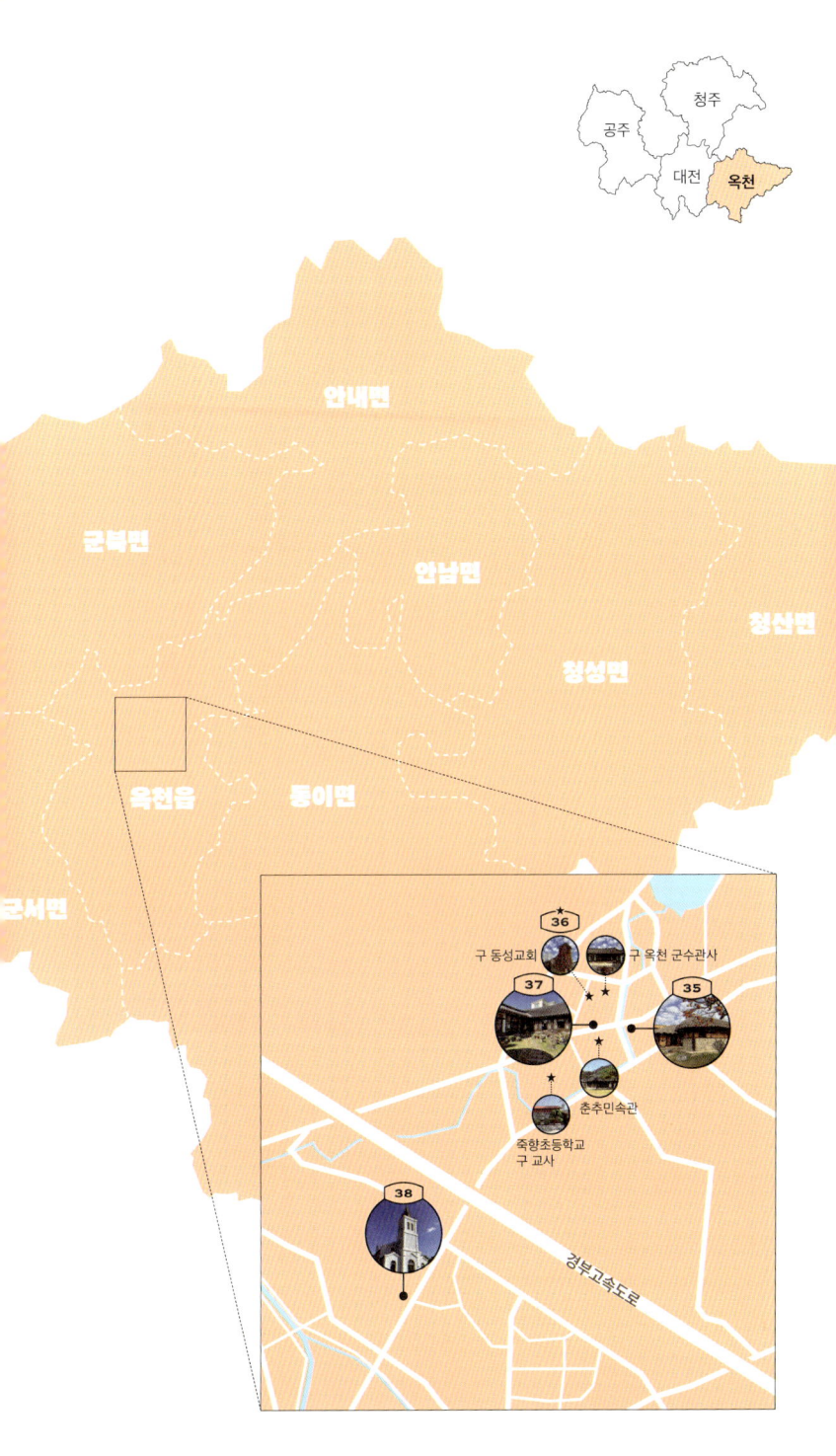

1 2 생가

㉟ 정지용문학관

향수길 56

시인이 그리워하던 고향

　정지용문학관에 가기 위해 대전에서 차를 빌렸다. 옥천은 대전에서 자동차로 30분이면 갈 수 있어서 여행 중 나들이 삼아 가기 좋다. 경부고속도로를 타도 되지만 소요 시간이 크게 차이 나지 않아 국도로 향한다. 도심을 벗어나니 유등천, 갑천, 대전천 주변으로 도심이 형성된 대전과는 또 다른 풍경이 나온다. 옥천은 비옥한 물줄기라는 뜻답게 도심을 가로지르는 금강, 대청호와 이어진 서화천과 자잘한 물줄기가 지형을 이룬다. 그 주변으로 가옥과 논밭이 자연스럽게 놓여있다. 금강이 구도심과 신도심 사이를 힘차게 가로지르던 공주와 비교하면 훨씬 더 목가적인 풍경이다.

　정지용문학관은 2005년 5월 15일에 개관했다. 1902년에 태어난 시인의 음력 생일이다. 문학관 옆 작은 주차장에 차를 대놓고 내리니 바로 옆에 실개천이 흐르고 정지용의 생가인 초가집이 있는 것이 꼭 시「향수」속 풍경 같다. 서울에

3 황국신민서사비가 놓여있다.
4 생가와 문학관 앞으로 실개천이 흐르는 풍경

서 휘문고등학교를 졸업한 후 일본 도시샤대학으로 떠나기 전, 1923년 스물두 살에 고향을 그리며 쓴 시였다. 문학관으로 들어가기 전에 생가부터 둘러본다. 생가로 들어가려면 커다란 돌다리를 밟고 지나가야 한다. 돌다리 앞에는 청석교 상판이라는 이름과 함께 설명이 적혀있다. 일제 강점기에 초등학교 교정에 세워졌던 황국신민서사비를 옮겼다는 내용이다. 돌다리를 밟고 짚을 엮어 올린 흙담이 세워진 집으로 들어가니 초가집 두 채가 마주 보고 있다. 하나는 집, 하나는 창고다.

이 집은 1996년에 복원했다. 정지용이 1950년 납북된 후 1970년대에 원래 집은 허물어지고 새로운 집이 들어섰다. 복원 논의가 시작된 건 1988년에 정지용 시인이 월북한 것이 아니라 납북됐다는 사실이 확인되었을 때부터였다. 정지용 시인은 한국전쟁 발발 후 행방불명되었는데, 정확한 사인은 밝혀지지 않고 있다. 다만 납북 중 동두천 소요산 근처에서 폭격당해 사망했다는 설이 유력하다.

소년 정지용

아담한 규모의 집을 담장 안에서, 담장 밖 개천 옆에서 눈에 담아본다. 정지용의 아버지는 한약 약재상을 했다. 그 덕에 집안에는 언제나 약재 향이 진동했다. 집 앞 흙 마당에

쪼그려앉아 풀때기를 뜯으며 노는 어린 지용을 상상한다. 어린 시절 지용을 생각하면 『정지용 전집 2 : 산문』에 실린 「장난감 없이 자란 어른」이 떠오른다. '소년쩍은 고독하고 슬프고 원통한 기억이 진저리 나도록 싫어진다'는 문장은 일제강점기 때문이기도, 어린 시절 모든 걸 앗아간 홍수 때문이기도 했다. 그 글에서 지용은 '불행하게도 조선에 태어나서 기쁨을 빼앗긴 어린 시절에 나는 마침내 소년이 없어지고 말았으니 청년기도 없던 것이요 애초에 청춘이 없었으니 말하자면 노년에도 우습게 죽을 것 같다'고 했다. 정지용은 우리말로 독자적인 시 언어를 구축했다는 평가를 받는 한편, 시대를 외면하고 순수 예술을 했다는 상반된 평가도 받는다. 생가에 오니 그 두 시선 사이에서 암울했던 시기, 우울과 가난을 먹고 자라난 한 청년이 보인다.

정지용은 해방 후 경향신문사에서 일하다 1947년 사직했다. 1948년부터 납북되던 1950년까지 서울 녹번리 초당에 은둔했다. 녹번리 초당 터인 서울 은평구 녹번동 126-10번지 빌라 벽에는 안내판이 붙어있고, 이 주변은 '정지용길'로 불린다. 서울에 정지용 시인이 살았다고 알려진 또 다른 곳이 있다. 서대문구 북아현동 1-64번지로, 이때 많은 문인들이 이 집을 오갔다고 한다. 그중에는 연희전문학교를 다니던 윤동주도 있었다고 한다. 해방 이후 둘은 만나지 못했지만, 1947년 윤동주 유고 시집인 『하늘과 바람과 별과 시』 서문을 정지용이 쓰게 되었으니 기묘한 인연이다.

문학관에서 만난 예술가들

문학관 안에는 정지용의 일생을 정리한 연혁과 함께 친필 편지, 초판 시집, 도시샤대학 시절 논문 등이 전시되어 있다. 정지용 시인은 1939년 휘문고 선배인 이태준과 함께 종합문예지 『문장』을 창간해 청록파 시인 박목월, 박두진, 조지훈을 발굴한다. 시대별로 정리된 시인들 이름을 훑어보던 중 만난 박목월의 이름이 반갑다. 학창 시절 내내 교과서에서 보고 들었지만, 공주 제일교회 기독교박물관을 여행한 뒤부터는 마치 아는 사람이 된 것 같다.

정지용이 쓴 글 중 산문, 특히 1940년 1월부터 2월까지 『동아일보』에서 연재했던 「화문행각」•을 좋아한다. 정지용이 글을 쓰고, 화가 길진섭이 삽화를 그렸다. 두 친구는 평안도 선천, 의주, 평양, 중국 단둥 등 북방 지역을 여행한다. 글 속에서 시인은 여행에서 만난 사람들과 말투를 신기해하고, 영하 25도의 날씨에 버스 안에서 발을 동동 구른다. 숙소를 잡지 못해 이곳저곳 떠돌기도 한다. 여행 중 만난 사람들과 놀다 기분이 좋아진 길진섭이 기차표를 무르자고 하자 무던하게 따르기도 한다. 평양에서는 평양 출신인 길진섭에

• 정지용, 길진섭, 「畵文行脚」, 『동아일보』, 1940. 1. 28. ~ 1940. 2. 15.

5 문학관 외관
6 문학관 내부
7 문학관에 설치된 밀랍 인형

게 '잘도 끌려다닌다'고 썼다. 여행하던 두 사람은 오갈 데가 없었다. 길진섭은 유명한 목사인 길선주의 아들이었는데, 종교인이 아닌 화가로 살기로 택하며 고향을 떠났기 때문이다. 두 사람은 국숫집, 백화점, 부벽루, 을밀대, 대동강을 쏘다닌다. 정지용은 '집도 친척도 없어진 벗의 고향이 이렇게 좋은 평양인 것을 나는 부러워한다'고 썼다. 시골에서 나고 자라서 도시를 부러워한 것이 아니라, 이렇게라도 고향 땅을 밟고 있는 친구가 부러운 마음이지 않았을까. 시인의 마음속에는 언제나 실개천이 졸졸 흐르고 있었나 보다.

이 문학관에서 가장 인상 깊은 건 솔직하게 고백하자면, 건축도 아니고 전시품도 아닌 밀랍 인형이다. 처음 봤을 때는 진짜 사람이 앉아있는 줄 알고 깜짝 놀랐다. 사진 속 시인의 모습과 놀라울 만큼 닮은 인형을 볼 때면 정지용 시인이 더욱 궁금해진다. 목소리는 어땠을까? 실제 성격은? 작품과 생애만 보면 내성적이고 섬세한 성격이었을 것 같다. 술 정종을 좋아해서 별명이 '정종'이었다는데 '정지용'이라는 이름과 발음이 비슷해서 귀엽다. 정종이라고 부르면 어떤 표정을 지으셨을까. 밀랍 인형 앞에서 정종 선생님이라고 속삭여 본다.

문학관을 다 둘러보고 마을 근처 교동저수지의 지용문학공원으로 산책을 가도 좋겠다. 나는 생가와 문학관 앞 벤치

한편에 앉았다. 정지용 시인 동상이 바라보고 있는 문학관 앞은 시비와 조형물 여러 개가 자그마한 마당을 이룬다. 문학관과 생가에 오면 정지용 시인의 유년기를 생각할 줄 알았는데 자꾸 청년 정지용을 떠올리게 된다. 이 집에서 나고 자라 조혼을 하고, 기차를 타고 혼자 세상 밖으로 나간 후 돌아오지 못한 한 사람. 정지용은 사라졌지만 초가집과 풍경은 마치 정물처럼 고요하게, 여전히 살아있다.•

• 정지용이 평양 여행 중 들른 길진섭의 단골 카페인 라보엠에는 길진섭, 김용준, 김환기 그림이 걸려있었다. 이들은 모두 정지용과 친구 사이였다. 그중 김용준 작품을 보며 정지용은 이렇게 썼다. "정물이라는 것을 'still life', '고요한 생명'이라고 하는 외어가 얼마나 고운 말인지 느낀다." - 「화문행각」 7편, 1940. 2. 6.

36 죽향초등학교와 향수길 산책

정지용의 고향 동네를 따라 걷는 여행

정지용문학관과 생가가 있는 마을은 수더분하고 소담하다. 봄이 오면 목련과 개나리부터 하나둘씩 피기 시작하다가 5월이 되면 붉은 양귀비가 들판 위로 번져간다. 여름에는 녹음으로 뒤덮이고, 8월이 되면 연꽃이 만개한다. 그렇게 가을이 오고 집집마다 지붕 밑에 매달린 곶감이 익어갈 때쯤엔 수확을 기다리는 논밭이 황금색 물결을 이룬다.

교동저수지와 이어진 물길이 산으로 둘러싸인 평지 사이를 가로지르는 비옥한 이곳은 조선시대부터 군청 소재지였다. 1905년 들어선 경부선 철도 근처로 중심지가 옮겨지면서, 과거의 중심지였던 정지용문학관 일대는 옥천 구읍舊邑이라고 불리고 있다. 옥천은 충청북도에 속하지만 청주보다 대전과 가깝다. 충남도청 소재지였던 대전 옆에 붙어있어서 시내버스나 마을버스로 오갈 수 있었기 때문에 대도시의 혜택을 누릴 수 있었다. 도시와 가까운 탓에 개발되지 않고 남

1 1958년 지어진 구 동성교회
2 외벽의 나무 창문

아있기도 하다.

산과 흙은 파내고, 물길은 메워버리는 개발이라는 계절은 옥천을 둘러싸고 있는 산과 강을 넘지 못했다. 누군가에게는 옥천 구읍이 지루한 시골 마을처럼 보일지도 모르겠다. 그러나 이 마을의 유서 깊은 건물들이 주민 일상과 공존하는 모습은 제철 풍경처럼 생기 있다. 애정 없이 이곳저곳을 파헤치고 새 건물을 세우는 개발만큼이나 무서운 것이 지나친 애정이다. 관광지 조성이라는 명목하에 제 모습을 잃어버리는 곳도 많다. 옥천 구읍의 훼손되지 않은 지형 안에 조선시대부터 근대를 거쳐 현재까지 주민들의 시간이 차곡차곡 쌓여 있다. 대전 소제동 관사촌에서 풍경을 수집하며 골목길을 걸었던 것처럼, 정지용이 다녔던 죽향초등학교를 목적지로 삼아 정처 없이 걷기로 한다.

구 동성교회 향수2길 40-4

정지용문학관을 나와서 실개천을 따라 걷는다. 천변에 쳐진 울타리 난간마다 정지용의 시가 적혀있다. 공주 나태주 골목길처럼 이름이 붙어있지는 않지만 내 마음대로 '정지용 물길'이라는 부제를 붙여본다. 시를 읽으며 물길을 거슬러 걷다 보니 1916년 설립한 구 옥천 동성교회 건물에 다다른다. 옥천 동성교회는 청주에 탑동 양관을 지은 민노아 선교사가 설립한 교회다. 이 건물은 1958년 공사를 시작해 1961년 완공되었다. 이후 다른 부지에 교회를 신축하며 교육관이 되었다가 지금은 다른 교회가 사용하고 있다.

넝쿨이 집어삼킨 외벽에 나무 창문이 달려있다. 시멘트로 지어진 건물의 창문과 현관에는 옛 나무 창틀과 문틀이 그대로 붙어있다. 작은 교회 건물이지만 탑동 양관 민노아 선교사와의 연결고리 때문인지 반갑다. 그가 사용했던 시기의 건물과는 다른 모습일지라도 말이다. 건축 여행을 하며 내가 재미있어하는 부분은 이런 지점이다. 건물이 왜 지어졌는지, 어떤 이유로 남아있는지 질문하면서 시대 속 이야기와 연결되는 순간 말이다. 평범해 보이는 풍경에서 의미를 발견하고 엮어가면서 일상이 달라지지는 않았지만, 그것을 바라보는 나의 시선이 달라졌다. 늘상 지나던 길은 여행지에서 만난 인물들이 얽혀있다는 것을 알게 되면서 낯설어졌고, 모르고 들어선 길은 원래 알던 인물 덕에 금세 익숙해졌다. 의미에는 힘이 있다. 의미가 촘촘하게 쌓여있고, 우리 사이에 공유된다면 새것이 없어도 매일 새로울 수 있다. 작은 것에도 신기해하고, 기뻐하는 여행자처럼.

구 옥천 군수 관사 향수3길 37-3

옥천 구읍에는 옛 시가지답게 옥천향교, 옥주사마소* 같

- 조선시대의 관아 건물.

은 조선시대 건축물, 군수와 관찰사를 기리는 비석들이 모여 있는 교동리 비석군 등이 있다. 이곳에 옛 군수 관사도 있다. 행정 중심지 역할을 했던 동네의 역사를 볼 수 있는 곳이다. 충남도지사와 고위 공무원들이 살았던 테미오래, 충북도지사가 머물렀던 충북문화원, 청주시장 관사였던 청주미래유산 카페 고트와는 달리 안내판 하나 없다. 한때 숙박 시설로 활용되었지만 지금은 비어있는 상태다.

옥천은 2022년 문화재청 근대역사문화공간 활성화사업에 도전했다. 이 한옥과 상계리, 하계리 등의 근대 한옥이 후보에 포함되어 있었다. 여행 전에 이 기사를 읽다가 옥천에 군수 관사가 있다는 것을 알게 되었다.

정보를 찾을 때 중요한 것은 시작점이 아니라 어디까지 나아가는가다. 건축 여행을 떠나기 전에는 근대 건축물이나 그 시대 인물, 사건을 시작점으로 삼아 신문 기사, 방송, SNS 글까지 광범위하게 찾아본다. 시간을 들이는 조사라기보다는 '덕질'에 가깝다. 가볍게 찾아보다가 궁금한 부분이 생기면 그때부터 자세를 고쳐 앉는다. 논문, 국가나 지방자치단체에서 제공하는 자료를 통해 검증하고 직접 답사를 해보는 식으로 말이다. 이런 과정이 답답할 때도 있고, 자료를 찾다가 샛길로 빠질 때도 있다. 그러나 헤맨 만큼 내 땅이라는 말처럼, 끝까지 호기심과 애정을 놓지 않는 자에게 결국 길이 열

3 4 구 군수 관사

린다고 믿는다. 건축 여행을 하면서 생긴 태도다.

옥천은 아쉽게도 사업 대상으로 선정되지 못했다. 자연과 옛 건물이 현대와 조화를 이루는 옥천의 개성이 알려지는 날이 온다면, 근대 한옥을 활용할 수 있는 길도 열리지 않을까. 비어있는 한옥을 보며 그때까지 계속 호기심을 놓지 않기로 한다.

춘추민속관 향수3길 19

우연히 여행지를 마주치기도 한다. 옥천 구읍을 걷다가 '핸드 드립 전문점'이라는 글씨를 보고 카페 '미스터브루쓰'에 들어갔다. 스페셜티 커피를 파는 카페였는데, 정지용의 고향답게 '향수 블렌드'라는 이름의 커피가 있는 것이 귀여웠다. 느긋하게 커피를 마시고 건물 뒤에 있는 화장실을 가기 위해 옆문으로 나왔는데, 카페 뒤쪽의 담장 너머 건물이 눈에 들어왔다. 낮은 한옥 담장이 둘러진 규모가 꽤 큰 땅에 허름한 한옥 몇 채가 방치된 듯 놓여있었다. 마당이 넓어서 더 초라해 보였다. 가던 길을 틀어서 한옥으로 들어가는 정문을 찾아 담장을 따라 걸었다. 담장은 여러 건물과 닿아있었다. 마치 군중 속에서 누군가를 쫓는 사람처럼 건물 사이사이로 들어가면서 담장 안의 한옥을 구경했다. 굳게 잠긴 대문 옆 안내판에는 독립운동가 김규흥이 살던 집이라는 설명이 적혀있었

5 6 7 춘추민속관
8 죽향초등학교 구 교사

다. 현재 춘추민속관이라는 이름이 붙은 집이다.

집은 김규흥의 조상인 김치신이 1760년대에 지었다고 전해진다. 김치신 호를 따서 '문향헌'이라고 불리던 이 집은 1300평 부지에 85칸 기와집과 12칸 초가집이 있는 어마어마한 규모였다. 현재는 안채, 별채와 함께 아름드리 회화나무만 남아있다. 몇 년 전에는 이 집에서 한옥 짓기 학교 수업이 열리기도 하고, 막걸리나 전통주 만들기 등 문화 체험 장소로 활용되기도 했다.•

이 집에서 태어난 옥천 출신 독립운동가 김규흥이 고종의 특명을 받아 한인 무관을 양성하기 위해 중국 상해로 망명했던 역사가 알려지고, 김규흥이 상해가 독립운동의 중심지가 되는 데에 기틀을 다지는 역할을 했다는 평가가 나오면서 집도 활기를 찾았다. 그러나 2019년 그가 일제의 밀정이었다는 주장이 제기되었다. 이와 관련해서는 반론이 나왔는데, 여전히 논쟁의 결론이 나지 않았다. 그동안 집은 방치되고 있다. 건물이 남겨지고 없어지는 것은 단순히 '낡아서'가 아니다. 역사와 인물을 지역민들이 어떻게 바라보고, 어떤 선택을 하는가에 달려있다.

죽향초등학교 구 교사 향수1길 26

연필을 쥐고 또박또박 시를 쓰는 손처럼 느릿느릿 동네

• 충청북도청, 한국관광공사, 「충북나드리」.

를 걷다 보니 죽향초등학교 후문 옆에 있는 목조 건물이 보인다. 이곳은 1926년에 건립된 죽향초등학교 구 교사다. 정문 안으로 들어가면 건물까지 가는 길 오른쪽으로 일제 강점기에 학교로 옮겨진 죽향리사지 삼층석탑을 비롯한 각종 기념비와 동상이 놓여있다. 그중 춘추민속관에서 보았던 이름, 범재 김규흥을 기리는 기념비가 눈에 띈다. 1906년에 그가 죽향초등학교의 전신인 창명학교를 설립하며 이 부지를 기증했기 때문이다. 1900년대 초만 하더라도 이곳이 목화밭이었다는 사실이 새삼 신기하다. 그 옆에는 정지용 시비가 놓여있다. 정지용은 1910년 옥천공립보통학교*에 입학해서 1914년에 졸업한 4회 졸업생이다. 육영수 여사 휘호탑도 있다. 옥천 구읍 출신으로 1925년생인 육영수도 이 교사에서 공부했다.

대전 한밭교육박물관이나 청주 주성초등학교 교육박물관처럼 옛 교사를 교육박물관으로 사용하고 있다. 대전 한밭교육박물관이 교육사의 전반적인 흐름을 파악할 수 있는 개론이라면, 청주 주성초등학교 박물관은 졸업생들과 재학생들이 쌓아온 타임캡슐이었다. 이곳은 과거로 시간 여행을 온 듯한 드라마 촬영 세트장처럼 조성되어 있다.

정지용 생가가 있는 문학관부터 죽향초등학교까지 마을 구석구석을 걷다 보니 정지용 시인이 나고 자란 옥천 구읍

* 창명학교의 명칭이 옥천공립보통학교로 바뀌었다.

의 풍경이 완성된다. 산 아래로 너른 논밭이 있는 한적한 마을에 기와집과 초가집이 옹기종기 모여있던 그 고향 말이다.

1 구 옥천여중 교무실. 현재 '그냥찻집'으로 운영 중이다.
2 정면. 유리가 달린 문이 붙어있다.

구 옥천여중 교무실

향수길 45

마당 넓은 집의 무늬 유리

옥천 구읍을 산책하다가 '그냥찻집'이라는 한옥 카페에 들렀다. 1910년 후반에 진주 출신 부자인 김기태가 지은 한옥으로 알려져 있는데, 1944년부터 20년간 옥천여자중학교 교무실로 사용되기도 한 곳이다. 1941년 김기태가 병사하고 해방과 6.25를 거치면서 집은 새로 지어진 담장을 사이에 두고 두 개로 쪼개졌다. '향수 담은 집'과 '마당 넓은 집'으로 불리던 두 집 중 마당 넓은 집이 전통 찻집으로 운영 중이다.

정성스럽게 가꾼 마당 안으로 들어가니 단정하게 깎인 잔디와 함께 ㄱ자 한옥 한 채가 있다. 따뜻한 날씨에 유리창이 활짝 열려있는 집 앞에는 크고 작은 화분들이 놓여있다. 이곳이 양갈래 머리를 하고 교복을 입은 중학생 소녀들이 오가는 학교 교무실이었다고 생각하니 영 낯설어서 재미있다. 지금은 철거된 또 다른 한옥 건물이 있었다는 걸 고려하면 가옥은 꽤 큰 규모였을 것이다.

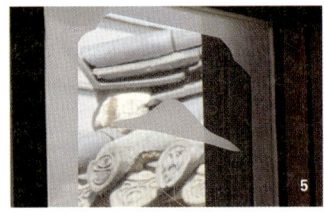

3 구 옥천여중 교무실, 현 '그냥찻집' 내부
4 간유리 무늬
5 서울 건국대 내 도정궁 경원당
6 서울 경운동 시은재

미닫이문을 열어젖히며 신발에서 발뒤꿈치를 빼내려는 순간 무늬 간유리가 눈길을 사로잡는다. 한 폭의 산수화처럼, 산 아래 집 한 채가 놓여있는 무늬다. 시대 배경을 고려하면 일본 후지산을 본따 그린 것처럼 보인다. 서울 건국대 내 도정궁 경원당(1914•), 서울 경운동 시은재(1867) 유리창에도 비슷한 무늬가 있다. 19세기에 목판화를 통해 서양으로 수출된 후지산의 이미지가 무늬 유리에도 새겨져 공예품처럼 퍼진 것 아닐까. 이런 상상을 하며 관찰해 보면 건물 속 작은 요소가 모두 숨겨진 유물이다.

일제 강점기의 으리으리한 한옥

신발을 벗고 들어가니 밖에서 보기보다 훨씬 넓은 내부가 나온다. 거실 같은 대청을 중앙에 두고 왼쪽에는 주방, 오른쪽에는 작은 방과 복도가 있다. 왼쪽 주방을 지나면 원래 아궁이가 있었던 부엌 방이 나온다. 그 너머로는 건넌방이 있다. 두 방 모두 차를 마실 수 있는 좌석으로 꾸며져 있다. 부엌이었던 공간을 개조해서인지 아래로 깊숙이 내려갔다가 다시 위로 올라가는 생소한 구조가 흥미롭다.

내부 벽은 찻집 주인이 모아온 골동품들로 빼곡하다. 옛날 화장품, 시계, 찻잔……. 실제로 부모님이 사용하시던 물건들도 섞여있다고 한다. 그중 육영수 여사가 학생들과 찍은

• 본래 건물이 건립된 것으로 추정되는 연도. 당초 사직동에 있었으나 1979년 건국대 캠퍼스 내로 옮겨졌다.

7 그냥찻집 내부
8 육영수와 옥천여중 학생들 사진
9 육영수 생가
10 차고

사진이 눈에 띈다. 육영수 여사는 옥천여중에서 교사 생활을 한 적이 있다.

한옥이 얼마나 비싼 집인지 알려면 대들보를 올려다보라고 했다. 집 안을 가득 채운 골동품보다 인상적이었던 건 성인 남성 몸통만 한 대들보였다. 진주 출신인 김기태는 일제강점기 당시 경주 최부자만큼이나 명성이 자자한 부자였다고 한다. 1920년 보성전문학교(현 고려대의 전신)가 존폐 위기였을 때 거액을 기부했다고도 알려져 있다. 그는 진주 지역에서도 각종 단체에 기부했지만, 일제의 식민 정책을 적극적으로 지원한 친일파이기도 했다. 진주에 기반을 두고 있던 그가 옥천에는 왜 이처럼 큰돈을 들였을까. 옥천에 있는 땅을 관리하고 서울로 오가는 길 중간에 별장처럼 사용하기 위해 집을 지은 것으로 추측한다.

함께 가보면 좋을 곳 : 육영수 생가

옥천에 처음 왔던 것은 2020년이었다. 정지용문학관과 근처의 정자 이지당을 들러보고 갈 생각이었는데, 마을 입구부터 발길 닿는 모든 곳에 '육영수'라는 이름이 있었다. 박정희 전 대통령 부인인 육영수 여사의 고향이 옥천이라는 점과 육씨의 본관이 옥천 육 단본이라는 걸 이때 처음 알게 되었다.

육영수 생가는 정지용 생가와 멀리 떨어지지 않은 곳에 있다. 이렇게나 가까운 동네 출신이었다는 게 놀라울 정도다. 생가 대문 앞에는 연꽃 단지가, 그 옆으로는 관광 단지가 으리으리한 한옥으로 조성되어 있었다. 육영수 여사는 1925년 이 집에서 태어나서 1950년 결혼하기 전까지 이 집에서 거주했다고 전해진다. 전형적인 조선시대 양반집 가옥인데 1600년대부터 김정승, 송정승, 민정승으로 이어지는 삼정승이 이곳에서 살았다고 해서 삼정승집으로 불렸다. 1999년 철거되었다가 육영수 회고록을 참고해 2010년에 복원했다. 육영수 아버지인 육종관이 죽은 뒤인 1969년에 현대식 한옥으로 개축해서 사용했다는데, 집은 근대가 아닌 조선시대 한옥 형태로 복원되었다. 근대 한옥에서 흔히 보이는 유리창이나 타일 같은 부분이 있었다면, 이후에 개조된 부분과 함께 복원하면 어땠을까. 그랬다면 육영수가 이 집에 살았던 때의 생활상을 더 생생하게 그릴 수 있었을 것 같은 아쉬움이 있다.

그래도 인상 깊은 점이 있었다. 자동차 4대를 주차할 수 있는 규모로 길고 크게 지어진 차고였다. 육영수 아버지인 육종관은 당시 옥천에서 유일하게 자동차를 보유했던 부자로 알려져 있다. 육종관의 큰형은 갑신정변에 가담한 인물인 육종윤이다. 육종관은 대지주의 아들이기도 했지만, 수완이 좋아서 육영수가 태어나기 전 이 집을 매입했다. 그 후 1965

년 세상을 떠날 때까지 40년 넘게 이 집에 살았다. 첩만 10명, 자식이 22명이었다고 하니 으리으리한 집과 함께 이 마을 전체가 그의 성채였을 것 같다. 박정희와의 결혼을 반대하고, 대통령 취임식에도 가지 않았던 일화에서 호락호락하지 않은 성격이 드러난다. 박정희가 처가인 이 집에 와서 2박 3일씩 머물 때면 수행원들은 마을 초입에 있는 김규흥 생가(춘추민속관)에 머물렀다고 전해진다. 이 작은 마을에 검은 세단이 들어오는 장면을 상상해 본다.

흥미로운 사실을 덧붙이자면 육영수 사후에 『육영수 전기』를 쓴 사람은 시인 박목월이다. 공주 제일감리교회 기독교박물관과 나태주 시인과의 인연, 옥천 정지용 시인이 박목월을 발굴한 인연을 함께 떠올려 보면서 각 시대 속 시인의 계보를 따라 격동의 시대를 짚어봐도 좋겠다.

1 옥천성당(1955)
2 곳곳에 나있는 둥근 창. 십자가 형태로 무늬 유리가 삽입돼 있다.

㊳ 옥천성당 중앙로 91

충청도 성당의 연결 고리

옥천의 마지막 여행지이자 『대전 건축 여행』의 마지막 여행지로 옥천성당에 오고 싶었다. 천주교 신자는 아니지만 성당 안에 조용히 앉아 지난 여행을 정리하기 위해서였다. 언덕 아래 주차장에 차를 대놓고 천천히 걸어 올라간다. 1955년 건립된 시멘트조 성당은 옅은 푸른색으로 도색되어 있어서 하늘 빛깔이 벽에 스며든 것 같다. 건물 안으로 들어가기 전에 외부를 한 바퀴 둘러본다. 1991년에 뒷부분을 증축하면서 성당은 십자가 형태가 되었다. 시멘트를 분사해 마감한 오돌도돌한 벽면 위로 둥근 원형 창과 아치형 출입구가 눈에 띈다. 전면 입구만 유리 문으로 바뀌었을 뿐 건물을 둘러싸고 있는 창문은 나무 형태를 그대로 유지하고 있다. 지붕 꼭대기 종탑 위에는 다섯 개의 십자가가 올라가 있다. 건물 구조부터 종탑까지 온통 십자가를 상징하는 이 성당이 언덕에서 옥천을 내려다보는 이 풍경은 중동성당과 충남역사박물관이 있

3 4 옥천성당 내부
5 제대가 있는 앞쪽에만 스테인드글라스가 있다.
6 제대 옆 스테인드글라스 창문

는 공주 풍경과 겹쳐보인다. 청주 성공회 성당이었던 수동교회도 연상된다. 매 시간마다 댕그랑 울렸을 종소리를 생각하면 대전 성심당 골목과 대흥동성당도 떠오른다.

대전의 대흥동성당, 청주의 수동성당, 공주의 중동성당에 이어 옥천까지 총 네 곳의 성당을 돌아보았다. 공주 중동성당 편에서 함께가면 좋을 여행지로 소개했던 감곡 매괴성지, 배티성지 등을 더하면 꽤 많은 성당을 둘러본 셈이다.

돌아가기 위해 떠나온 여행

옥천성당의 내부는 천장이 낮아서인지 검소한 인상이다. 스테인드글라스도 증축 때 지어진 제대가 있는 전면부에만 있다. 성도들이 앉는 의자 옆 투명한 창으로는 자연광이 쏟아진다. 창문마다 십자가 표시로 넣어둔 무늬 유리가 유일한 장식이다. 그 결과 십자가가 있는 앞쪽은 어둡고 사람들이 앉는 뒤쪽은 밝다. 이 곳에 들어온 모든 이들은 누구나 어두운 앞쪽을 바라보며 앉아 기도를 하게 된다. 소망을 구하며 두 손을 모으는 게 아니라, 절망을 바라보며 뚫고 갈 용기를 구하는 모습처럼.

의자에 홀로 앉아 조용히 기도하는 분을 따라 나도 성당 끝자리에 앉아본다. 옥천 출신 시인 정지용은 천주교 신자로 알려져 있다. 한국 천주교의 발원지인 충청도에서 나고 자란

7 언덕 아래에서 보이는 성당 지붕의 십자가
8 구 엽연초 생산협동조합(1937)

배경이 영향을 미쳤을 것이다. 정지용 시 「향수」, 「고향」에 구체적인 지명이 없는 이유가 무엇일까. 마지막 거주지였던 서울 녹번동을 두고 쓴 시 「녹번리」를 떠올리며 옥천 여행 내내 궁금했다. 시인이 작품에서 빈칸으로 남겨둔 자리 안에 비로소 내 고향과 가족을 넣어본다. 옥천성당 아래 언덕을 내려오면서 다음 여행지로 어서 가고 싶어졌다. 보고 싶은 사람들이 있는 내 집, 내 고향이다.

함께 가보면 좋을 곳: 구 옥천 엽연초 생산협동조합(1937)

옥천성당 길 건너편에 있는 건물이 특이하다. 담장 앞 게시판, 대문에 달린 조형적인 철문, 기다란 창문과 뾰족한 지붕, 그 아래 환기창 등은 일제 강점기에 지어진 사무실 형태다. 이곳은 1937년에 지어진 옥천 엽연초 생산협동조합 사무실이다. 정면에 출입구가 두 개인데 왼쪽이 1층 공간을 사용하는 법무사 사무소, 오른쪽이 계단으로 연결되어 2층을 사용하는 세무사 사무소다. 이 건물 뒤에 별도로 있는 변호사 사무소 건물은 과거에 창고로 사용되었던 것으로 추측된다. 두 문 중 왼쪽 문을 살짝 열고 들여다보았다. 현관 너머로 유리가 삽입된 미닫이 나무 문이 달려있었다. 노크도 하기 전에 내 모습을 본 중년 직원분이 어떻게 오셨냐고 물었다. 옥천을 여행하다 건물이 궁금해서 와봤다는 나에게 앉았

9 게시판으로 쓰였을 구조물이 담장에 남아있다.
10 대문 형태가 독특하다.
11 1층 왼쪽 현관 안에서 본 창문
12 2층 계단 위 천장

다가 가라며 넉넉한 인심을 써주셨다.

　내부는 거의 수리를 하지 않아 나무 창문이며 천장이 그대로 보존되어 있었다. 정면 구석의 방문을 통해 오른쪽 출입구로 나갈 수도 있었다. 사무실과 회의실, 창고를 겸해서 지어진 건물이라 출입구를 두 개로 분리한 것으로 보인다.• 계단을 따라 2층으로 올라가니 나무로 만든 우물천장과 길쭉한 직사각형으로 벽면을 가득 채운 창문이 대전 구 충남도청사 별관, 청주대학교 목공실을 떠오르게 한다. 청주에서 갔던 여행지 문화제조창과는 엽연초 생산 관리를 목적으로 지어졌다는 공통점이 있다.

• 윤우현, 「산업 문화유산」, 『중부매일』, 2008. 11. 18.

에필로그.

 한반도 지도를 펴고 눈을 감아보자. 그리고 손가락으로 아무 곳이나 짚어보자. 작은 국토지만 이야기가 없는 곳이 없다. 산맥이 굽이치고 강물이 흐르는 곳마다 전설, 민담, 역사가 서려있다. 임진왜란, 일제 강점기, 한국전쟁을 헤쳐온 시간이 있다. 어둠이 있어야 빛이 있듯 아픈 과거는 역경을 극복해 온 역사이기도 하다. 암흑 속에서 우두커니 멈춰선 시간이 아니라 모든 것을 내던지고 광명을 찾아 치열하게 걸어온 길이다. 먹고살기 힘든 상황에서도 아름다움을 곁에 두고 싶어했던 이들과 미래에 꿈을 품었던 세대가 있다.

 이 모든 이야기가 건물에 여전히 고여있다. 말끔하게 정돈된 문화재뿐만 아니라 골목에 방치된 옛집, 학교 안에 남아있는 벽돌 건물 잔해, 오래되어 보이는 교회까지. 수많은 장소에서 인물과 사건을 만나며 그 이야기가 실재한다는 걸 목격하는 순간 우리는 사랑에 빠질 수밖에 없다. 그러므로 건축 여행을 한다는 건 한 번도 쓰인 적 없는 소설을 가장 먼저 읽고, 만들어진 적 없는 영화를 제일 먼저 관람하는 일이다.

    제각기 다른 것처럼 보여도 모든 도시는 서로 연결되어 있다. 큰 도시가 갖는 개성과 역사는 혼자 만든 업적이 아니다. 작은 도시는 주변 지역과 긴밀한 관계 안에서 제 몫을 해왔다. 이 당연한 사실을 되뇌는 순간, 도시 규모나 건물 크기와 상관 없이 시간이 묻은 모든 곳이 건축 여행지로 보이기 시작한다.

대전 건축 여행

김예슬 지음

초판 1쇄 발행　2025년 5월 12일

발행, 편집　파이퍼 프레스
디자인　위앤드

파이퍼
서울 마포구 신촌로2길 19, 3층
전화　070-7500-6563
이메일　team@piper.so

논픽션 플랫폼 파이퍼
piper.so

ISBN　979-11-94278-12-2　03910

이 책의 출판권은 파이퍼에 있습니다.
이 책 내용의 전부 또는 일부를 재사용하거나 번역, 출판하려면
반드시 파이퍼의 서면 동의를 받아야 합니다.